西方语言学前沿丛书·剑桥语言学入门系列

英语语言学概论

INTRODUCING ENGLISH LINGUISTICS

〔美〕查尔斯·F. 迈耶（Charles F. Meyer） 著
吴 文 曾文武 杨 波 译

著作权合同登记号　图字：01-2018-8617

图书在版编目(CIP)数据

英语语言学概论 /（美）查尔斯·F. 迈耶著；吴文，曾文武，杨波译 .—北京：北京大学出版社，2023.6
（西方语言学前沿丛书）
ISBN 978-7-301-33755-4

Ⅰ.①英… Ⅱ.①查…②吴…③曾…④杨… Ⅲ.①英语–语言学 Ⅳ.① H31

中国国家版本馆 CIP 数据核字 (2023) 第 035782 号

This is a simplified Chinese translation of the following title published by Cambridge University Press:
Introducing English Linguistics (ISBN 978-0521541220)
© Charles F. Meyer 2009

This simplified Chinese translation edition for the People's Republic of China (excluding Hong Kong, Macau and Taiwan) is published by arrangement with the Press Syndicate of the University of Cambridge, Cambridge, United Kingdom.

© Peking University Press 2023

This simplified Chinese translation edition is authorized for sale in the People's Republic of China (excluding Hong Kong, Macau and Taiwan) only. Unauthorised export of this simplified Chinese translation edition is a violation of the Copyright Act. No part of this publication may be reproduced or distributed by any means, or stored in a database or retrieval system, without the prior written permission of Cambridge University Press and Peking University Press.

Copies of this book sold without a Cambridge University Press sticker on the cover are unauthorized and illegal.

本书封面贴有 Cambridge University Press 防伪标签，无标签者不得销售。

书　　　名	英语语言学概论 YINGYU YUYANXUE GAILUN
著作责任者	〔美〕查尔斯·F. 迈耶（Charles F. Meyer）　著　吴文、曾文武、杨波　译
责 任 编 辑	刘文静
标 准 书 号	ISBN 978-7-301-33755-4
出 版 发 行	北京大学出版社
地　　　址	北京市海淀区成府路 205 号　100871
网　　　址	http://www.pup.cn　　新浪微博：@ 北京大学出版社
电 子 邮 箱	编辑部 pupwaiwen@pup.cn　总编室 zpup@pup.cn
电　　　话	邮购部 010-62752015　发行部 010-62750672　编辑部 010-62754382
印 刷 者	三河市北燕印装有限公司
经 销 者	新华书店
	650 毫米 × 980 毫米　16 开本　21.25 印张　415 千字 2023 年 6 月第 1 版　2023 年 6 月第 1 次印刷
定　　　价	88.00 元

未经许可，不得以任何方式复制或抄袭本书之部分或全部内容。
版权所有，侵权必究
举报电话：010-62752024　电子邮箱：fd@pup.pku.edu.cn
图书如有印装质量问题，请与出版部联系，电话：010-62756370

目 录

前 言 ………………………………………………… 1
第一章 语言的研究 ………………………………… 1
第二章 英语的发展 ………………………………… 27
第三章 英语的社会语境 …………………………… 67
第四章 语篇结构 …………………………………… 116
第五章 英语句法 …………………………………… 166
第六章 英语词汇:结构和意义 …………………… 224
第七章 英语语音 …………………………………… 293
参考文献 …………………………………………… 326

前　言

英语是目前世界上使用最广泛的语言。说汉语的人在数量上可能更多，但说英语的人地域分布是最广的。说英语的人中，非母语者多于母语者，其原因之一就在于英语在全球的影响。必须强调的是，英语的流行与语言本身没有什么关系，更多的是与地缘政治因素有关：英国的殖民统治是英语在世界范围内传播的起因，20世纪美国作为世界经济政治超级大国使英语成为世界通用语言。

因为其作为一种世界语言的重要性，英语已经受到广泛的研究和教授：英语已经成为许多语言学研究描述的焦点，并且成为世界各地大中小学必修的外国语言。事实上，非英语母语者教师的人数比英语母语者教师人数还多。由于这个原因（以及其他原因），英语教师以及对英语语言结构和使用感兴趣的人对该语言都要有充分认识,这是很重要的。本书试图提供这样的认识,但所采用的方式不同于其他对英语语言的介绍。

由于语言不仅涉及独立的句子,还涉及作为语篇组成部分的句子,本书的组织基于这样一个原则:要充分地介绍英语语言的研究,需要对英语语言结构进行自上而下而不是自下而上的讨论。也就是说,不是从语言的最小单位(音素)到语言的最大单位(语篇),而是从语篇层面开始逐渐向下直到语言较小的单位。这种组织策略背后的理念是较小结构的构成和使用在很多情况下都要从更大的语言学方面考虑。例如,在波士顿,一个人在发 never 时带尾音/r//[nevəʳ]与否不仅取决于说话人的语法是否包含元音后删除/r/的规则,还受制于其他因素,比如说话人说话时所处的社会语境(如正式与非正式)。

为了对英语自上而下地进行描述,本书分为两大部分:一是讨论英语的一般特征——它作为一种语言的发展以及制约其使用的语用因素;二是集中讨论该语言从句子一直到独立的单个语音的语法特征。

第一章(语言的研究)讨论语言学家怎样研究语言,批判地接受了语言学的观点:所有的语言都是有效的交流系统,而一种语言"优于"另一种语言的说法是没有意义的。第二章(英语的发展)从历史的角度看待英语:历史上它与世界上其他语言的关系,怎样用语言变化的一般原则来解释英语的发展。接下来的两章集中讨论影响英语使用的各种语用原则。第三章(英语的社会语境)考察影响语言交流的社会因素,如礼貌因素和说话人变量(如年龄、性别、种族、教育程度)。第四章(语篇结构)描述英语语篇(口语和书面语)的构成及其构成原因。

本书第二部分包含的章节讨论了英语语法。第五章(英语句法)讨论英语的主要句法范畴以及用句子所包含的特定结构来描述英语句子的构成——子句(主、从句)以及短语(如名词短语和动词短语)——以及这些形式在子句内部充当的成分(如主语和宾语)。第六章(英语词汇:结构和意义)是关于单词的结构和意义。该章的开头讨论词素,即最小的意义单位,是怎样组合在一起构成单词,接着描述辞典编纂学家(编写辞典的人)和语义学家(将语言中的意义形成理论的语言学家)是怎样描述词汇的意义。第七章(英语语音)讨论英语的语音系统,先对语音片段(音素)进行描写,最后简要介绍了单词重音和语调。

  当前语言学的大量研究表明,如果语言描述基于实际使用的口头语和书面语,而不是基于语言学家自己编造的例子,这样的语言描述才是最精确、最有意义的。因此,本书中大多数例子都来自不同的语言学语料库:这些语料库收录了不同种类的英语口语和书面语,包括人们实际用语的转录,或者从报纸上选取的文章。附录包括了本书中所用到的语料库列表,并简要描述了这些语料库所包含的各种语篇类型。

  本书能够完成,我要感谢很多人的帮助。首先,我要感谢剑桥大学出版社的 Andrew Winnard 先生对本书写作过程的帮助与支持。我还要感谢剑桥大学出版社三位匿名审稿人,他们的评论让我对本书的初稿进行了全面的修改;Malcolm Todd 的编辑使本书更加清晰明了;Bill Kretzschmar 对第三章给予了批判性的反馈意见;Stephen Fay 补充了 6.3 和 7.1 的插图;我在波士顿马萨诸塞大学应用语言学系的同事和我的部分学生帮助我验证了语言学教学方法;最重要的是,我要感谢我的妻子 Libby 和儿子 Freddie,在本书的写作过程中,我没有时间陪伴他们,而他们却给予了我持续的关爱和支持。

版权致谢

感谢穆彤德古意特出版社允许我引用第六章的材料,这些材料取自我的论文《前电子语料库》("Pre-electronic Corpora"),该论文即将在 Anke Lüdeling 和 Merja Kyto 编辑的《国际语料库语言学手册》(*Corpus Linguistics*:*An International Handbook*)上发表(柏林:穆彤德古意特出版社)。

第一章 语言的研究

本章预览

本章概述语言学家如何研究语言。它将语言描述为众多不同的交流系统之一,这种系统是人类独有的,不同于动物使用的交流系统。语言以三种方式存在:口头语、书面语和手语(聋哑人使用的)。尽管所有语言(手语除外)都以口头形式存在,但只有部分语言有书面形式。为了研究语言,语言学家着重对两个层面进行描述:语用学,即对语境(社会语境和语言语境)如何影响语言使用的研究;语法,即对人类如何从语音到句子形成语言结构的描述。

关键术语

语言能力与语言行为（Competence and performance）

功能语法（Functional grammar）

生成语法（Generative grammar）

语法与语用学（Grammar and pragmatics）

符合语法性与可接受性（Grammaticality and acceptability）

语言的创造性（Linguistic creativity）

语言学规则与原则（Linguistic rules and principles）

语言交际模式（Modes of linguistic communication）

规定语法与描写语法（Prescriptive and descriptive grammar）

符号学（Semiotics）

引　言

　　一个正常的人生下来就具有语言能力：与生俱来的使用母语的能力，或者聋哑人使用手势语的能力（即用手势进行交流）。这种能力与学习无关——比如，一个小孩不需要学习就能说话或者用手势交流，这种能力发展的阶段可以预测，从婴儿牙牙学语开始，到成人的时候说话能力达到顶峰。

　　对语言的研究是在语言学领域内进行的。与普通的共识有差异，语言学家不一定是通晓多种语言的人——能流利使用不同语言的个体。他们的主要兴趣是对语言的科学研究。就像生物学家研究细胞结构一样，语言学家也研究语言的结构：说话人怎样把语音、词汇以及最终形成语篇的句子结合在一起创造意义——语篇是语言的延伸（如朋友之间的对话、演讲、报纸上的新闻)。与其他科学家一样,语言学家客观地研究他们的对象——语言。他们对于评价语言使用的"好"与"坏"不感兴趣,就像生物学家研究细胞的目的不是决定哪些细胞"漂亮",哪些细胞"丑陋"。这是一个很重要的问题,因为很多关于语言的文字和言论都具有高度的评价性:教师告诉学生不能使用像ain't这样的词,因为它是"无知"或"懒惰"的言语模式的产物;类似的情绪在有关英语用法的通俗书籍和文章中也有表达。语言学家确实有他们的偏见,这一点将在本章后面一节(语言的逻辑基础)中讨论,但重要的是要把语言学家的目标同教师和作家的目标区分开来——前者的目标是描述语言,后者的目标是规定英语的用法,告诉人们该怎么说或写,或者不该怎么说或写。

因为语言学是跨学科的,所以许多学科的专家都会把他们自己的专业知识带到语言的研究中来。例如,心理学家把语言当作人类思维的属性;他们对人们如何习得语言等话题感兴趣。另一方面,人类学家对语言和文化之间的关系更感兴趣,人类学家为语言学提供了极具价值的语料。在20世纪初对这些语言进行研究之前,人们对人类语言的知识都是基于对西方语言,如希腊语、拉丁语和德语的研究,这些语言在结构上与美洲的土著语言有很大的差异。这一新的知识迫使语言学家重新构建人类语言的概念,并大大增加用于分析的语言数量。其他学科——社会学、计算机科学、数学、哲学等——也把它们的兴趣转向语言的研究。

尽管影响语言研究的因素很多,但还是有可能把指导所有语言研究的基本原则分离出来,这些原则正是本章的焦点。本章首先讨论语言作为一个更大的符号系统的一部分。符号系统是一种交流系统,不仅包括人类语言,还包括诸如手势、音乐、艺术和服装等。与任何系统一样,语言也有结构,接下来的章节将对这一结构进行概述:语言表达的模式(口头语言、文字、符号),以及声音、单词、句子和语篇结构的规约(包括语言的和社会的)。说英语的人知道 day beautiful 这一短语不是英语,因为作为英语的使用者,他们对英语句子结构的规则有一种无意识的知识:形容词放在名词之前(例如 beautiful day),而不是在名词之后。此外,讲英语的人向陌生人问路的时候不会说 Tell me where the museum is。因为根据英语用法中的礼貌规约,这样的话是不礼貌的;最好用更加委婉的措辞,比如 Could you tell me where the museum is? 如前所述,因为语言学家从事的是对语言的科学研究,他们研究语言是不带感情色彩的,更倾向于用公正客观的方式描述它。然而,语言学家实际上也是有自己的偏见。下一节将探讨语言的思想基础:所有关于语言的观点都是建立在应该如何看待语言这个信念之上的。最后一节描述两个相互竞争的语言理论——Noam Chomsky 的生成语法理论和 M. A. K. Halliday 的功能语法理论,以及这两个理论如何影响本书所提出的语言观。

语言作为符号系统的一部分

因为语言是一种交流系统,所以把它和其他交流系统进行比较是很有用的。例如,人类不仅通过语言交流,还通过手势、艺术、服饰和音乐等手段交流。尽管有些人认为黑猩猩等高等灵长类动物拥有相当于人类语言的交流方式,但大多数动物都有自己的交流系统:狗通过低头和垂尾来表示顺从;而蜜蜂则是通过舞蹈进行交流。对交流系统的研究起源于符号学,这一研究领域起源于 Ferdinand de Saussure 在《普通语言学教程》(*A Course in General Linguistics*)(1916)上收集的一系列讲座发言稿。

按照 Saussure 的观点,符号系统中的意义是通过**符号**表达的,符号有着特定的形式,被称为能指;能指所传达的某个意义,被称为所指。因此,在英语中,table 这个词有两个不同的能指。在说话的时候,它的形式是一系列音素,在美国中西部英语中发[teibl];在书写的时候,它由一系列字素,即字母 t-a-b-l-e,拼写而成。反过来,能指与所指相联系。一个说英语的人在听到或者读到 table 这个词的时候会将这个词与它的意义(它的所指)相联系。其他符号系统利用不同的符号体系。比如在很多文化中,点头表示"是的",摇头表示"不是"。

虽然符号系统是离散的,但它们之间是互相支撑的。20 世纪 60 年代,有些男性留长发,蓄胡子,穿破旧的蓝色牛仔裤,戴印有和平符号的项链来表达"激进"或"流行"。所有这些系统——衣着、个人外表、语言——共同将这个人定义为"嬉皮士":一个在这一时期与主流社会生活方式背道而驰的人。如果一个送货的人扛着一个大箱子出现在某个人的家里,问这个人箱子应该放在什么地方,他/她可能会回答"放在那里",与此同时,指着他/她起居室的某个地方。在这种事例中,所说的特定的语言形式就直接与所用的手势相关联在一起。

语言和手势如此紧密关联,共同发挥作用,这一事实可能导致人们得出一个结论,认为它们是同一个符号系统的一部分。但是,在许多情况下,手势完全独立于语言而起作用,因此有时在本质上被描述为副语言。在 1992 年的总统选举辩论中,当其他候选人正在回答问题的时候,选票排在第一位的布什总统被拍到在看手表。这个手势被许多人认为是布什总统不耐烦和无聊的表现,因为这个手势与任何语言形式都没有关系,在这种情况下,它显然是自己符号体系的一部分。

正如 Saussure 所说,语言符号的特征之一是它的任意性。

"window"这个词与它所表达的意义没有直接的联系：说英语的人完全可以选择另一个能指，如 krod 或 fremp。其他语言则用其他单词表达 window：法语用 fenetre，西班牙语用 ventana，德语用 Fenster，芬兰语用 ikkuna。虽然大多数语言符号都是任意性的，但在某些情况下，符号与它们所表达的含义有着象似性的关系。如果一个人在描述一部最近看过的电影时说 It was so loooong，把元音拉得很长，那么元音的加长就强调了电影过分的长度。在 The cow mooed for hours 中，动词 mooed 模仿了奶牛发出的声音。同样，在 The bee buzzed by my ear 中，buzzed 模仿了蜜蜂的声音。英语还有联觉音组：与特定意义相联系的声音。位于单词结尾的辅音[ʃ]表示快速运动：crash, bash, slash, smash, gash。

不过，并不是所有以这个辅音结尾的词都有这个意义（如 fish, dish）。而且，如果语言中有真正的象似性，我们会发现它在跨语言中会有更多的一致性。有时候，所谓的拟声词会出现在跨语言中。例如，相当于英语 beep 和 click 的词，在法语中可以找到 up bip 和 un click。不过，英语中具有象似性的 whisper 这个词，在法语和西班牙语中对应的分别是 le chuchotement 和 el susurro，这两个词在形式上与英语不同，但在法语和西班牙语中却是具有象似性的词。因此，Saussure 认为，虽然符号可能具有象似性，但它们多数在本质上具有任意性。

语言的模式

能指在人类语言中常常通过两种基本模式传递：口头语和书面语。第三种模式，手势语是聋哑人使用的交际系统。与普遍的看法不同，手势语不仅仅是口语的对应物。例如，美国手语

(ASL)有自己的语法,使用手语的人与使用口头语的人一样经历相同的语言习得阶段。父母是聋哑人而自己并不聋哑的儿童把手语作为第一语言,把口头语作为第二语言学习的情况并不少见。

在语言学中,人们普遍认为口语是第一位的,书面语是第二位的。语言学家采取这样的立场是因为所有的语言都有口头语(像拉丁语这样消亡的语言除外,它们只以书面形式存在),这些语言中只有很小一部分有书面语。所有儿童如果在语言习得的形成阶段都能接触到一门语言,他们就会自然而然地习得这种语言的口语。然而,一个儿童要具有读写能力,就需要在阅读和写作方面接受某种正规的教育。不幸的是,在许多方面,说口头语"第一位"而书面语"第二位"意味着与口头语相比,书面语处于次要地位。将这两种模式视为具有不同的功能但又相辅相成更准确。例如,在大多数法律制度中,虽然口头合同具有法律约束力,但书面合同则更受欢迎,因为跟口头语不同,书面合同能够把合同永久地记录下来。因此,如果合同条款产生争议,可以查阅书面合同记录并对合同进行解释。口头合同的争议将涉及双方对合同的回忆。

虽然人们更愿意用书面语订立合同,但在很多其他情况下,口语更合适,因为最常见的一种口语类型——面对面的交谈——具有高度的互动性,这种模式非常适合于多种语境:午餐时的随意谈话,杂货店的商业交易,课堂上学生和老师之间的讨论。在这些语境中,互动对话比书面语有更多优势。例如,进行交谈的个体如果对对方所说的话有疑问,可以立即要求当面解释清楚;相比之下,在给朋友的书信中就缺少这种即时性。交谈时,交谈者面对面,因此能够看到个体对于所说的话的反应。书面语会在作者和读者之间造成距离,使作者得不到读者的任何反应。口语是口头上的,因此可以运用语调来强调单词或者短语以及表达情感;书面语有标点符号,但它只能表达语调可以表达的特征的一小部分。因为口语是"即时"形成的,它产生的速度很快而且很轻松,这会导致很多不符合语法的结构,但这很少引起交流错误,而且如果出现误解,也很容易纠正。书面语就复杂得多,需要规划和编辑,因此需要更多的时间去书写。由于书面语有这些特点,因此,如果一个人想要跟一个朋友进行一次随意亲密的会面,他/她更有可能亲自去面谈而不是写信。当然,现代技术通过电脑上的即时信息使这样的会面成为可能。而且如果某个人希望跟一个远处的人会面,那这种在线书面"聊天"就可以模仿面对面的谈话。但是因为这类谈话是口语和书面语的混合体,它们还是缺少面对面交谈的亲密感和即时性。正如 Biber(1988)指出,虽然口头语和书面语常常被当作分离的模式,但在口头语和书面语之间存在一个连续体。虽然口语总体上比书面语更具有互动性,但各种类型的口头英语和书面英语都表现出不同程度的互动性。Biber(1988:102,128)发现互动性话语(用他的术语就是"参与"话语)的各种语言学标记,如第一人称代词和第二人称代词、缩略词、内隐动词,如 think 和 feel 在电话和面对面的交谈中出现的频率非常高,但在即兴演讲、采访以及广播中出现的频率要低得多。此外,虽然各种书面语如学术文章、官方文件也有少量的互动性话语的标记,但其他类型的书面语篇,尤其是私人信件,在互动性程度上高于其他口语语篇。

  Biber 的发现表明语言的结构更多的不是取决于它是说出来的还是写出来的,而是取决于它是怎么用的。尽管私人信件是书面的,但它也包含标志互动性的语言特征,因为写信人希望跟收信人进行互动。

另一方面,在采访中,其目标不一定是互动,而是从被采访的人(或人们)那里获取信息。因此,采访,尽管是口语,其互动性标记要少得多,并且包含更多与书面语篇相关的特征。

研究语言结构

无论是口头语、书面语还是手势语,每种语言都有其结构。Leech(1983:21—24)认为,这种结构可以通过以下假设来描述:

(1) 支配发音的**规则**、词的组合方式、短语、子句和句子的构成方式以及最终形成意义的方式。

(2) 规定规则所创建的结构应如何使用的**原则**(例如,哪些形式在哪些语境中是礼貌的,哪些形式是不礼貌的)。

规则是在**语法学**的标题下研究的,原则是在**语用学**范畴内研究的。要理解什么是规则、什么是原则以及为什么在语法和语用学范围内研究,请想一下这样的情形:一个三岁的儿童在一间屋子里玩耍,这时他父亲正好走进屋子,发现孩子把玩具卡车的轮子弄掉了,孩子对父亲说出这样的句子 I broked it [ai broʊkt it],孩子为什么会这么说呢?

为了解释为什么孩子说 I broked it,而不说 Breaked it I,有必要审视一下孩子用来创建他所使用结构的语言规则。语言规则不同于人们在学校学的规则"句子不要以介词结尾";"句子开头不要用 but";"不要使用分裂不定式"。这些是**规定性**(在下一节中将更详细地讨论),目的是在学生学习说和写所谓的标准英语时提供指导。相比之下,语言规则用来描述人们对语言的掌握:他们所拥有的无意识的语言知识,这是 Noam Chomsky 所描述的我们语言能力的一部分。尽管孩子说的句子不符合"标准英语"的规则——动词 break 的过去式是 broke,不是 broked——但它提供了证据,证明孩子知道英语语法的规则。

他运用了书面语中拼写为-ed 的动词过去式结尾,但还没有到达能够区分规则动词和不规则动词形式的习得阶段。

语法规则在不同层面发挥作用:

语音学/音位学:这个层面的重点是语言中最小的结构单位:音素。这个层面上的语言规则描述在不同的语境中语音是如何发出的。例如,英语中有一条语音同化规则,规定在动词词干上添加过去式标记的时候,词干中的最后一个音决定该标记是浊音还是清音(即在发该辅音时声带是否振动)。因此,尽管孩子使用了错误的过去时形式,但过去时标记还是被读成了/t/,因为词干中的最后一个声音/k/为清辅音。如果词干是以浊辅音/l/结尾的 kill,他就会把过去时标记发成浊辅音/d/。英语语音系统及其支配规则将在第七章详细讨论。

词形学:结构的下一个层面是词素,词素是语言中最小的意义单位。词法规则侧重于单词(和单词的组成部分)的构成。在句子的开头,孩子使用代词 I 而不是 me,因为英语有格分配规则——代词充当句子的主语时采取主语格形式(有时称为主格)而不采用宾语格形式(或者宾格)。另外,因为主语是单数,他用了 I 而没有用复数 we。词形学规则描述构词的方方面面,如前缀和后缀的添加,这些方面将在第六章中阐述。

句法:结构的最大层面是从句,它可以被分析为所谓的**从句功能**:主语、谓语、宾语、补语和状语。孩子所说的话 I broked it 是一个主句,可以把它分析为包含主语(I)、谓语(broked)和直接宾语(it)三部分——主句是一个独立存在的句子,它与从句相对,从句必须是一个主句的一部分。在句法层面,有许多规则规定如何对从句中的成分进行分组。例如,所有语言对如何排序都有限制。因为英语是一种 SVO(主语—动词—宾语)语言,所以孩子说出的是 I broked it 而不是 I it broked（日语等语言中有 SOV 结构）。第五章将讨论英语的句法，特别是词、短语、从句和句子的构成。

语义学：因为意义是人类交流的核心，所以语义学的研究涵盖了所有层面。在语音层面上，在单词 kick/kik/和 sick/sik/中，选择/k/与/s/会产生两个完全不同意义的词。在词形学层面，将前缀 un-放在 happy 这个词之前会产生一个意思相反的词：unhappy。在句法层面上，句子 Jose wrote to Carla 与 Carla wrote to Jose 意思完全不同，因为在英语中，词序是意义的关键。尽管意义存在于语言结构的各个层面，但语义的研究主要集中在单个词的意义（**词汇语义学**）和词在时间上的点或者对外部世界个体(**指示语**)的指称能力。例如，孩子所说的话中，动词 broked 有特定的意义（例如韦氏在线词典把 break 定义为"to separate into parts with suddenness or violence"）并被标记为发生在一个特定的时间（过去时，由动词过去时结尾-ed 表示）。孩子所说的话中还包括了第一人称代词 I，它指说话人（在本例中指这个孩子），以及代词 it，它指的不是本文中的某物，而是语境中的某物（儿童汽车上的轮子）。词汇语义、指示语以及与语义学研究直接相关的问题将在第六章讨论。

上面描述的各种规则是语法研究的一部分。语法这个词有很多意思。对一些人来说，它主要涉及句法：研究词类（名词、动词、介词等）或一般句法（"I studied grammar in High School"）。对另外一些人来说，它包括用法：正确和不正确地使用语言（"我的语法不是很好"）。然而，对许多语言学家来说，语法涉及语言规则的研究，这些规则是我们语言能力的一部分：任何一位说话流利的人所掌握的语言规则是无意识的知识。因此，编写一种语言的语法涉及制定每个说这种语言的人都需要遵守的规则：

例如,在英语中,过去时态标记的发音取决于它前面的发音是浊音还是清音,或者当一个代词用作句子的主语时,要使用代词的主格形式,而不是宾格形式。

在研究语法规则时,研究者确实不会抛开说话人的大脑,因为讨论的焦点是语言的抽象属性,这是任何人(除非有残疾)天生就具备的。但是理解语言不仅仅是描述大脑的心理属性,语言的结构也在很大程度上取决于语境:使用语言的**社会语境**以及**语言语境**——更大的句子集合体——一个特定语言结构出现的地方。对语言这方面的研究是在语用学的范畴内进行的,语用学主要关注的不是语法结构是怎么构成的,而是为什么有这样的结构。因此,为了充分理解 I broked it 的意义,最好能看到产生这种结构的更大的语境,特别是父亲对它的反应:

孩子: I broked it.

父亲: That's ok. Let's see if we can fix it.

人们交流的时候,对话语的理解不仅仅是通过简单地分析它们的结构也基于对各种社会语境考虑:交流者的年龄以及他们的社会阶层、教育程度、职业,以及他们在权力等级中的相对地位(即他们是地位平等的人、地位不同的人,还是密友)。在上面的摘录中,每个话语的形式很大程度上取决于父亲和孩子的年龄和他们之间存在的权力关系。因为孩子年幼并且没有完全掌握英语语法,他使用非标准的动词形式,而不是标准形式 broke。因为孩子的年龄,父亲并没有用像 Did you mean to say "broke"这样的话语来回应孩子。孩子还小,此时纠正他也许是不合适的。

如果孩子年龄大点(比如在读中学),父亲就很可能纠正他的话,因为作为父亲这个角色,他和儿子是完全不同的,他的地位更高(也就是说权力等级更高),他的儿子处于从属地位(也就是说权力等级更低)。鉴于这种权力的不平衡,父亲可能会觉得有权纠正儿子的语法。但在这种情况下,其他因素如教育和社会阶层,也会影响语言的使用。如果儿子和父亲都说不标准的英语,在这种变体中常用 broked,那么上述类型的修正可能永远不会发生。第三章将讨论社交语境在语言使用中的作用。

除了描述社会语境对语言使用的影响之外,还要研究语言语境及其对语言结构的影响。这涉及在语篇层面上对语言的研究。语篇通常是语流的延伸,它们大多具有约定俗成的结构(例如,开头、中间部分和结尾)和衔接标记:将语篇的各部分连接在一起的语言机制,最终实现连贯性(即有意义的语篇)。上述儿子和父亲之间的对话发生在语篇的开头。许多语篇都有标准的开头。例如,朋友之间的对话可能会以问候语开头:Hi, how are you—I am fine, how are you? 其他语篇,如儿子和父亲之间的对话,就直接开始。儿子说 I broked it 仅仅是因为父亲进入房间的时候他需要这样说。很多语篇都是高度结构化的,新闻报道以标题开头,然后是署名和导语(一两个总结文章要点的句子)。其他语篇的结构比较松散:虽然朋友之间的谈话可能有开头(问候语)和结尾(致敬),但中间部分可能只是由说话人的话轮组成:说话人交替说话,对讨论的话题几乎没有什么限制。

但是,除非有语言标记将语篇的各个部分联系在一起,否则语篇不会实现最终的连贯。父亲用 That's ok 来回应儿子的话,That 这个词是一个代词,回指孩子在第一句话说的内容。代词通常只指代一个名词短语(例如,在孩子的话语中,it 指的是他卡车上坏了的轮子)。但在非正式会话中,人们通常会发现代词具有非常广泛的指代。在本例中,代词指的是孩子说出的整个句子。这是一种衔接,Halliday 和 Hasan(1976)称之为"指称":通常用来回指在语篇中前一部分说过的话,它在语篇中用来提供连接。语篇的结构将在第四章中讨论。

语法学和语用学的一个主要区别是,语法学讨论"结构",语用学讨论"使用"。如构成祈使句 Tell me how to get to the Kennedy Library 的语法规则是相当简单的:用到了动词的基本(或不定式)形式 Tell,而句子中隐含的主语 you(You tell me how to get to the Kennedy Library)被省略了。英语中每一个祈使句都是这样构成的(第一人称祈使句例外,比如 Let's dance)。因此,语法规则可以用相对绝对的术语来固定描述。但这并不是说规则没有例外。英语被动结构的形成规则规定,**主动语态**中的句子如 The mechanic fixed the car,可以通过以下方式转换成为**被动语态** The car was fixed by the mechanic:

(1) 把句子的直接宾语(the car)变成被动语态的主语;

(2) 加上与被动语态中跟主语在数方面一致的 be 的某种形式(was)并保留与主动语态中动词相同的时态;

(3) 把主动语态中的动词变成分词(fixed);

(4) 把主动语态中的主语移到句子的末尾,使它成为介词 by 的宾语(by the mechanic)。

不过,并非每一个满足这种结构描述的句子都能转换成被动语态。例如动词 have 通常情况下不能转换成被动(比如可以说 The woman has a new car,但不能说 A new car was had by the woman),当然在习语结构中例外,比如 A good time was had by all。

相比之下,描述祈使句的使用则要复杂得多,特别是因为英语中的祈使句与礼貌的规约有着紧密的联系。这就是为什么 Leech(1983)提出礼貌"原则"而不是礼貌"规则"的原因之一。如果在马萨诸塞州多尔切斯特的 JFK/UMass 地铁站里,一个陌生人走到你跟前,说 Tell me how to get to the Kennedy Library,那是非常不礼貌的。这个句子显然是符合语法的,但是太直接了,不能用于一个完全陌生的人。在这种情况下,说 Could you please tell me how to get to the Kennedy Library 更合适,在礼貌上更符合英语的习惯。

然而,如果简单地假设一条规则,说对陌生人不能使用祈使句,这也是错误的。同样一个句子,只要稍加改动放到与同一个陌生人的对话中,就是合宜的。

说话人 A(对地铁站台上的陌生人说):I'm lost. I'm trying to get to the Kennedy Library.

说话人 B:Oh, it's quite easy to get there. Would you like directions?

说话人 A:Yes, please tell me how to get there.

由于不可能准确地规定哪些形式是礼貌的,哪些是不礼貌的,礼貌原则是相对的而非绝对的:这种形式在这个语境下"倾向"于是礼貌的,但在另一个语境下是不礼貌的。

规则和原则也提出了**符合语法性**和**可接受性**的问题。如果一个句子的结构跟语法规则一致,那么它就是符合语法的。因此,在以下四句话中,(a)—(c)是符合语法的;只有(d)不符合语法:

(a) I don't have any money.

(b) I have no money.

(c) I ain't got no money.

(d) * Have I don't money any.

(a)和(b)句符合句子中否定词的放置规则:否定词既可以放在助动词((a)句中的 do)后面并可使用缩略形式,也可以放在名词短语的前面，条件是该名词短语包含 any 这样的词（如(b)句）。虽然像(c)含有 ain't 和双重否定的句子通常被误认为不符合语法，但实际上它们是符合语法的：现代英语中 ain't 充当一个一般的否定标记，而重复否定词（而不是简单地移动否定词），形成一种多重否定的实例，这个语法过程可以追溯到古英语。对(c)的否定与其说是一个符合语法性的问题，不如说是一个可接受性问题。只有(d)才是真正不合语法的，因为这句话中词的位置违反了英语语序的规则（例如，any 总是放在名词前面，而不是后面）。

说话人对可接受性判断各不相同，反映出我们对语言好与坏的运用有着不同的看法。因为 ain't 是一个名声很差的词，许多人会对它的用法做出非常消极的反应，认为它在任何情况下都是不可接受的。尽管如此，ain't 还是被人们广泛使用，使用它的人显然认为它是可以接受的，至少在某些情况下是可以接受的。例如，ain't 经常出现在歌词中："You ain't nothin' but a hound dog."；"Ain't that a shame."；"There ain't no mountain high enough, ain't no valley low enough, ain't no river wide enough."人们很难想象把这些歌词改为："You aren't anything but a hound dog." 符合语法性和可接受性之间的区别很重要，因为这些概念描述了语言中哪些是可能的，哪些是我们喜欢或不喜欢的。

语言与思想

人们往往把符合语法性和可接受性混为一谈，这说明普通公众对语言的感受和一般语言学家对语言的感受有着显著的差异。这种思想鸿沟是由两种非常不同的信仰体系造成的，因为语言学家坚定地致力于语言的科学研究,而非语言学家往往倾向于一种更主观的方法。这两种截然不同的思想意识之间的差异体现在下面引用的两段话中,两者都涉及语言变化这个主题。

第一句是对 John Simon 的采访,他写了一本关于英语用法的书,书名叫《迷失的范式》(*Paradigms Lost*),他还曾是《纽约杂志》(*New York Magazine*)的戏剧评论家。西蒙被要求就语言的变化和语言的现状发表他的看法:

> 嗯,这个问题[违反句法和语法规则]变得越来越糟糕了。根据我的经验,违反句法和语法规则没有底线,一个人可能会越来越不遵守规则,语言总是会进一步四分五裂……[目前的语言状况是]不健康的,糟糕透顶的,可悲的,令人沮丧的,嗯,也许是相当令人绝望的……描述性语言学家是他们这类人的诅咒,呃,当然他们认为"人们"说出来的就是规则。"人们"指的是大多数人,"人们"指的是没有受过教育的人。我认为如果一个社会没有受过教育的人牵着受过教育的人的鼻子走,这样的社会不是一个好社会,我的意思是,也许[语言]变化是不可避免的,也许,也许死于癌症也是不可避免的,但我认为我们不应该帮助它加快死亡。

摘录自《你说美国语吗》("Do You Speak American"),由 Robert McNeil 口述于 2005 年 1 月 6 日在美国公共电视网首播

第二段话引自一位语言学家写的书,它着重于语言变化与语言衰退之间的关系:

> 简而言之,对语言持纯洁主义的态度——认为应该保持一种绝对正确标准的看法——起源于一种自然的怀旧倾向,并受到社会压力的补充和加强。这种态度是不合逻辑的,也不可能有坚实的基础。在纯洁主义看来,似乎曾经有

一个卓越年代,语言达到了一种我们都应该努力保持的标准。乔叟或莎士比亚时代的语言并不比我们自己的语言好,也不比我们的语言差——只是不同而已。

Jean Aitchison《语言变化:进步还是衰败》
(*Language Change: Progress or Delay*)(1991)

传统上,在语言学内部,像 Simon 这样的人被贴上规定主义者的标签,因为他们的目标是规定语言的用法:识别所谓的正确和不正确的语言使用实例,并在本质上告诉人们应该如何说和写。相反,Aitchison 是一个描写主义者,其兴趣在于描述语言是如何使用的,而不是把价值判断放在特定的语言用法的实例中。

正如这两段引述所言,规定主义者和描写主义者往往是完全对立的。Simon 用高度情绪化的语言把"描写性语言学家"描述为"他们种族的诅咒"。Aitchison 使用的语言不那么情绪化,但她对 Simon 这样的语言批评家的评价相当直截了当,说他们是"纯粹主义",对过去"怀旧",并最终"不合逻辑"。虽然 Simon 和 Aitchison 对语言的看法截然不同,但他们都在从事 Deborah Cameron 所描述的语言健康,即讨论语言好与不好:

> 无论是民间人士还是专家对于什么是"好的"(语言观)从来都不是中立的,这两种观点都区分语言(完美/自然)和说话人(完美/自然的污染者)。语言学家和非语言学家都捍卫他们认为是自然秩序的事物。(Cameron 1995:4)

在 Simon 看来,讲英语的人正在"污染"这门语言,使其从自然的"完美"状态发生转变。对于 Aitchison 来说,讲英语的人参与的是一个非常正常和"自然的"过程——即语言变化。干预这一过程是没有意义的,因为无论有没有任何外部干预,语言变化都会发生。

重要的是要承认,所有的语言观点都是以意识形态为基础的,因为在规定主义和描写主义的讨论中,许多语言学家简单地驳斥规定主义者是错误的。但在讨论规定主义时,有必要把保守的规定主义者和有远见的规定主义者区分开来。Simon 是保守的规定主义者的典型代表。他对关于语言的任何讨论几乎都没有带来积极的东西。相反,他只是对他所认为的语言的可悲状态做出反应。Aitchison 对他的批评是正确的,因为他的观点"不可能有任何确定的坚实的基础"。Simon 到底想让人们怎么说,怎么写?我们应该努力达到什么样的语言的完美状态?Simon 的语言观也是高度精英主义的,尤其是他认为"受过教育"和"未受过教育"的人之间存在着巨大的语言鸿沟的这种观点。像 Simon 这样的人应该被忽视,他们在对语言的讨论方面没有提供任何建设性的东西。

尽管保守的规定主义对语言的讨论没有什么帮助,但有远见的规定主义可以发挥更好的作用,特别是在讨论语言及其与公共政策和教学实践的关系方面。无论语言学家是否喜欢,所有的语言都受到语言规范的制约,这些规范是如何制定的往往是一个饱受争议的问题。语言学家应该参与这样的讨论而不是代表世界上保守的规定主义者参与讨论,这样更合适一些。考虑一下描述性语言视角如何有助于语言中性别平等的讨论——例如,像 mailman 这样的词是否应该被 mail carrier 取代,因为后者没有 man 这个表示阳性的词,因此在性别方面是中性的。

从历史上看,英语已经从一种表现语法性别的语言转变为一种表现自然性别的语言。在古英语中,性别在名词、形容词、指示词和代词上都有标记。例如,赋予名词的性别相当随意,因此形成了语法性别系统,在这种系统中,生物性别与语言项目所接受的性别标记之间没有系统的联系。因此,古英语中表示

hand 的词(其词干形式为 hond)被标记为男性,pride(古英语为 "wlencu")被标记女性,而 body(古英语"lic")则被标记为"中性"。随着时间的推移,英语中的性别不再标记在名词上,只有一些性别明显的情况除外,例如在表示某些职业的词中使用 man 和 -ess(如用 mailman, fireman 表示男性和女性;表示女性的 actress, waitress 与表示男性的 actor, waiter 相对)。代词(例如 he, him 和 it)仍有性别标记,但分配给代词的性别与代词所指名词的实际性别相匹配,从而形成了一个自然性别系统。这就是为什么所谓 he 的泛指用法(例如,A student must try his hardest to obtain good grades)受到批评的原因,因为在一个自然性别系统中,he 只能指男性——不包括女性。一个真正的泛指代词能指代一个阶层的所有成员,包括男性和女性。

对于转向中性性别语言的公开讨论通常忽略了发生这种变化的语言学动机。实际上,这种变化往往是在讨论"政治正确"的语言用法这个语境下进行的,这种讨论纯粹是出于政治动机。当然,提倡使用 mail carrier 代替 mailman,或 flight attendant 代替 stewardess 有政治维度的考虑:性别中性词不仅承认在许多职业中都有男性和女性,而且反映了人们的感情,那就是语言不应使一种性别(男性)优先于另一种性别(女性)。这种开明的语言规定主义可以纳入这样的语言学辩论,它有助于加强这些讨论的纯政治基础。

开明的规定主义在教学语境中也可能是有用的,因为学习英语的学生往往是非英语母语者,或者是说非英语标准方言的个人(如非洲裔美国人的白话英语,或 AAVE),了解这些学生的语言背景可以使教师更好地了解这些学生学习英语所面临的困难,以及学生所讲语言/方言的语言系统背后的语言意识。在某种程度上,教师可以观察 AAVE 中常用的如 He late 这样的结构,并告诉使用这种结构的学生,他(她)说得不正确,而应该说 He is late 或 He's late。但是,这位老师可能更理解学生说 He late 的原因,因为这位老师知道在 AAVE 中有一条去掉系动词的语法规则,这在标准英语中是没有的:在标准英语中,一种动词形式可以和主语一起缩写(如 He is late → He's late),而在 AAVE 中,这个缩略过程更进一步,把整个动词都去掉了。如果老师了解这条规则,就不会简单地把去掉系动词的句子当作是偶然的错误,它实际上是运用了一条语言规则的结果。了解这一点,老师就能更好地帮助学生学习标准英语的规则。

语言学家常常因为对语言持一种"怎么都行"的态度而受到批评:他们认为语言结构是语言规则的产物,所以它在任何语境中的使用都是允许的。但是,通过将一种语言观点引入规定主义,语言学家可以更好地帮助公众理解语言的工作原理,并帮助他们对语言的用法做出更明智的选择。

关于语言的理论构建

在观念上,语言学家不仅与一般的公众不同,而且在他们自己内部也存在差异。因此,语言学家们发展了各种不同的语言理论,每一种理论都有着不同的侧重点。自 20 世纪 50 年代生成语法提出以来,许多语言学家主要关注的是发展以语言能力为基础的理论,即以语言主要是大脑的属性为中心的理论。其他语言学家已经提出了更多基于语言行为的理论,即关注社会语境中的语言使用。还有一些人试图形成将这两种兴趣结合在一起的理论:这些理论基于这样的假设,即语言是思维和使用语言的社会环境共同作用的产物。

Noam Chomsky 是基于能力的语言理论的主要倡导者。20

世纪 50 年代，Chomsky 出版了《句法结构》(*Syntactic Structures*)(1957)，概述了他的生成语法理论，并对 B. F. Skinner 的《语言学习和言语行为》(*Verbal Learning and Verbal Behavior*)进行了极具影响力的批评(1959)，从而彻底改变了语言学(以及哲学和心理学)。Chomsky 的语言理论是在行为主义心理学主导语言思维的时期发展起来的。行为主义者认为语言是经验的产物，所以他们认为儿童生来是一块白板(blank slate)，只有在接触语言之后才学会它。

Chomsky 反驳说，这种观点必然是错误的，因为儿童能够说出他们通过日常经验不可能遇到的语言结构(即贫乏刺激这个概念)。Chomsky 由此得出的结论是，人人生来就有语言能力，因此，更重要的是研究语言有哪些共同之处，而不是它们有何不同。为了反映这一重点，他提出了普遍语法的概念：即每个人，无论他们最终学会讲什么语言，都在其语言能力范围内拥有一种语言习得机制，其中包含一套普遍原则。

这些普遍原则构成了 Chomsky 生成语法理论的基础。这一理论自 20 世纪 50 年代创立以来，经过了多次修正。在这个理论中，Chomsky 发展了一种以数学为基础的正式标记符号，明确描述了语言知识是说话人语言能力的一部分。这一理论的一个关键原则是创造性：从说话人能力范围内的一套有限的规则中，可以产生一组无限的句子。创造性这个概念成为人类语言的一个典型特征——它与所有其他的交流系统都是有区别的。Chomsky 关于人类语言的观念具有革命性和影响力，它完全改变了语言学的领域，并进入了"语言学的现代时代"。

因为生成语法是以语言能力为基础的，所以它只关注形成不超越句子层次结构的语言规则。除此之外，语言行为(即语言使用)被完全忽略了，并且经常被当做是由"错误"构成的：口误、错误的发音等等。然而,很多语言学家并不认同语言行为的观点,他们认为要完全理解语言,必须考虑使用语言以及负责从句子一直向下直到单个语音结构规则的更大的语境——社会语境和语言语境。尽管许多不同的语言学家都追求这种更宽泛的语言观,但在关于语言能力和运用的理论中,M. A. K. Halliday 的系统/功能语法理论(见 Halliday & Matthiessen 2004)更为全面。

作为功能主义者,Halliday 认为语言的存在是为了满足使用者的交际需要,即语言是一种交际工具。为了反映这一观点,Halliday 提出语言具有三种普遍的"元功能":概念功能、人际功能和语篇功能。Halliday 的概念功能是具体说明语言如何作为构建说话人内部和外部现实的一种手段。当孩子说 I broked it 时,他用语言形式表达他刚才所体验的一次经历,他正在从事 Halliday 所称的"物质过程",特别是"做……某人'做'某事——可能'对'某个实体做某事的过程"(Halliday 1994:110)。在这种情况下,孩子——用 Halliday 的术语即"行为者"——在他一直玩耍的卡车上进行了一个影响车轮——目标——的过程("breaking")。物质过程——"外部世界的过程"——是 Halliday 及物性系统中三种主要的过程之一。另外两个主要过程是心理过程——包括"内在经验"和"意识"过程,以及关系过程——使说话者"将一段经验与另一段经验联系起来",并进行"分类和识别"的过程(同上:107)。

语言还有另外两种功能——人际功能和语篇功能——它们反映了语言受其所使用的社会和语言环境的影响这一事实。在某种程度上,语言在我们的社会交往中起着关键作用,它的作用要么是作为一种手段,"说话人给听话人某种东西(例如,一条信息),要么是说话人要求听话人做些什么"(同上:68)。正如本章前面所指出的,我们如何"要求"另一个人给我们东西,很大程度上取决于我们的社会角色:我们的年龄、性别、教育程度等等。在另一个层面上,语言非常依赖于语言环境。Halliday 和 Hasan(1985:10)认为语篇具有功能性,因为它们是由"在某种语境中做某事的语言构成的,而不是孤立的单词或句子。"所有语篇都表现出两种统一性:结构统一和组织统一(同上:52)。如前所述,新闻报道有一个预先安排好的结构:标题、署名、导语。语篇也有组织,这是衔接的语言标记,确保语篇的所有部分都吻合在一起:例如 therefore 这个词,表明一个子句是前一个或多个从句的逻辑结果。

本章小结

尽管语言学家对语言的假设有许多相同的地方,但他们对语言研究的理论视角是不同的。受到 Noam Chomsky 语言观影响的语言学家认为语言主要是思维的产物,他们更注重研究语言能力:每个人都拥有的关于语言规则的无意识的知识。其他语言学家对语言的观点更为宽泛,认为在社会语境中研究语言是有价值的,并把语篇结构和语篇中出现的句子结构纳入考虑之中。本书采用第二种方法对英语进行研究。在下一章对英语历史以及英语变化的基本概念进行讨论之后,着重讨论英语的社会基础、影响语篇结构的各种原则,以及描述语篇中从句子向下一直到单个的语音这些较小语言构成部分的形式的语法规则。

自学活动

1. 将左栏中的结构与在右栏中研究它们的语言学领域相匹配。
　　(1)词的结构　　　　　　　　　　a. 语音学/音系学

(2) 语序/子句结构　　　　　b. 形态学
(3) 词的意义　　　　　　　　c. 句法学
(4) 个体语音　　　　　　　　d. 语义学

2. 如果你在学习句法规则,你是在学习语言能力还是语言行为?

3. 在语言研究中,规定主义和描写主义的方法有什么区别?

4. 如果你说 He don't know nothing "不正确",你是在判断这个句子的语法正确性还是其可接受性?

5. 美国手语(ASL)是通过手势表达的,而不是说出来的,但它仍然被认为是一种语言。请解释 ASL 是如何跟英语或西班牙语一样,被当作一种语言。

6. 像德语这样的语言有"语法"性别系统,英语则有"自然性别"。这两种系统之间有什么区别?特别是,为什么现代英语采用一种"自然"性别系统?

7. 美国语言学会是语言学家的专业机构,定期发表有关语言学和语言政策的声明。其中一项声明"语言权利"(www.lsadc.org/info/lsa-res-right s.cfm,2008 年 6 月 22 日检索)描述了除英语以外的语言使用者在美国应享有的语言权利。声明指出,"世界上绝大多数国家至少是双语国家,而且大多数国家是多语言国家,即使人们忽视了现代移民的影响","使用多种语言本身很少是造成公民不和的一个重要原因"。该声明还列出了应给予多语种人士的具体权利,例如"允许他们以自己选择的语言公开或私下表达自己的意见"和"保持他们的母语,并在他们愿意的情况下将其传给子女"。这些引文是否为 Deborah Cameron 所描述的语言健康提供了例子?

拓展阅读

对符号学基本原理的介绍:D. Chandler, *Semiotics: The Basics* (London: Routledge, 2002);

对 Noam Chomsky 的生成语法理论的介绍:S. Pinker, *The Language Instinct: How the Mind Creates Language* (New York: Harper Perennial Modern Classics, 2007);

对 Chomsky 语言观的批判:G. Sampson, *The Language Instinct Debate* (London: Continuum International Publishing Group, 2005);

对功能语法的介绍:M. A. K. Halliday and C. M. I. M. Matthiessen, *An Introduction to Functional Grammar*, 3rd edn. (London: Hodder Arnold, 2004).

第二章　英语的发展

本章预览

　　本章重点介绍了英语的发展以及语言变化的一些普遍原则,不仅描述了英语是如何变化的,而且为这些变化提供了解释。第一节概述了英语的现状:有多少人说英语和有多少人说世界上其他主要语言,在区分语言和方言中遇到的诸多困难如何让计算一门语言的使用人数变得复杂。下一节描述了语言分类的两种主要方式:谱系分类系统,这个系统将语言分组到系谱图中,并通过语言重建过程来追踪它们的历史发展;类型学分类系统,这个系统更多的关注语言的相似性而不是差异性,并以与语言共性概念相一致的方式对语言进行分类。本章最后讨论了语言"变化"与语言"进化"

之间的关系,即是否有理由认为生物学上的渐进性变化与语言中渐进性变化相似,也对已提出的其他解释语言变化的方式和原因的假说进行了介绍。

关键术语

同源词汇(Cognate vocabulary)
比较方法(Comparative method)
方言(Dialect)
谱系分类(Genetic classification)
语言变化的内部/外部影响(Internal/external influences on language change)
语言(Language)
语言死亡(Language death)
语言重建(Linguistic reconstruction)
共时/历时变化(Synchronic/diachronic change)
类型学分类(Typological classification)

引 言

在《普通语言学教程》(*A Course in General Linguistics*)收录的Saussure讲稿中,Saussure对语言的共时性研究和历时性研究做了区分。共时研究涉及研究一种当前所说和所写的形式的语言。对英语的共时研究将侧重于当代英语:目前世界各地所说的英语版本。相反,历时研究注重一种语言的历史发展,并考虑到它随着时间的变化而发生的变化。英语经历的变化导致了五种不同形式的英语:古英语、中古英语、早期现代英语、现代英语和当代英语。各种历史和语言事件导致了英语随着时间的变化而变化。例如,1066年诺曼征服带来了法语对英语的影响,这一影响非常深刻,特别是在词汇领域,因此语言学家认为有必要将古英语和中古英语区分开来。

尽管区分语言的共时性和历时性研究是有用的,但这种区分具有一定的误导性,因为语言总是在不断变化中。例如,今年的英语使用方式与明年的使用方式会有所不同。当然,这种差异很小——远远小于古英语和现代英语之间的差异。但重要的是要认识到语言是动态的而不是静态的实体。它们总是在变化——是对外部力量的反应(例如,许多英语文化中希望使用性别中性词汇),或者是语言内部变化的结果(例如,不规则动词变成规则动词,如过去时 strived 取代 strove)。

由于受到外部和内部的影响,英语从古英语时期到现在已经发生了相当大的变化。但也许最引人注目的变化是英语作为一种国际语言的崛起。在古英语时期,英语是只在英国使用的语言。但随着时间的推移,它已经成为一种在全球范围内使用的语言。英语在地位上的改变也是下一节讨论的重点。

英语语言的现状

根据《民族语:世界语言》(*Ethnologue: Languages of the World*),英语是世界上大约 6900 种活的语言之一(Gordon 2005:16;另见 www.ethologue.com,2008 年 6 月 6 日访问)。这些语言中有很多种语言使用的人数相对较少,有一小部分则使用很广泛。表 2.1 列出了一些最常用的语言,以及将这些语言作为第一或第二语言使用的人数。本表中的数字以百万为单位,并以 Gordon(2005)《世界年鉴》(*World Almanac*)和《维基百科》(*Wikipedia*)的"按母语人数分列的语言列表"中的信息为基础。(en. wikipedia. org/wiki/List_of_languages_by_number_of_native_speakers,2008 年 6 月 6 日访问。)

表 2.1 使用最广泛的语言

语言	第一语言使用者人数	第二语言使用者人数	总计
汉语(普通话)	873(83%)	178(17%)	1,051
英语	340 (25%—40%)	500—1,000 (60%—75%)	840—1,340
印地语	370 (76%)	120 (24%)	490
西班牙语	360 (86%)	60 (14%)	420
俄语	167 (60%)	110 (40%)	277
阿拉伯语(标准)	206 (90%)	24 (10%)	230
葡萄牙语	203 (95%)	10 (5%)	213
孟加拉语	207 (98%)	4 (2%)	211
印度尼西亚语	23 (14%)	140 (86%)	163
日语	126 (99%)	1 (1%)	127
德语	95 (77%)	28 (23%)	123
法语	65 (57%)	50 (43%)	115

* 人数单位:百万

如表 2.1 所示,最常用的语言是汉语(普通话),所谓的汉语方言之一。然而,在表 2.1 中包括普通话,但不包括汉语的其他方言(例如广东话),这反映了语言和方言在理论上和在实践中的定义不同。

从理论上讲,语言和方言的区别在于相互可理解性这个概念。如果我说北方美国英语,你说南方美国英语,我们是能相互理解的。因此,我们讲的是同一种语言的不同方言。但是,如果我说法语,你说越南语,我们就不能相互理解,这意味着我们讲不同的语言。然而,在实践中,这种区分保持得并不一致。中国是一个统一的国家,因此,许多人把中国所说的所有语言都称为方言,尽管方言的口语形式相互之间难以理解。例如,说广东话的人和说普通话的人可能使用相同的书写系统,但是如果要进行对话,他们却无法互相理解。相反的情况存在于其他语族中。尽管丹麦语、瑞典语和挪威语在一定程度上能相互理解,但它们却被称为不同的语言。这些语言不是被称为斯堪的纳维亚语的方言,同样是因为丹麦、瑞典和挪威都是自治的国家。

什么是方言这个问题也影响着计算一种语言的使用人数。在统计以英语为母语的人数时,Crystal(2003:65)不仅统计了包括在美国或加拿大等国出生的讲英语的人,还包括了说以英语为基础的皮钦语和克里奥尔语的人。因此,他计算出以英语为母语的人数超过4.3亿。皮钦语是一种接触语言。例如,当奴隶被带到牙买加时,许多人讲不同的西非语言,没有人说英语——他们奴隶主的语言,这导致了一种皮钦语的产生,这种皮钦语是一种在牙买加占主导地位的语言——以英语为基础的第二语言,它使奴隶与其主人之间能够进行最低限度的交流。当奴隶的孩子把皮钦语作为第一语言学习时,皮钦语就变成了一种克里奥尔语,现在被称为牙买加克里奥尔语。克里奥尔语通常变化很大,有些形式接近主导语言(牙买加的英语),而另一些形式则与主导语言相去甚远,难以理解。这种情况明显使精确统计一种语言的使用人数这一任务变得复杂了。

Crystal(2003:68)还指出,许多国家英语使用人数的信息我们还不清楚,在有些国家中,英语作为第二语言或外语使用。例如,在拥有500多种土著语言的尼日利亚,英语是第二语言,它不是作为母语使用,但它是法定的官方语言:政府语言、法律语言、教育语言和商业语言。相反,在德国,英语是一门外语:它通常在学校里教授,但没有官方地位。如果说英语的人包括说皮钦英语和克里奥尔英语的人,以及把英语当做外语的人,Crystal(2003:69)估计大约有15亿人。

但是,即使对英语使用人数的估计相当保守(如表2.1所示),英语也是世界上使用最广泛的语言,不仅是在当今世界上,在历史上也是如此。英语在世界各地广泛使用——不仅在以英语为母语的国家(澳大利亚、加拿大、北爱尔兰、英国、新西兰和美国),而且在许多其他国家,英语要么是第二语言(例如印度、肯尼亚、坦桑尼亚和新加坡),要么是外语(例如大部分西欧国家)。此外,任何人如果希望驾驶商用飞机都必须流利地使用英语,因为英语是航空业的通用语言;在世界上所有主要旅游地区,店主、酒店员工和其他从事旅游业的人通常都要有一些英语知识。

然而,值得一提的是,英语的广泛使用与该语言本身没有多大关系,更多是因为英国的殖民统治将英语传播到世界各地,然后是美国(以英语为母语的人所占比例最高)作为政治大国和经济大国的出现。如果世界上没有发生这些事件,英语可能仍然是一种只在其1,500年前的发源地大不列颠使用的语言。

语言的谱系分类

传统上,语言是根据它们所表现出的基因关系分类的。"基因"一词被用来比喻语言之间的关系,因为只有人类才有语言基因。事实证明,将语言分为语族是很有用的。在一个给定的语族中,语言可以是其他语言的"父母",或者其他语言的"兄弟姐妹",等等。这些关系是通过族谱的连续分支来表现的。

图 2.1 对英语所属的印欧语系做了简要的描述。根据《民族语:世界语言》(*Ethnologue*)(Gordon 2005:16－17),印欧语是世界上 94 个"顶层"语系之一,由 430 种活的语言组成。虽然印欧语系不是最大的语系——最大的语系拥有 1,495 种语言,这一荣誉属于尼日尔-刚果语系——但它包含了表 2.1 所列十二种语言中的八种:英语、印地语、西班牙语、俄语、孟加拉语、葡萄牙语、法语和德语。表中的其余四种语言属于不同的语系:汉语属于汉藏语系,阿拉伯语属于亚非语系,印度尼西亚语属于南岛语系。日语是一种孤立的语言,很难将它归为一个现有的语系,它的归属问题是一个语言学家争议很大的主题。

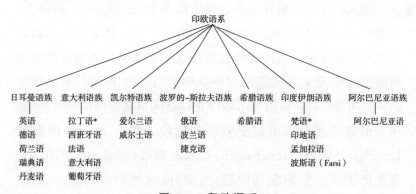

图 2.1 印欧语系

英语是日耳曼语族的一员,日耳曼语族是印欧语系的直系后裔,由 53 种语言组成(www.ethnologue.com/show_family.asp? subid-90017,2008 年 6 月 6 日检索)。图 2.2 列出了一些比较常用的日耳曼语族成员和日耳曼语族的三个分支——西部、北部和东部语支。

　　虽然图 2.2 所示的东日耳曼语哥特语已经死亡,但北日耳曼语包括斯堪的纳维亚常见的语言,西日耳曼语言使用范围不居限于欧洲(德语、荷兰语和弗里西亚语)和南非(南非荷兰语),而是遍布全世界(英语和意第绪语)。

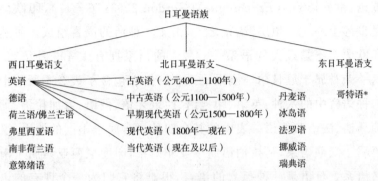

图 2.2　日耳曼语族

　　图 2.2 进一步细分了英语经历的五个发展阶段:古英语、中古英语、早期现代英语、现代英语和当代英语。并非每个人都认可英语五段分法。当代英语包括在这个列表中是因为正如本章前面提到的,语言是动态的而不是静态的实体,而当代英语这个名称是用来反映英语语言不断变化的这一事实。同样重要的是,所有语言都可分为类似于英语的阶段。例如,德国的两种德语——高地德语(Hochdeutsch)和低地德语(Niederdeutsch)——都经历了两个早期发展阶段:古高/低地德语和中古高/低地德语。

比较方法

　　语言发展的谱系图模型提供了语言随时间变化的时间视图。例如,印欧语系被认为可以追溯到公元前 4000 年左右(也许更早);日耳曼语族可以追溯到公元前500年;东、西、北日耳曼语支可以追溯到公元前350年。为了得出谱系图和建立语言之间的亲属关系,对各种历史、考古和语言证据进行了研究。就英语而言,这种证据是可以直接获得的,因为我们有英国聚落形态的书面记录和用古英语书写的手稿。然而,对于印欧语系和日耳曼语族来说,这样的记录却没有。因此,这些语言是原始母语——它们的存在是通过语言重建过程建立起来的。重建涉及分析我们有幸存记录的并且已知有相关性的语言,然后推断出这些语言的祖辈语言可能是什么样子。语言重构的基本假设是,如果一个语族中所谓的"姊妹"语言都拥有特定的一组词,那么这些语言共同的母语言也一定有这些词。

研究语言、将其归类为语族并重建祖辈语言的过程叫做比较方法。为了说明这种方法是如何发挥作用的,下面几节将讨论用于建立印欧语系成员的三种证据——同源词汇、语法相似性和历史/考古资料。

同源词汇。同源词汇的比较是比较方法的标志。同源词是随着语言的变化和发展而传承下来的词汇,它不仅对确定语族中哪些语言是姊妹语言,而且对于确定这些姊妹语言的母语言可能是什么样的都具有极其重要的意义。比较方法在对比代表人类共同经历的词汇时最能发挥作用。Watkins(2000)列出了许多语义范畴,其中包含有助于形成印欧语系的词汇(来自现代英语的例子用于说明):例如,表示存在的动词(例如英语中的be);表示性质的形容词(old, new, thin);数字(one, two, three 等);代词(I, me, you 等);季节(winter, spring, summer, autumn);身体部位(hands, nose, feet 等)。比较像这样的词汇有一个好处是,人们可以确信它几乎会出现在任何语言中。独特文化标记的词汇出现的频率非常低,因此它们不适合比较方法。

为了说明比较方法的工作原理,我们看看语言中用来表示英语中 foot 这个意思的词是如何用来确定哪些语言属于印欧语系,日耳曼语族是如何确立为独立的印欧语系亚语族的,以及在原始日耳曼语族和印欧语系中 foot 具有什么样的形式和发音。图 2.3 中包含了各种现代和较古老的印欧语中 foot 的同源词。

古英语 fót	现代法语 pied
现代英语 foot	现代意大利语 piede
现代德语 Fuβ	现代葡萄牙语 pé
现代荷兰语 voet	现代西班牙语 pie
现代挪威语 fot	梵语 pat
现代丹麦语 fod	拉丁语 pes
现代瑞典语 fot	希腊语 peza

图 2.3 现代及较古老印欧语系中相当于现代英语 foot 的词

左栏包含来自日耳曼语族的词;右栏的词来自其他印欧语系。乍一看,日耳曼语族中表示 foot 的词似乎与其他语言不同:起源于日耳曼语族的词拼写以 f 开头(荷兰语 voet 拼写开头是 v,一个在口语中发音为/f/的书面符号)。相反,其他语言中的拼写则以 p(一种发音为/p/的符号)开头。

但是,19 世纪的语言学家 Jacob Grimm(Jacob Grimm 和他的兄弟 Jacob Wihelm 创作了《格林童话》)并没有因为这一差异把日耳曼语族置于印欧语以外的其他语族中,而是假设了一种语音变化的原则,即格林定律(Grimm's Law)。这一原则为建立日耳曼语族并将它与印欧语系的其他分支区分开来提供了依据。虽然格林定律有三个部分,但最关键的是注意到了印欧语系的/p/在日耳曼语族中变成/f/。这种语音的变化也解释了许多其他的词。例如,现代英语 father 在德语中为 Vater(V 仍然发/f/这个音),在荷兰语中为 väder,但在拉丁语中为 pater,在西班牙语中为 padre,在法语中为 pére。当然,在进行这种性质的比较时,我们必须小心,不要把借词与同源词混为一谈。英语中有诸如 pedal 和 pedestrian 之类的词——每个词都包含词根 ped 或者 pod,并且与 foot 的概念有关(例如,pedal 是由 foot 操作的)。乍一看,像这样的词可能会导致人们得出结论:英语更像法语或拉丁语,而不像德语或荷兰语。但这些词并不是通过原始日耳曼语进入英语的。相反,他们是借来的——他们越过语言谱系,在这个例子中,是由于与拉丁语使用者的接触而从拉丁语中借来的。

同源词汇也可以用来重建祖辈语言。例如,《美国传统印欧语词根词典》(American Heritage Diction of Indo-European Root)将词干＊pop 列为印欧语系,表示现代英语的 foot,而将＊fót列为日耳曼语族单词(这些单词之前的星号表示它们是假设的或重构的单词形式)。既然所有的日耳曼语族语言都有以/f/开头的单词,因此可以合理地假定原始日耳曼语也有一个带/f/的单词。然而,既然所有其他印欧语语系语言都有/p/,原语印欧语也必定有一个表示 foot 的词以/p/开头:带发音/f/的显然是日耳曼语族独有的。

语法相似性。虽然同源词汇的比较对比较方法至关重要,但语言之间的相似性和差异可以提供另一种证据,证明语言应该以相似或不同的语族分类。许多印欧语系语言的语法特征之一是:它们都在名词、形容词以及(有时候)冠词上表示格、数以及性的屈折变化。虽然这个系统可以追溯到原始印欧语(PIE),但有些印欧语已经大大简化了这个系统:

格:原始印欧语有八种格:主格、呼格、宾格、属格、离格、与格、方位格和工具格(Baldi 1990:54)。每一种格都表示名词及其相关联的冠词和形容词在句子中所起的作用。例如，主格通常与句子的主语相关联，宾格与宾语相关联。格的数量比原始印欧语少的印欧语言通常至少会有主格、宾格、属格和与格(例如现代德语和荷兰语)。拉丁文有六种格：上述的四种格加上离格和呼格。俄语也有六种格，但它没有离格和呼格，它有工具格和方位格。现代英语在名词上标记一种格——属格——但在代词上标记三种格：主格(在某些英语语法书中也叫"主语格"，如 I, he, she)，宾格(或"宾语格"，如 me, him, her)，以及属格(也叫"所有格"，如 my, his, her)。现代西班牙语也只在代词上面标记格，但跟英语不同的是，名词没有格标记。

数：原始印欧语区分了三种数：单数("一")、双数("二")、复数("超过二")。虽然许多较古老的印欧语，如梵语(印欧语系印度雅利安语支的一种语言)，保留了这种三向系统，但其他大多数印欧语言只标记单数("一")和复数("超过一")。

性：原始印欧语有三种性：阳性、阴性和中性。虽然德语、波兰语、俄语和捷克语等语言都有三种性别，但其他印欧语只区分阳性和阴性，这种二分系统明显存在于诸如法语、西班牙语、葡萄牙语和意大利语等意大利语族中。英语和西班牙语或法语相似，但性只在代词上标明：阳性(he/him)和阴性(she/her)。代词 it 是不是中性有待论证，但它的复数对应词 they 实实在在是中性的，因为它可以指任何复数名词，而不管其性别如何。

印欧语在标记格、数、性上的不同并不代表着一种更普遍的形态变化趋势。正如 Baldi(1990:51)所指出的，许多印欧语表现出高度"复杂的形态变化"，而其他语言的形态变化远没那么复杂，形式上的范畴和区分要少得多。为了说明这一对比，表 2.2 比较了拉丁语和英语在格、数、性的标记，拉丁语是一种高度屈折的语言,而现代英语的很多屈折都已经没有了。

表 2.2　拉丁语和现代英语中表示 girl 这个词的格、数、性的标记

格	拉丁语		英语	
	单数	复数	单数	复数
主格	puella	puellae	girl	girls
属格	puellae	puellarum	girl's	girls'
与格	puellae	puellis	girl	girls
宾格	puellam	puellas	girl	girls
离格	puella	puellis	girl	girls
呼格	puella	puellae	girl	girls

拉丁语是一种将名词标记为三种性别的语言:阳性、阴性和中性。在表 2.2 中,表示现代英语 girl 这个词的拉丁词包含基本形式 puell-,该词标记为阴性,因此,将根据它的格——主格、属格、与格、宾格、离格和呼格——以及它的数(即 girl 是单数还是复数)加上特定的词尾。这种性质的标记就是 Comrie(1990：337—338)所称的"融合";也就是说,格和数没有分开的屈折。相反,格和数合在一起,构成一个单独的组合屈折。这是许多印欧语共有的一个系统。

如前所述,格的形式与一个词在给定句子或从句中的功能大体一致。因此,在拉丁语中,puell-如果是主语(主格)、所有格(属格)、间接宾语(与格)、直接宾语(宾格)、呼格(如在英语句子 Hello, Mary 中,Mary 是一个称呼)或离格(一种混合格,相当于在例如 I cut the bread with a knife 中 with 的工具用法),那么 puell-会有不同的标记。例如,在(1a)和(1b)中,puell-是各句的主语;因此,单数用主格形式 puella,复数用 puellae。

(1) a. Puella est tarda.

"[The] girl is late"

b. Puellae sunt tardae.

"[The] girls are late"

在(2a)中 puell- 是直接宾语,因此其宾格形式 puellam 用单数,puellas 用复数。

(2) a. Ego amo puellam.

"I like [the] girl"

b. Ego amo puellas.

"I like [the] girls"

拉丁语中的形容词也包含与它们后面的名词相一致的格、数和性的屈折变化。因此,当形容词 parvua"小"出现在主格形式"puella"之前时,在像 Puella parva est tarda 这样的句子中就会标记为主格、单数、阴性。拉丁语没有冠词,但在有冠词又有类似拉丁文的屈折变化系统的语言中,定冠词也必须与它们前面的名词相一致。例如,在现代德语中,(3a)包含一个名词 Mann,它是阳性、单数和主格;它前面的冠词和形容词在格、数和性上都是一致的。例(3b)包含相同的名词短语,但这次是用的宾格。

(3) a. Der müde Mann arbeitete spät.

"The tired man worked late"

b. Wir berieten den müden Mann.

"We consulted the tired man"

现代英语的格、数和性的系统相对简化了。定冠词 the 和名词前的所有形容词都没有格、数和性的标记,但指示代词有数的标记,而指示代词跟冠词一样属于更具概括性的限定词类:单数的 this/that(如 this book),复数的 these/those(如 these books)。如表 2.2 所示,名词上标记有数和一种格,即属格:字母 s 既表示所有格(如 the girl's book)又表示复数(单数 girl,复数 girls),不规则复数除外,如 man's 和 men's。由于 s 既是复数的标记,也是属格名词的标记,既是复数又是属格的名词只能包含一个屈折。在书写中,在 s 之前用撇号来标记单数名词(例如 mother's),而在 s 之后(如 mothers')用撇号来标记复数名词。然而,在口语中,单数和复数的属格是一样的,因为口语中没有撇号:它们主要是一种书面形式,在口语中没有区别性的发音。除了带有标记属格,像 girl 这样的名词形式无论其功能如何,都将保持不变;也就是说,无论 girl[s]充当主语(The girl[s] bought some books),还是充当宾语(We called the girl[s]),girl[s]的形式没有任何变化。

像拉丁语这样较古老的语言,有相当复杂的形态,而像英语这样较年轻的语言复杂性较低,这种倾向不一定是一种发展趋势。虽然许多现代印欧语(例如英语和西班牙语)在形态上确实没有其祖辈语言(分别为古英语和拉丁语)复杂,但许多现代印欧语(例如德语、希腊语和俄语)在形态上仍然是相当复杂的。

历史/考古资料。 如前两节所示,比较方法在很大程度上依赖于语言证据来建立语言之间的亲属关系。然而,非语言证据,如历史资料和考古证据,可以作为语言证据的补充来帮助语言分类,特别是帮助确定没有语言证据的原始语言的起源。

时间越久远,关于语言及其使用者的历史资料就越粗略。这就解释了为什么我们对原始印欧语或原始日耳曼语知之甚少。在原始印欧语的例子中,正如 Olson(2003:142)所述,虽然这种语言的重建提供了相当多的关于原始印欧语使用者是如何生活的信息,但我们目前还没有这些人生活在什么时候、什么地方的确凿证据。因此,我们只能推测这门语言最初可能是谁在使用,以及原始印欧语的使用者的迁移是如何促使原始印欧语的亚语族(如原始日耳曼语)的发展的。Dixon(1997:48)指出,虽然大家一致认为原始印欧语起源于大约6,000年前,但他指出,其他人提供的证据表明,这种语言可能起源于10,500年前。

我们也只能推测原始印欧语最初是在哪些地方使用。关于原始印欧语的起源,人们最广泛接受的观点是库尔根假说,它最早是由考古学家Marija Gimbutas(1956)提出的。这个假说认为最初说原始印欧语的人是大约6,000年前生活在黑海以北的人。这些人通过一系列的迁移,把他们的语言传播到欧洲,随着时间的推移,产生了各种各样的原始印欧语的姊妹语言,包括原始日耳曼语。考古学和语言学的证据表明,最初说原始印欧语的人是骑马去欧洲的武士。另一个还未被广泛接受的假设是Renfrew(1987)的农耕-传播假说。与Marija Gimbutas相反,Renfrew认为,最初讲原始印欧语的人不是武士,而是农民,农耕从安纳托利亚(土耳其)传播到希腊,并最终传播到欧洲是造成原始印欧语传播的原因。这一假说把原始印欧语的起源追溯到更早的大约10,500年前。Renfrew(2000:14)承认,对于历史语言学家来说,这个假说的问题之一就是"他们假定了某个特定的时间阈值,超过这个阈值,比较方法的技术就不起作用了"。换句话说,Renfrew关于原始印欧语的起源超出了语言重建能可靠地进行的时代,说明了比较方法有局限性。

比较方法清楚地提供了关于语言以及语言之间相关或不相关程度的珍贵信息。然而,这种方法有其局限性,特别是在重建语言和语族的过程中人们可以追溯到多远这一方面的局限性。我们有明确的证据证明印欧语系日耳曼分支的存在,通过考察语系内的语言,我们可以推断出原始印欧语的存在。但一些语言学家试图追溯到更早的时间,寻找祖辈语言,例如,一个更大的包括原始印欧语的超级语系。这个过程涉及在其他原语言的基础上重建一种原语言,而这些原始语言本身也可能是从另一个原始语言中重建出来的。虽然有些语言学家认为这样的过程是可靠的,但另一些语言学家则声称词汇变化如此之快,以至于这个无休止的重建过程充满了问题。Greenberg(2000)提出了一个名为欧亚语系的语系,它包括印欧语系、乌拉尔语系、阿尔泰语系等语系,以及其他语言,如难以归类为现存主要语系的日语和韩语。

欧亚语系可追溯到大约 15,000 年前,是通过一种叫做"大规模词汇比较"的方法重建的。这种方法需要比较数百种语言中一组常用词之间的语音相似性,然后进行统计测试来确定所比较的语言之间相互关联的统计学概率。另一个较早被提出的语系叫做诺斯特拉提克语系。有些人认为这个语系是欧亚语系的另一个名称,另一些人则认为这是包括欧亚语系在内的一个语系。还有一些人相信单源论概念:正如 Trask(1996:391)所说的,"人类语言只进化过一次,所有曾经说过的语言都是从这个单一的祖先进化而来的"。这种原始语言被称为"原世界语言"。

提出像欧亚语系和诺斯特拉提克语系的假设,存在一个问题:如果一个假想的语系是从其他语系中重建的,那么重建的可靠性就会大大降低。而且,如果这种重建是基于词汇的比较,那么这些比较应该基于同源词而不是借词,这一点很关键。而在许多情况下,很难确定一种语言中的某个词是同源词还是借词。由于这些原因,许多语言学家依然对诸如欧亚语系和诺斯特拉提克语系等重建语系持怀疑态度。

虽然很难精准地确定原始印欧语和原始日耳曼语的起源时

代,但我们可以对英语的外部历史更有把握。这一历史知识与幸存的语言证据相结合,可以相当精确地对英语语言的历史及其发展的各个阶段进行描述。

英语的发展

虽然很难确定一种语言是从什么时候开始使用的,但人们认为英语起源于大约公元400年,当时罗马人结束了对英格兰的统治。罗马人离开后,英格兰的居民包括留在英国的罗马人、凯尔特人和在罗马占领期间开始来到英格兰的各个日耳曼部落。在接下来的时间,来自西欧和斯堪的纳维亚(盎格鲁、撒克逊和朱特)的更多日耳曼部落继续通过一系列的入侵来到英格兰,把凯尔特人赶向北部和西部,如威尔士和苏格兰,并坚定地将英语确立为日耳曼语,这种语言最早的前身现在被称为古英语(或盎格鲁－撒克逊语)。

古英语。正如前面所指出的,现代英语在格、数和性方面已经失去了大部分屈折变化,但在古英语中可以找到许多这些区分。这些语法特征在"主祷文"的古英语版本中很明显:

"主祷文"马太福音 6:9—13.

1 Fæder ure þu þe eart on heofonum;
　Father our thou that art in heavens
2 Si þin nama gehalgod
　be thy name hallowed
3 to becume þin rice
　come thy kingdom
4 gewurþe ðin willa
　be-done thy will
5 on eorðan swa swa on heofonum
　on earth as in heavens

6 urne gedæghwamlican hlaf syle us todæg
   our daily bread give us today
7 and forgyf us ure gyltas
   and forgive us our sins
8 swa swa we forgyfað urum gyltendum
   as we forgive those-who-have-sinned-against-us
9 and ne gelæd þu us on costnunge
   and not lead thou us into temptation
10 ac alys us of yfele soþlice
   but deliver us from evil. truly.

(改编自丹·基斯《楔形文字与远程学习》"Cuneiform and Distance Learning", papyr. com/hypertextbooks/cuneifrm. htm，2008 年 6 月 5 日访问)

这篇主祷文说明了古英语和后来时期的英语之间的一些显著差异。例如，许多名词都包含了标记格、数和性的屈折。在第(1)节中，heofonum 中的-um 标记这个名词为阳性、与格和复数；在第(5)节中，eorðan 中的-an 将这个名词标记为阴性、宾格和单数。第(1)节和(2)节包含动词 be 的两种形式。在现代英语所有不规则动词中，be 的变化形式是最多的（例如 is、are、was 等）。在古英语中，它的变化形式更多。在第(2)节中，Si 是一种虚拟动词形式。在现代英语中，be 的虚拟形式出现在假设从句中，比如 If I were you，来表示与事实相反的断言。在古英语中，Si 是一种表示愿望或希望的虚拟形式。最后，第(2)节中的动词 gehalday 包含一个前缀 ge-，通常出现在分词上（即英语中的动词跟在助动词 have 后面，如在 have driven 或 had walked 中）。当然，古英语还有很多其他的语法特征，这在主祷文中很明显，但是这里描述的例子说明了古英语和现代英语有多大的差异。

中古英语 古英语在英国一直使用到大约 1100 年。促使古英语向中古英语转变的一个重大的历史事件是 1066 年诺曼征服英国。诺曼人来自法国的诺曼底地区，统治英国大约 300 年；他们讲一种法语的变体，叫做盎格鲁－诺曼语。在这一时期，英语发生了两次重大变化，引发了关于诺曼征服对英语语言影响程度的争论：英语词汇增加了许多源自法语的单词，以及古英语中的屈折变化数量继续减少。要了解这些趋势，有必要看一看乔叟《坎特伯雷故事集》(*Canterbury Tales*) 总序的开篇部分：

> PROLOGUE
>
> Here bygynneth the Book of *the tales of Caunterbury*.
>
> Whan that Aprille, with hise shoures soote,
>
> The droghte of March hath perced to the roote
>
> And bathed every veyne in swich licour,
>
> Of which vertu engendred is the flour;
>
> Whan Zephirus eek with his swete breeth
>
> Inspired hath in every holt and heeth
>
> The tendre croppes, and the yonge sonne
>
> Hath in the Ram his halfe cours yronne,
>
> And smale foweles maken melodye,
>
> That slepen al the nyght with open eye

诸如 perced(pierced)、veyne(vein)、licour(liquor) 和 vertu(virtue) 这些源自法语的词在中古英语时期进入了英语。古英语时期的屈折系统只残存于中世纪英语时期。复数-(e)s 出现在诸如 shoures 等词中，形容词如 swete(sweet) 不包含古英语中复杂的格变化系统，只有词尾-e 例外。事实上，同直接源自它的古英语相比，中古英语和现代英语的共同点更多。

法语词汇大量涌入英语,加上屈折系统的简化,让一些人认为,由于与法语的接触,英语在这段时期经历了克里奥尔语化。然而,正如 Thomason 和 Kaufman(1988:308)所指出的那样,这是一个相当极端的观点:在中世纪英语时期"英格兰没有多少人说法语",英语中词汇和词缀的借用"并不比历史上许多其他正常情况中发现的情况极端",而早先的诺曼人"在征服英国后不到 250 年内"就开始说两种语言了。因此,这一时期英语的变化遵循了语言变化的自然过程。当然,这一时期的其他日耳曼语,如德语,并没有发生像英语那样大的变化。但这只不过说明语言发展所经历的道路往往是不可预测的。

早期现代英语。从中古英语向现代英语的过渡并不是以任何特定的文化事件为标志,而是以语言事件为标志:元音大转换。这一变化导致元音在元音图上要么被抬高(见第 7 章表 7.2),要么成为双元音。元音分类的一种方法是按照发元音时舌头在口腔中的高度。中古英语和早期现代英语期间所发生的事件是:在某些词中,元音开始被口腔中发音位置较高的元音所取代。例如,在中古英语中 swete 中的第一个元音发成/ei/(与现代英语 race 中的第一个元音相似)。然而在现代英语中,/ei/被抬高到/i/的位置,因此,我们就有了现代英语中 sweet 的发音。在中古英语中,droghte 中的第一个元音/u/应该与现代英语的 boot 是押韵的。因为这已经是一个高元音,所以在早期的现代英语中不可能被继续抬高。相反,它变成了双元音/aʊ/,即一个音节中两个元音同时发音,这个元音仍然存在于现代英语 drought 的发音中。

但是,这种语音的变化虽然是中世纪英语向现代英语正式变化的一个标志,但显然还有许多其他的历史事件导致英语的进化:

从口头文化到印刷文化的转变:在古英语和中古英语时期,英语基本上是一种白话语言:人们的识字率很低,对大多数人来说,语言只以口头形式存在。1476 年,Caxton 把印刷机引入英国后,识字率提高了。早期一些较重要的英文出版物包括 William Tyndale 的《新约》(*Testament*)(1525)译本(这一事件导致他被烧死在火刑柱上,因为《圣经》在当时以希腊语或拉丁语以外的任何语言存在都被认为是亵渎)、《圣经》的 King James 版本(*the King James Version of the Bible*)(1611)(圣经的第一个"合法"译本)、莎士比亚的《第一对开本》(*First Folio*)(1623)和第一份英文报纸《每日新闻报》(*The Daily Courant*)(1702)。

词典和语法书的出版以及随后的英语词典编纂:随着语言地位的提高,人们开始对它进行编纂:编写词典来记录单词及其词义和发音;编纂语法书来描写语法结构,往往是规定用法。在现代英语时期,大量的英语词典和语法开始出现:《塞缪尔·约翰逊词典》(*Samuel Johnson' Dictionary*)(1755)(第一部大型的英语词典);《诺亚·韦伯斯特词典》(*Noah Webster's Dictionary*)(1806)(第一部大型的美国英语词典);以及 18 世纪开始出现的大量英语语法书(例如 Robert Lowth 1762 年出版的《英语语法简介》(*A Short Introduction to English Grammar*)。18 世纪还有人试图建立一个"英国学院":一个类似于 Académie française(法语学院)的立法机构,发布关于好的用法和不好的用法的公告。然而,建立英语学院的尝试从来都没有成功过。

美国殖民地的开拓,从英国的统治下独立,以及它作为超级大国的崛起:17 世纪新世界的殖民地开拓标志着英语第一次从英国移植到一个新的地理和社会环境中。尽管美国最终从英国获得独立,但它的殖民化标志着英国殖民的开始,正如本章前面一节所示,这一过程引发了英语在全世界的移植,并带来了许多新的英语变体的发展。现在说美国英语的人比说英国英语的人多,并且因为其规模、力量和影响,美国及其后来的美国英语在世界上获得了巨大的权力。

语言的类型学分类

比较方法根据语言和非语言证据对语言进行分类,而类型学方法则完全依赖于语言资料,并利用这些资料,根据语言共有的或不具有的语言特征对语言进行分类。例如,语言可分为具有主语-动词-宾语语序(SVO)、主语-宾语-动词(SOV)等等。虽然语言是根据它们共有或不共有的语音、形态和句法特征分类的,但这方面的研究大多集中在形态学和句法方面,本节探讨了两种语言类型学分类方法,即语言可以在类型学上沿着形态学和句法学两条线进行分类。

以形态学为基础的类型学分类

传统上,语言按照形态学分为**黏着语**、**孤立语**和**屈折语**。土耳其语是一种黏着程度很高的语言,因为其单词有着非常复杂的内部结构,其中的所有词素都很容易识别。例如,Kornfilt(1990:630)分析认为土耳其语 eve gitmek istiyorum 这个句子具有如下结构:

(4) ev +e   git + mek   isti + yor + um
    home + dat. go + infin want + pres. prog. + 1 sg.
    "I want (* am wanting) to go home"

这个句子的开头是 ev(home)，标记为与格(e)，接下来是动词成分，动词 git (go) 后面是不定式标记 mek (相当于英语动词前面的 to，如 to go)。句子的最后部分包含动词 isti (want)，第一人称单数代词 um ("I")。

在另一端是诸如汉语等高度孤立的语言。孤立的语言包含表达各种意义的独立单位。例如，在汉语中，rè de tiānqì ("热的天气")这个短语分析如下：

(5) rè   de   tiānqì
    hot   形容词性小品词   weather

在英语中，hot 被解释为形容词，很大程度上是因为它位于名词 weather 之前，这是英语中形容词通常所在的位置。相比之下，汉语有一个独立的语素"的"，表示名词短语的第一个词是修饰名词的形容词。

屈折语的分类可以介于黏着语和孤立语之间。上一节所讨论的两种语言，拉丁语和德语是屈折语，因为它们不像土耳其语，它们没有单独的标记格和数的语素。相反，格、数和性这些范畴结合起来共同决定需要用的特定的语素。在另一种屈折语俄语中，词干 DYEVUSHKA ("girl")，采用女性性别，在宾格单数中标记为 DYEVUSHKU，而在宾格复数中标记为 DYEVUSHOK。

虽然这三种形态学类型构成了单独的类型，但有些语言表现出的特征不止一种。例如，虽然古英语是一种典型的屈折语，现代英语却变得越来越向孤立语靠近。举个例子，在现代英语中，用正字法 s 来标记单数和复数的所有格名词(例如 boy's 和 boys')，这是一种与屈折语相关的标记系统。然而，-s 通常只出现在有生命的名词上；无生命的名词往往用一个单独的词来表示所有：即介词 of。因此，我们常常见到 the roof of the house

多于 the house's roof。用一个单独的词 of 来标记所有格表示一种形态学的孤立语系统。总的来说,在从古英语到现代英语的发展过程中屈折变化越来越少,介词的使用越来越多。

基于句法学的类型学分类

在句法层面上,语言可以按多个维度进行类型分类。一种常见的分类方式是根据它们所表现出来的主要(即最常见的)词序对它们进行分组。

表 2.3 列出了可能出现在人类语言中的六种可能的词序,以及 Tomlin(1986)所研究的 402 种语言中出现的词序的频率。

表 2.3 语序类型及频率

语序	频率	语言例子
SOV	180 种语言(44.78%)	孟加拉语、哥特语、印地语、日语、库尔德语、拉丁语、波斯语、土耳其语
SVO	168(41.79%)	阿拉伯语(口语)、英语、法语、马来语、汉语、葡萄牙语、俄语、西班牙语、越南语
VSO	39 (9.2%)	阿拉伯语(书面语)、阿拉米语、希伯来语、爱尔兰语
VOS	12 (2.99%)	阿内提亚语、鲍莱语
OVS	5 (1.24%)	阿帕莱语、阿里库阿语、希卡利亚纳语
OSV	0	
总计	402	

频率信息及样本语言来自 Tomlin(1986:22,155—259)

Tomlin(1986:22)所调查的 402 种语言,发现这些语序中实际上只出现 5 种(没有发现一种 OSV 语言)。在这五种可能性中,SOV 和 SVO 语序具有压倒性优势(在调查的语言中分别占约 45% 和 42%);其他语序则非常少见。

英语和日语分别是 SVO 和 SOV 语言的代表,因为这两种顺序是这些语言中各自最常见的词序。下面的句子是英语中的规范,因为在典型的英语句子中,首先是主语,然后是动词,最后是宾语:

(6) The child broke the toy.
　　　S　　V　　　O

然而,在日语中,同一个句子会有不同的顺序,即首先是主语,然后是宾语,最后是动词。

(7) Kodomo　wa　　omocha　o　　kowashi-ta.
　　Child 主题 toy　宾格标记 break-过去时
　　"The child the toy broke."

日语还包含其他标记,如 wa,表明主语 Kodomo 是主题(正在讨论的内容)和宾格标记 o,跟在宾语 omocha 之后。

确定一种语言中语序最常见的标准是标记性概念。在一种语言内部,被认为最常见最普通的结构是无标记的,而罕见的不寻常的结构被认为是有标记的,并且通常出现在特定的语境中。为了说明标记性如何适用于英语中的语序,请看下面对音乐家 Bryan Ferry 的采访记录结尾的两个加粗的分句:

Interviewer: Have you ever met Bob Dylan?
Ferry: Never have, no. Probably never shall.
Interviewer: What if you did a duet with him?
Ferry: Wouldn't that be nice? That would be a very good idea. He's a friend of Dave Stewart's, who I know.
Interviewer: Dave played on your album…
Ferry: Yeah, Dave and Jools work with lots of different

people. Dave is quite a butterfly and he's terrific … very positive energy … funny, quite funny, so he gets on with a lot of people. **Dylan，he likes**，and I imagine **Dylan likes him**.

("采访 Bryan Ferry," www.nyrock.com/interviews/ 2002/ferry_int.asp，2008 年 6 月 5 日访问)

在最后一句中，有两个分句——一个说明 SVO 语序（Dylan likes him），另一个说明 OSV 语序（Dylan，he likes）。有 SVO 顺序的分句没有标记性，因为它代表了英语中最常见的语序，不一定需要任何语境就被认为是可以接受的。另一方面，带有 OSV 语序的分句是有标记性的，肯定需要某种语境才被认为是完全可接受的。具体来说，英语中带有 OSV 语序的分句常被用来促进主题化——将语篇主题定位在分句的第一个位置。

采访开始时，话语的主题——讨论的人或事——是 Bob Dylan。随着采访的进行，主题转移到 Dave Stewart 身上，他被描述为 Bob Dylan 的朋友。Dave Stewart 继续作为主题，直到被采访者在最后一个句子中的分句开头重新引入 Bob Dylan 作为主题（Dylan，he likes）。请注意，一旦 Dylan 被重新引入为主题，he 仍然是接下来这个 SVO 语序分句（Dylan likes him）中的主题。

在其他情况下，确定一个占优势的语序可能更困难一些，特别是在名词上标记格的语言中。由于英语已经失去了许多格标记，所以语序是相当固定的。因此，在英语中，像 The boy called the girl 这样的句子在意义上与 The girl called the boy 是完全不同的。然而，在名词上标记格的语言中，移动成分而不改变意义要相对容易一些。例如，在俄语中，以下所有句子都是同义的，因为句子的主语标记的是主格，宾语标记的是宾格。

(8) a. Mal'čiki   čitaujut   knigi   SVO

		boys-NOM	read	books-ACC	
	b.	Mal'čiki	knigi	čitaujut	SOV
	c.	Knigi	mal'čiki	čitaujut	OSV
	d.	Knigi	čitaujut	mal'čiki	OVS
	e.	čitaujut	mal'čiki	knigi	VSO
	f.	čitaujut	knigi	mal'čiki	VOS

（例句来自 Bailyn 2003：157）

因为俄语允许有这么多不同的语序，许多人认为这是一种自由语序语言（也就是说，它没有一种主要的语序）。然而，另一些人，如 Bailyn(2003)则声称俄语是一种 SVO 语言，这种语序的变异是受到语境因素（如主题化）的影响。

在德语中，导致语序变化的是语法因素而不是语境因素，因此很难确定德语是 SVO 语言还是 SOV 语言。在主句中，虽然出现了与俄语相似的变异，但主要的语序还是 SVO，与这一语序不一致的都是受到语境的影响。相比之下，德语在从属句中有一条语法规则，规定动词短语的所有部分都必须出现在从句的末尾。因此，在下面的例句中，主句的词序是 SVO，而从句却是以 because 开头的 SOV：

(9) Die Frau mag Käse, weil ihr Kind Käse mag.

直译："The woman likes cheese because her child cheese likes."

由于上面所阐述的语序变化是受语法影响而不是受语境影响的，Comrie(1989：89)评论说："对于这些语序中哪些应当被当作是基本语序的激烈争论还会继续下去。"

语言类型学与语言共性

语言类型学的研究与语言共性的研究密切相关。然而，正如 Comrie(1989:1—12)所言,语言学家在如何使用类型学的资料来研究共性方面存在差异。生成语言学流派的语言学家限制了他们研究语言的数量,他们更多地强调用"抽象结构"的位置(Comrie 1989:2)来解释语言的共性。例如,语言可以根据是否允许代词省略进行分类:即省略主语位置上的代词。英语要求在像 I called my mother 这样的句子中出现主语代词,但在西班牙语中这个代词可以省略:llamé a mi madre(字面意思是"called my mother")。生成语言学家所提出的抽象范畴是 Chomsky 的原则和参数理论的产物:认为所有儿童出生的时候,他们的语言能力既包含一套不因语言而异的普遍原则,也包含因具体语言不同在允许范围内的参数存在变化。因此,出生在西班牙语环境中的孩子会将代词省略这个参数设置为"开启";相反,出生在英语环境中的孩子会把这个参数设置为"关闭"。生成学派中的语言学家研究语言类型学,将其作为揭示人类语言普遍特性的一种手段,符合语言共性和语言习得的生成概念。

其他类型学家,其中最著名的是 Greenberg(2000),更感兴趣的是广泛调查语言,然后从这些调查中假设各种语言共性。例如,Tomlin(1986)在语序方面的工作就是基于对 402 种不同语言的调查。他不是假定一些抽象的原则指定哪些语序是允许的,哪些是不允许的,他得出的结论——即 SOV 和 SVO 是主要的语序——是有统计学证据作为基础的:他所调查的语言中有87%都有这些语序。一个生成主义者不会将自己的主张建立在统计数据的基础上,而是建立在参考普遍语法的参数上,比如代词的省略。

为什么语言会发生变化?

除了描述语言发生了怎样的变化,许多语言学家还对导致语言变化的因素感兴趣。例如,为什么德语随着时间的变迁还保留了一套格、数和性的屈折系统,而同一语族(日耳曼语族)中的另一种语言——英语却没有呢?人们提出了许多假设来解释,本节对其中一些假设进行了考查,开头讨论了语言变化是不是一个进化过程,结尾处描述了语言变化的最极端的形式——语言消亡:一种活的语言事实上的灭绝。

变化还是进化?

在讨论语言如何随时间发展时,许多语言学家交替使用了"变化"和"进化"这两个术语。这反映了这样一个事实:在通常的用法中,这两个词大体上是同义词。当一则广告宣称"Microsoft Office has evolved"时,这并不意味着这个软件程序的早期版本经历了"自然选择"。"自然选择"是达尔文进化论中的一个概念,即随着时间的推移,一个物种将把确保这个物种生存的特性传递下去。相反,我们的想法是,随着这个软件程序的变化,它已经在一种逐步的发展中得到了改善。在这个语境中,"进化"已成为一种隐喻,其含义已扩大到不仅包括一个物种的发展,还包括总体的发展。

在语言学中,对于使用"进化"一词来描述语言变化存在相当大的分歧。有些语言学家用这个词来比喻,从来没有暗示语言和生物学的进化理论之间有直接的关系,而是用这个词来描述任何语言随着时间的推移所经历的渐变。相反,其他语言学家则认为物种进化和语言的进化有着直接的相似之处。Croft

(2000)提出了一种以 Hull(1988)的"广义选择理论"为基础的"话语选择理论",该理论将自然选择的传统思想推广到"一切进化现象",包括 Croft(2000:6)认为语言的变化。

Croft 的话语选择概念在很大程度上建立在语言约定俗成的基础上,在第一章中提出的观点是,像祈使句 Leave 这样的话语是以习惯为基础的:习惯是规定这种结构形成的语言规则以及支配其使用的语用原则。

一种语言的说话人交流的时候,他们进行一种 Croft(2000:7)所说的"标准复制"和"变更复制"。英语中正在经历的由 who 逐渐代替 whom 的这个过程很好地阐释了这两种类型的复制。

在 whom 开始消失之前,说话人互相交流的时候会用如 Whom do you trust 这样的话。标准复制需要说话人一个接一个的使用这种形式,把这种形式一代一代地传给语言习得过程中的儿童。然而在某个阶段,有些人开始说 Who do you trust?——这就是一个变更复制的例子,偏离了构建这句话的所谓"标准的"方式。因为这种变化尚在进行当中,所以两种形式共同存在,它们之间的区别主要在风格上:whom 比 who 更正式。由于这两种形式是同时传递的,我们甚至看到了 Croft(2000:121)所称的过度分析(或矫枉过正)的例子:即使在 whom 被用在主语的结构中,也试图让说话显得正式。例如,很多人很有可能在 She's the person whom I believe is in charge 中使用 whom,尽管严格说来,whom 正在代替的是主语形式,而不是宾语形式:I believe that she [not her] is in charge.

然而,随着时间的推移,在 who 和 whom 之间的选择将完全不再是一个问题:whom 将在英语中完全消失,其结果是 Who do you trust 将作为一种标准而不是更改复制传递下去。Croft 认为,这一过程与人类基因组从一个人到另一个人的传播是一样的。

从隐喻角度来看,语言进化这个术语具有一定的解释价值,因为语言确实在一步一步地缓慢发生变化。但是,声称物种进化和语言进化的过程是相同的这种观点就会使人们把二者等同起来,这并非是所有语言学家都能接受的,特别是因为许多语言变化的例子(如由 who 代替 whom)还有其他解释,例如导致语言变化的内部影响和外部影响。Croft(2000:6)并不一定把这些影响从他的理论中排除,声称它们是"理解语言变化的全面框架"的一部分。同时,这些影响可以单独讨论,而不需要借助基于进化的语言变化理论,避免在讨论语言变化时使用"进化"一词引起的争议和混乱。

语言变化的内部影响和外部影响

传统上,人们一直声称语言是受内部和外部影响而变化的。受内部影响的变化产生于所有语言所经历的自然过程:如果有可能通过将一种语言置于密封的瓶子中来保护它不受任何外部影响(例如与其他语言的接触),那么语言仍然会发生变化,因为有些系统的变化机制纯粹来自语言内部。如上所述,外部影响的变化更多的是由于语言使用的社会和文化背景所致。虽然内部和外部的影响往往被认为是语言变化的不同诱因,但它们并不一定是相互排斥的。例如,在英语中 whom 的消失,一方面是所有语言都可能经历的一个普遍的过程:从一种屈折语逐渐走向一种孤立语的渐进过程。另一方面,它的消失也可归因于与其他没有复杂的格形态语言的接触,如法语。

语言在变化时会经历内部变化过程,这样的例子很多。为了解释为什么英语随着时间的推移失去了多数屈折变化,从一种屈折语变成孤立语,Whaley(1997:138)描述了一个所有语言都经历的循环过程。英语处于循环过程的一个阶段，逐渐从屈折语过渡到孤立语，经历了"形态的丢失"。其他语言也处于循环过程中别的阶段，从孤立语到黏着语或者从黏着语到屈折语。Labov(1994)将英语中的元音大推移归类为一种连锁转换，一种涉及语言中元音改变位置的语音变化，一些元音取代了其他元音。如前所述，元音要么抬高，要么变成双元音。这种变化并不限于元音大推移，而是在许多语言中语音变化更普遍模式的一部分。

外部变化源于某种语言接触：不同语言的使用者开始接触，导致他们所讲的语言发生变化。接触的影响可能各不相同。因此，Thomason 和 Kaufman(1988:74－76)提出了"借用等级"，一个五分等级，从"随意"接触对语言的相对轻微影响到来自"非常强烈的文化压力"的更广泛的影响。英语在其整个历史过程中与多种语言产生了接触，导致语言发生了不同程度的变化。例如，拉丁语对英语的影响很大。在古英语时期，由于基督教传入英国，英语从拉丁语中借入了如 mass, abbot 和 candle 这些词。这些借词在 Thomason 和 Kaufman(1988:74)的借用等级表上得分相当低，因为它们进入英语是出于"文化和功能"的原因：提供描述新概念所必需的词汇。借用等级较高(5级中的第3级)的是借入英语并转换成后缀的拉丁语介词，以及借入英语并保留其本族语屈折变化的希腊语和拉丁语单词。例如，拉丁语介词 sub(意为"under")现在是一个英语前缀，存在于诸如 subzero 或 subhuman 等词中。经过一段时间，这些前缀也出现在不是源自拉丁语的单词中。postgame 这个词(如在 The athlete gave a postgame interview 中)来自拉丁语介词 post(意为"after")和日耳曼语单词 game。拉丁词，如 medium/media 以及 datum/data 包含拉丁屈折词缀(-um 和-a)，它们把名词标记为中性,分别为单数和复数。当然,随着时间的推移,这些词已经被重新分析,以至于现在人们听到 The media has too much power 这样的句子时,media 不是被分析为复数,而是被分析为单数集体名词,即表示一个由个体组成的单一实体的名词。因为这些借词涉及结构的变化(而不仅仅是增加英语词汇),所以对英语语言结构有着相当大的影响。

由于英语经历了与其他语言的"随意到强烈的接触"(Thomason 和 Kaufman 1988:76),它经历的变化没有从根本上改变这门语言。然而,其他语言由于语言接触而受到的影响更大,以至于其中一些语言已基本消亡。

语言消亡

语言消亡是一种语言转换。不过,与双语现象不同,双语现象是说话人在不同的语境中从一种语言转向另一种语言,而语言消亡的发生是因为一种语言随着时间的推移,不再有使用者。语言消亡的过程通常是缓慢的,并涉及连续几代人放弃一种语言,直到只有较少的人能够流利使用这种语言。一旦这些人死了,语言也会消亡。

拉丁语有时被称为已经消亡的语言,因为它不再有任何本族语使用者,而且只存在于早期幸存下来的书面文本中。但尽管拉丁语可能已经死亡,但它的遗产仍然存在于它的直系后裔中,如西班牙语、意大利语、法语和葡萄牙语。在这方面,拉丁语跟印欧语系中其他不再使用的语言(如古英语、梵语)类似。然而,在其他情况下,有些语言死亡了,没有留下直接的后裔。例如,由于美洲的殖民统治,许多土著语言已经死亡或受到威胁。在阿尔吉克语系(在美国和加拿大使用的一种语系)的 44 种语言中,有 13 种语言已经死亡(www.ethnologue.com/show_

family.asp？subid=91079,2008年6月检索)。其余活着的语言只有194,980位使用者(Gordon 2005:18),而且其中一些语言"几乎灭绝","当一种语言的使用人数少于50或说该语言的人数在该族群体中只占很小一部分时"就会出现这种情况(Gordon 2005:8)。根据《民族语》杂志的最新数据,世界上6,912种语言中,有516种语言濒临灭绝(www.ethnologue.com/nearly_extinct.asp,2008年6月20日检索)。

在美洲,语言死亡是殖民化的直接后果,殖民化伴随着种族灭绝、疾病和殖民者语言(例如英语、西班牙语和葡萄牙语)的压倒性影响。甚至一种相对健康的语言(比如纳瓦荷语,在1990年的人口普查中有148,530人说这种语言)也面临在年轻人中使用这种语言的人越来越少的情况。1968年,纳瓦霍族一年级学生中,有90%的人把它当作母语,现在只有30%的人把它当母语了(Gordon 2005:305)。拯救濒危语言的努力取得的结果喜忧参半。虽然威尔士语成功地复活了,现在威尔士19%的人口能够说威尔士语(Gordon 205:566),但大多数其他尝试都失败了。语言学家一直积极参与拯救濒危语言的运动。美国语言学会(LSA)有一个特别委员会,即濒危语言及其保护委员会(CELP),其使命是促进关于濒危语言的语言学研究,并帮助濒危语言的使用者保护他们的语言。Grystal(2000:27f)讨论了为什么语言学家热衷于濒危语言的保护。他强调了语言多样性的重要性,并指出,由于说话人的身份与他或她所说的语言密切相关,随着一种语言的消亡,个人身份也就随之丧失。语言还包含了人类历史的记录,提供了"对人类存在的独特的封装和解释"(Grystal 2000:44),语言本身就具有内在的趣味性,提供了对人类思想的重要认识。

语言死亡这个问题与任何关于英语语言的讨论都是相关

的,因为有时候人们认为是英语的全球化导致了世界上许多语言的死亡或者被替代。Schneider(2003:233)指出,虽然许多人认为英语是"世界上最主要的语言……是国际经济、外交、科学、媒体以及跨语言边界的个体交流不可或缺的工具",但其他人则认为英语是"一个语言杀手",它导致了全球无数土著语言、方言和文化的消亡。只不过一个人持什么样的观点在很大程度上是一个政治上的决定。然而,语言变化不仅仅是孤立于一种语言之外的影响个别语言的现象,一种语言的变化可能会对许多其他语言产生影响,英语作为世界语言的出现就是一个例子。

语言变化的本质

语言的变化是自然的,正常的,而且(最终)是不可避免的。虽然许多人将语言的变化描述为"腐败"或"衰退"的标志,但在现实中,所谓的"错误"用法往往是变化的前兆。例如,许多人经常用 flaunt 一词来代替 flout。美国前总统 Jimmy Carter 曾在 1979 年伊朗人质危机期间使用这一用法,他说:"the government of Iran must realize that it cannot flaunt with impunity the express will and law of the world community"。严格说来,他本应该在这里使用 flout,因为 flout 意味着"违反",而 flaunt 意味着"炫耀"(例如,The child flaunted his new fire truck)。然而,这两个词的发音非常接近。此外,虽然 flaunt 是一个相当常见的词,但 flout 不常见。其结果是,许多人混淆了这两个词,随着时间的推移,它们变得可以互换——也许 flout 甚至会变得过时而被 flaunt 取代。这种混乱并不是个别现象。由于 disinterested 和 uninterested 都含有否定前缀(分别是 dis- 和 un-),现在许多人认为这两个词是同义词,尽管许多人坚持认为这两个词有不同的含义:

disinterested 的意思只是"公正或没有偏见的",而 uninterested 只有"缺乏兴趣"这个意思。因此,在法庭上,被告会想要一名"disinterested"的法官,而不是"uninterested"的法官。

有些人反对在像 Everybody is trying their hardest 这样的句子中使用 their,理由是跟 everybody 一致的动词是单数,而指代 everybody 的代词 their 是复数。然而,their 的替代词(泛指的 his 或有性别的 her)要么表现出性别偏见,要么导致一个文体上很别扭的结构。代词 their 就不会造成这两种情况,而且还填补了语言中的空白:它为英语使用者提供了一个单数的、第三人称的、性别中立的代词,而不必创造一个全新的代词。有人建议用 ter 这个词作为第三人称泛指的所有格代词。但是把一个新代词加到一个语言中是一件很困难的事情,因为代词是一个封闭的词类,这种词类不同于名词或动词,它很难接纳新成员。因此,已经存在于该语言中的表示单数意义的 they 为一个困难的问题提供了一个简单的解决方案。

本节中全部所谓的错误都说明了人类语言有一种能力,能够以一种与所有语言内在的变化机制相一致的方式适应和改变,进而满足使用者的需求的能力。如上文所述,英语可能需要一个新的性别中立的代词,但由于这一需求无法轻易地得到满足,语言使用者被迫以新的方式使用一种现存的形式——they/their。虽然这一变化也会造成混乱,但随着时间的推移,也很可能会成功,因为语言的变化和随后对新形式的接受是一个缓慢而渐进的过程,是一个时断时续的过程,而且往往最终会取得成功。但是,如果一个变化失败了,整个过程就会从头再来。

本章小结

在研究英语和汉语等语言时,语言学家提出了两种对语言进行分类和研究语言随着时间发展的方法。传统的分类方法——基因分类系统,涉及将语言分类为语系并构建系谱图。例如,英语是印欧语系日耳曼语族的一员。作为一种日耳曼语,英语起源于公元 400 年,经历了五个连续的阶段,从古英语开始,在当代英语(当前的语言)时期达到顶峰。语言学家不仅对研究语言如何变化感兴趣,而且对语言为什么变化感兴趣。虽然语言学家对语言变化是否有进化基础这个问题存在分歧,但在语言变化的其他原因方面有着更广泛的共识。

自学活动

1. 将左栏中的国家与右栏中列出的英语在该国地位相匹配。
   - (1)德国   a. 本族语
   - (2)澳大利亚   b. 第二语言
   - (3)爱尔兰   c. 外语
   - (4)新加坡
   - (5)日本
   - (6)美国
   - (7)英国
   - (8)芬兰

2. 访问民族语网站(Ethnologue)(www. ethnologue. com(show_language. asp? code=eng)(2008 年 6 月 3 日检索)输入英语语言。点击链接国家并

(1) 解释英语在该国是第二语言或者外语；

(2) 记录该国有多少人说英语以及有多少人说英语以外的本族语；

(3) 记录任何你能找到的似乎跟该国英语地位相关的信息。

3. 研究历史和文化对语言影响的一种方法是研究地名，地名往往提供有趣的信息，不仅是关于居住在该地区的人以及他们所说的语言，而且也关于他们的历史及居住的地区，甚至关于其地理特征（例如，该地区是否有山脉或河流）的信息。一些字典和参考指南提供了关于地名的信息，包括 J. Everett Heath 的《世界地名简明词典》(*The Concise Dictionary of World Place Names*)（牛津大学出版社，2005 年）或 V. Watts 等人的《剑桥英语地名词典》(*The Cambridge Dictionary of English Pace-Names*)（剑桥大学出版社，2004 年）。此外，你还可以访问维基百科主页(en. wikipara. org/wiki/main_Page)(2008 年 6 月 20 日格林)并键入地名以查找信息。在任何一个讲英语的国家选择一个地名，并记录

(1) 地名的词源（其所依据的语言及其起源时间，无论其近似值如何）；

(2) 该地在你选择的地名之前是否还有其他名称，以及

(3) 地名的字面含义。它是否描述了最初居住在该地区的一群人的特征？它是否提供有关该地区的地理信息？记下你发现的任何其他信息。

4. 同源词汇在将语言分组为语族中起着什么作用？
5. 解释英语和汉语是如何在类型上相似，但在基因上不同的？
6. 英语在哪些方面兼具融合语言和孤立语的特点？
7. 借词对语言是一种内部影响的结果还是外部影响的结果？
8. John Simon 在他的许多著作中哀叹英语正在衰落。这是否意味着英语正在经历语言死亡的过程？

拓展阅读

对英语作为世界语言的讨论:D. Crystal, *English as a Global Language*, 2nd edn. (Cambridge: Cambridge University Press, 2003);

对适用于印欧语系的比较方法的描述:O. J. L. Szemerényi, *Introduction to Indo-European Linguistics* (Oxford: Oxford University Press, 1996);

对语言分类的类型学方法的综述:W. Croft, *Typology and Universals* (Cambridge: Cambridge University Press, 1990);

对英语历史的介绍:A. Baugh and T. Cable, *A History of the English Language*, 5th edn. (Upper Saddle River, NJ: Prentice Hall, 2001) 和 T. Pyles and J. Algeo, *The Origins and Development of the English Language*, 5th edn. (Belmont, CA: Wadsworth Publishing, 2004);

对影响语言变化的因素的介绍:W. Labov, *Principles of Linguistic Change*, *vol. I*: *Internal Factors* 和 *vol. II*: *Social Factors* (Oxford and Malden, MA: Blackwell, 1994 and 2001)。

第三章　英语的社会语境

本章预览

　　本章探讨语言使用的社会语境对人类交流的影响。它首先讨论了区分语法意义和语用意义的必要性,即作为我们语言能力一部分的意义与我们在特定社会环境中的互动所产生的意义。因为本章集中讨论语用意义,所以本章开头有必要区分句子与话语(话语是语用意义研究的基本单位)。接下来的部分描述了话语在人类交际中的使用和结构。首先讨论言语行为理论,这一理论正式确立了这个概念:人们通过他们的话语实际想表达的意思往往不是用他们所说的或者所写的词语明确表达出来的。

关键术语

会话含义（Conversational implicature）

合作原则、语法和语用含义（Cooperative principle, the grammatical and pragmatic meaning）

敬语（Honorifics）

礼貌（Politeness）

权力关系（Power relationships）

句子与话语（Sentences and utterances）

社会距离（Social distance）

说话人意图（Speaker intentions）

说话人变量（Speaker variables）

言语行为（Speech acts）

得体（Tact）

引 言

2005年7月，John Roberts被提名为美国联邦最高法院法官。报纸对这一提名的报道称Roberts是一个"严格的建构主义者"：对美国宪法的语言进行字面解释的人。在评论对Roberts的这种描述时，著名的文学和法律理论家Stanley Fish(2005)认为，Roberts实际上并不是"严格的建构主义"的拥护者，而是"文本主义"的拥护者，认为解释包括"坚持文本中编码的含义，而不是超越文本"。为了说明这种解释观点的局限性，Fish指出，如果妻子问她丈夫Why don't we go to the movies tonight?

这个问题的答案取决于婚姻历史，他们之间的关系，丈夫认为妻子是什么样的人。这些词语本身不会对其意义产生固定的解释[强调是补充的]。Fish 在这句话中所主张的是，交流并不是真空中存在的：例如，为了进行对话，我们不只是简单地解读人们说的话的含义，而是利用对话所处的更大的社会语境。要理解 Fish 所提出的更大的观点，首先需要区分语法意义和语用意义。

语法意义与语用意义

Stanley Fish 在对 Why don't we go to the movies? 这句话的描述中，在两个层面对意义进行了区分。在一个层面上，我们如何解释这个句子取决于它包含的单个单词的意思。要理解这句话，我们需要知道，例如，go 和 movies 这些词的意思；we 在文本之外指的是说话人和听话人；the 表明正在谈及的一部特定的电影，等等。在这个层面上，我们是在语法范围内研究所谓的语义学：单词如何具有单独的意义（词汇语义），以及如何用来指外部世界中的实体（指称）。

语义学是语法的一个组成部分，因此也是我们语言能力的一部分（第6章将对语义学进行全面讨论）。然而，Fish 正确地观察到，对一个句子的解释超越了从语法层面对它意义的理解。我们需要了解所说句子的整个社会语境，这是在语用学研究范围的一个不同层面的解释，它探讨了语境在解释人们所说的话中所起的作用。

虽然许多语言学家同意这种关于语法和语用学关系的观点，但也有一些人认为语法和语用学之间的界限并不是如此分明。例如，Fillmore(1996：54)指出："这一观点产生了一种语用学的减法观点，根据这一观点，有可能从对语言活动的全面描述中,考虑到那些纯粹的象征性方面,这些方面与语言知识无关,不涉及使用或目的概念。"Fillmore 认为,明确地区分语法和语用学的问题在于,这种观点忽视了约定俗成在语言中所起的作用,即我们把 Could you please pass the salt? 解释为一种礼貌的请求是一个说这句话的社交语境的问题,就像在英语中,带有 can 或 could 的一般疑问句能够变成惯例,成为礼貌请求的标志一样(如 Can you spare a dime? Could you help me with my homework?)。

尽管语法和语用学之间的界限可能是"模糊的",但大多数语言学家都承认,语言的某些成分最好在语法的框架下研究,而其他成分则更适合在语用学的范畴内进行研究。一些语言学家,如 Noam Chomsky,之所以不研究语用学,主要是因为他们把语法研究作为语言分析的主要焦点,而语用学研究的是没有规律的语言现象,不适合系统的语言学描述。其他人认为语用学的研究对于理解人类语言至关重要,因为语言能力的研究并不比交际能力的研究更重要:Dell Hyme(1971)认为人类交际不仅涉及如何形成语言结构的知识,还包括如何在特定的交际语境中使用这些结构的知识。要理解这一观点,一个人只需要有这样的经历:在课堂上学习一门外语,然后到一个使用该语言的国家旅行,发现他或她对该语言真正了解的是多么的少:说话人在不同的社交语境中对语言的使用不仅仅涉及"了解规则"。

句子与话语

因为这一章将着重讨论口语和书面语,所以重要的是定义结构的基本单位——话语——未作为讨论的基础。许多人错误地认为完整的句子既是口语的标准也是书面语的标准。然而,

Carter 和 Cornbleet(2001:3)说得很正确:"我们开始在说话中不用句子——事实上,在非正式说话中,我们很少用句子——相反,我们为了达到一个目的,可能需要也可能不需要完整、精确的句子。"为了说明这一点,请看以下摘录的实际谈话内容:

> Speaker A: Lots of people are roller skating lots of people do rollerblade.
> Speaker B: Just running around the city.
> Speaker A: Uh mainly in Golden Gate Park.
> (ICE-USA)

说话人 A 的第一个话轮包含两个符合语法的句子:由主语(两个句子中的 lots of people)和一个限定动词(分别是 are 和 do)组成的结构。相反,说话人 B 的话轮和说话人 A 的第二个话轮不包含句子:B 的话轮包含一个以动词成分 running 为中心的结构;A 的话轮是一个介词短语。但是,虽然这些话轮不包含完整的句子,但它们仍然有意义。例如,说话人 B 暗示的是,那些溜冰和轮滑的人"在城市里跑来跑去",而说话人 A 暗含的意思是他们"主要在金门公园"溜冰和轮滑。因此,在讨论语用学时,语言学家往往避免诸如句子之类的标签,而更倾向于将讨论中的结构当作话语,这一范畴不仅包括句子,还包括在所发生的语境中有意义的任何结构。

言语行为理论

在 J. L. Austin(1962)看来,在说话(或写作)的时候,我们进行各种"行为":言语行为、言外行为和言后行为。言语行为和言外行为之间的区别有时被称为"说"和"做"之间的区别。因此,如果我说 Leave，我就在一个层面上说出了一个祈使句，它有一个特定的形式（动词的基本形式与隐含的 you）和意义（例如 depart）。这就是该话语的言内之意，在本章中迄今为止被当做是语法的一个组成部分。除此之外，我在说这句话的时候是有意图的，具体来说，我是用一种被称为指令的功能来让某人去做某事。这就是言语的言外之力。但是，话语也会对它们所指向的人产生影响：说出 Leave 可能实际上会导致一个或多个人离开，它可能会使他们难过，也可能对他们没有影响，等等，这被称为是话语的言后之力。

虽然言语行为理论家提出了言语行为的三大类型，但他们主要对说话人的意图感兴趣：话语的言外之力。为了研究人类交际的这一层面，人们提出了各种类型的言语行为。以下是 Searle（1979）关于言语行为的开创性著作中所描述的五种：

陈述：陈述或描述说话者认为是真实的情况（如 I am old enough to vote; Columbus discovered America in 1492; Water freezes at zero degrees centigrade）。

命令：意图使某人做某事的话语（如 Stop shouting; Take out the garbage）。

承诺：向一个人承诺做某事的话语（如 I promise to call you later; I'll write your letter of recommendation tomorrow）。

宣布：使事情的状态发生变化的话语（如 I now pronounce you husband and wife; I hereby sentence you to ten years in jail）。

表达：表达说话人态度的话语（如 That's a beautiful dress; I'm sorry for being so late）。

言语行为可以是显性的或隐性的、直接的或间接的，也可以是字面的或非字面的。如果一个言语行为是显性的，它将包含一个施为动词,一个给言语行为命名的动词,并有一个非常具体的结构。例如,尽管下面的两个例子都是道歉(一种表达类型),但只有第一个例子包含一个施为动词:

I was abominably ill-mannered, and I apologize.
(BNC AN8 1949)

You guys I'm sorry that I was late.
(MICASE SGR200JU125)

Apologize 是一个施为动词,因为它字面上确定了这个句子所代表的言语行为。此外,它是现在时,并跟第一人称代词一起出现。请注意,如果主语和动词时态发生变化,则会产生一个完全不一样的句子,即不是说话人正在做真正的道歉,而是描述其他人在别的时间所作的道歉:

He apologized for all the harm he'd done.

虽然 *You guys I'm sorry that I was late* 也是一种道歉,但在这里道歉是隐性的,因为动词 am(在 I'm 中用缩写)不符合施为动词的结构定义:言语行为的确定是通过形容词 sorry 而不是动词 am 来表达的。

下面再举一些施为动词的例子来说明五种类型的言语行为:

陈述行为

Mr Deputy Speaker that strong sympathy expressed at the time of the last debate on these matters was approved overwhelmingly by the Labour party conference last October and I *state* that for the record less [sic] there be any misunderstanding about our position on the issue of voting systems.

(BNC JSF 262)

We *affirm* the importance of this principle.

(BNC CLY 473)

I hereby *declare* that I am the sole author of this thesis.

(Egidio Terra《词汇相似性与语言应用》("Lexical Affinities and Language Applications"),未发表的博士论文 etd. uwaterloo. ca /etd/elterra2004. pdf 2008 年 6 月 18 日访问)

命令行为

Pursuant to Proclamation No. 1081, dated September 21, 1972, and in my capacity as Commander-in-Chief of all the Armed Forces of the Philippines, I hereby *order* you as Secretary of National Defense to forth-with arrest or cause the arrest and take into your custody the individuals named in the attached lists…

(www. lawphil. net/executive/genor/go1972/genor_2－a_1972. html, 2006 年 7 月 27 日访问)

I *direct* the witness to answer the question.

(BNC ACS 1187)

If you go and see this film I *recommend* that you don't eat first.

(BNC A4S 153)

承诺行为

okay um, now I *promise* to, give out the uh, the the uh, take home essay, final, assignment, today

(MICASE LES315SU129)

I *pledge* to recycle as much waste as possible at home and/or I pledge to help organise recycling at work or at school/college.

(BNC G2V 2448)

宣布行为

I *declare* the meeting closed.

(BNC GUD 618)

The friar raised his hand. "Absolvo te," he intoned. "I *absolve* you."

(BNC F9W 791)

表达行为

I *thank* you all again for the very hard work and real effort put into our business at all levels through 1992 without which we would not be able to have the confidence to face the coming year.

(BNC HP4 1215)

We *congratulate* Mr. Hay on this well deserved honour.

(BNC GXG 624)

虽然像道歉和承诺这样的施为动词在日常使用中很常见（一亿词的英国国家语料库中包含了 32 个有 I appologize 的会话），但正如上面的例子所说明的那样，许多施为动词在用法上受到限制，有时与非常正式和法律式的表达 hereby 一起出现（在 BNC 的 258 个有 hereby 的例子中，只有 3 例出现在会话中）。因此，在其他情况下，大多数施为动词在其他语境下都是很合适的，如下面这个戏谑的例子所示：

As titular Chief o' the Clan McTaylor, I hereby order

you to remove that mauve and puce tea-towel from your web site.

(downunderandbeyond. blogspot. com /2006/03/tartan-tastic. html，2008年6月6日访问)

言语行为可以是直接的，也可以是间接的。如果言语行为的意图通过言语和话语的结构清楚地表达出来，那么言语行为就是直接的。例如，下面三个例子中每一个都是一个指令。

That's enough go away.

(SBCSAE)

Will you go away?

(SBCSAE)

I'm really uncomfortable with your being here now.

（编造的例子）

然而，只有第一个例子是直接言语行为，因为指令 go away 是以祈使句的形式出现的，这是一种习惯上与指令相关联的形式。另外两个例子是间接的。第二句是一般疑问句。通常，这样的结构会得到肯定或否定的回答。但在这种情况下，说话人是要求一个人离开，但用一种不那么直接的方式。第三个例子甚至更委婉，它用一种陈述句的形式，一种与表述联系最为紧密的形式。但在恰当的语境中，这个例子也可能有要求某人离开的意图，当然，其高度的间接性肯定会产生歧义和潜在的误解。

在英语中，间接性在指令中很常见，通常与一般疑问句相联系，尤其是常与 could you 或 would you 相联系：

Okay would you open the front uh the screen door for

me please.

(SBCSAE)

Would you mind just moving the screen back?

(BNC H9C 3769)

Could you grab me a box of tea?

(SBCSAE)

Could you take your coats off please and come into the blue room?

(BNC F77 3)

在其他情况下,也用包含具有不同间接性程度的情态动词的陈述句来表达命令。在下面的例子中使用情态动词 should,说话人强烈建议听话人参加一个初级作文班。

You should take Intro Comp next semester.

(MICASE ADV700JU047)

不过,如果用的是 might want to/wanna,命令就更多地变成一种建议了。

Well you might wanna major in English.

(MICASE ADV700JU047)

后面一节我们会看到,英语中的间接性与礼貌密切相关,因为发布指令需要采取各种策略来缓解试图让某人做某事的行为,一种如果用得不恰当就会被当作不礼貌的行为。最后,言语行为可以是字面的,也可以是非字面的。英语中的许多修辞格都是非字面的,因为说话人的真正意思并不是他/她所说出来的意思。

在英语中,人们用 I'll explain why in a minute(BNC F77

450)这样的话来推迟说或者做一件事是很常见的。然而,说出这句话的人并不真的意味着他/她的解释刚好在 60 秒内完成。同样,在 Yes I know it's taken me forever to write you (ICE-GBW1B-001 106)中,说话人用 forever 作为承认他/她的信已经写了很久了的一种手段;在 and I mean there's millions of ligaments and millions of tendons you know well not millions but I mean(SBCSAE)中,说话人实际上明确地说他的话是非字面的:人体并不真的包含数百万的韧带或肌腱。

在其他情况下,字面意义可能更模糊。例如,人们常用 So how are you 或者 How's everything 这样的表达开始对话。然而,说这些话的人并不一定想知道听话人的感受。如果听话人真的告诉说话人自己的感受有多糟糕来作为回答,就会很尴尬。We live close enough for goodness sake let's get together one night (BNC KBK 3549) 这句话也同样有歧义,说话人是真的想跟听话人聚一聚,还是只不过是一种结束谈话的方式?

合适条件

言语行为要想成功,就必须满足一系列条件,这些条件被称为合适条件。Searle(1969)提出了四个这样的条件:命题内容条件、准备条件、诚意条件和基本条件。要了解这些条件是如何起作用的,看看它们如何应用到一种很常见的言语行为,即道歉行为的。

根据 Thomas(1995:99f.)的说法,在 Searle 的类型学框架内,道歉结构扼要表示如下:

命题条件:S[说话人]对过去的行为 A 表达抱歉

准备条件:S 相信 A 对 H(听话人)不利

诚意条件:说话人对行为 A 表示遗憾

基本条件：认可对 A 行为的道歉

命题条件：任何言语行为都必须有命题内容，即按照规约用与言语行为相关联的形式表达出来。如前所述，道歉通常以施为动词 apologize 或 I'm sorry 这样的表达方式作为标志：

> I apologize for the urgency on this, but to get it through to the Department of the Environment it has to be lodged at the beginning of February and then up to them by by March.
>
> （BNC JA5 593）

准备条件：在道歉之前，说话人显然必须相信他（她）做过一些需要道歉的事情。在上面的例子中，说话人道歉是因为她认为要求她的员工在短时间内做大量的工作是需要道歉的。

诚意条件：道歉的关键是说话人对自己所做的事情真诚地感到抱歉。由于上述道歉声明是在工作语境下做出的，说话人在权力等级上高于向其道歉的人，人们可能怀疑说话人的诚意，认为道歉是敷衍了事，即一个上司匆忙中说的话。显然，无论做出什么解释，都在很大程度上取决于该上司与员工的关系、他们对他/她过去的看法等等。

基本条件：如果道歉被认为是不真诚的，那么言语行为最终就会失败；虽然它可能有道歉的形式，并且也是针对过去某个需要道歉的情况，但如果它不被接受为道歉，那么该言语行为就变得毫无意义。

虽然所有的言语行为都必须满足每一个条件才能成功，但许多言语行为的区别在于它们满足每个条件的方式不同。例如，陈述行为的命题条件是，它必须是有真假值的陈述：

> Between 20 June 1294 and 24 March 1298 England and France were formally and publicly at war.
>
> (ICE-GB W2A-010 003)
>
> I went and saw their house the other night.
>
> (SBCSAE)
>
> That looks like succotash to me it's got peas and lima beans.
>
> (SBCSAE)

相比之下,其他言语行为则没有这种约束。请求是命令行为的一种,不可能是真或假,因为请求某样东西的行为没有真假值:

> On behalf of Nether Wyresdale Parish Council I request that the following alterations/improvements be made to the play equipment on Scorton Playing Field.
>
> (BNC HPK 114)
>
> Oh what are you doing? Oh shut up. Go away.
>
> (BNC KBH 747)

请求与其他类型的言语行为还有更多的不同之处,因为正如 Searle(1969:66)所指出的,"命令有其他的准备条件,即 S 必须处于对 H 的权威地位"。因此,上述两个命令行为是否起作用,关键取决于发出命令的个体是否有权对命令发布的对象行使权力。

合作原则

哲学家 H. Paul Grice 提出了合作原则来解释会话如何涉及交流者之间某种程度的"合作":

我们的谈话交流通常都不是由一连串断断续续的言论组成,否则,那就是不合理的。它们至少在某种程度上具有合作努力的特点;在某种程度上,每个参与者都认识到一个或一套共同的目标,或者至少承认一个相互都接受的方向。

(Grice 1989:26)

Grice 提出了四条准则来解释人们说话时是如何合作的:数量准则、质量准则、关系准则和方式准则。当违反(或"蔑视")一条准则时,就会产生会话含意,也就是说,对话语的解释超越了所说的话本身。例如,下面的对话交流发生在对三人的采访结束时——Michael Shapiro,Michael Moshan 和 David Mendelson 制作了一张音乐 CD,帮助美国的中学生准备一个标准化考试(SAT)——学术能力评估测试——的口语部分。

Linda Werthheimer(采访人):How well did the three of you do on the verbal section of the SAT?

David Mendelson:Michael Shapiro did really well. [laughter]

(美国国家公共电台,周末版,2007 年 1 月 6 日,星期六)

很自然,采访人感兴趣的是,学习指南的创建者在他们试图帮助学生取得成功的考试中做得怎么样。但由于 Mendelson 并没有真正回答她的问题,而是评论了他的一位合著者在考试中做得有多好,因此他违反了 Grice 的数量准则:他没有给该会话提供足够丰富的信息,他说得太少了,其会话含意——他回答中的另一层意思——是他在考试中表现不佳。他发言后的笑声清楚地表明,其他说话人已经认识到他违反了数量准则,并理解了他所说的话的含义。

表 3.1 列出了 Grice 的四条准则,给出了它们的简单定义,

然后列出了 Grice 的完整定义。为了最佳地理解这些准则,看看一些遵守这些准则和违反这些准则的例子是有益处的。

表 3.1　合作原则之四个准则

准则	概括	Grice(1989)的描述
数量	不要说太多;不要说太少	1. 所说的话应包含当前交谈目的所需要的信息 2. 所说的话不应超出需要的信息(引自 26 页)
质量	真实	1. 不要说自知是虚假的话 2. 不要说你缺乏足够证据的话(27 页)
关系	保持话题;不要离题	要相关(27 页)
方式	确保你说的话清楚,无歧义	1. 避免表达晦涩 2. 避免歧义 3. 简练(避免啰唆) 4. 井井有条(27 页)

数量准则

所有交流者在说话或写作时都必须在提供太多信息和提供太少信息之间取得平衡。在下面的例子中,两位说话人都实现了这一平衡,因为他们都直接回答了每一个被问到的问题。

A: Have any of the supervisors been in?

B: Oh yeah I've had a lot of visitors lately um I went downstairs to get something to eat and somebody was waiting at the door today.

A: Who was it?

B: John Wood do you know him?

A: No.

B: He was um.

A: Is he an old guy?

B: No no kind of a young black guy.

(ICE-USA)

例如,说话人 B 直接回答 A 关于是否有主管进来的问题。B 提供的信息略多于所需要的信息,说有许多来访者进来了。但是,这额外的信息并没超过在这种性质的谈话中可能会提供的细节的量。

相比之下,在下一个例子中,就提供了过量的信息。在这个例子中,美国前民主党众议员 Richard Gephardt 正在回答记者提出的一个问题,问他是否认为 George Bush 是美国的合法总统,因为布什在 2000 年赢得大选之前,佛罗里达州的选票重新计票引起了很大争议。Gephardt 没有对这个问题做出简单的是/否的回答,并做简短的解释,而是给出了一个非常冗长的回答:

The electors are going to elect George W. Bush to be the next president of the United States, and I believe on January 20, not too many steps from here, he's going to be sworn in as the next president of the United States. I don't know how you can get more legitimate than that.

Gephardt 本来可以简单地回答:"是的,我认为 George W. Bush 是合法当选的。"但是,由于他所在的民主党激烈反对 Bush 的选举,在对共和党的合法挑战中输了,许多人会把他说话说得这么长理解为他认为 George Bush 不是美国的合法总统。

质量准则

我们在交流的时候,有一个默认的假设,即每一个交流者所说的或写的都是真实的。例如,当下面的说话人 A 问 B 她将和谁一起度过夜晚时,A 期望 B 给出一个真实的答案。

A: So who are you going out with tonight?
B: Koosh and Laura.

(SBCSAE)

这一点似乎十分明显,但当一个话语被判断为不诚实时,肯定就会产生会话含义。以下摘录来自一份附有儿童玩具的销售调查的第一页:

Please take a moment to let us know something about yourself. Your valuable input enables us to continue to develop our advanced learning tools.

这个陈述句后面跟了一连串的问题,不仅涉及玩具质量,还涉及家庭成员的职业、年收入、驾驶的汽车种类等等信息。在这种情况下,许多人会将上述陈述解读为不够诚实:制造商不只是对改进其"先进的学习工具"感兴趣。而是希望收集购买它玩具的父母的人口统计信息,这样就能以他们为目标宣传其他的玩具。

尽管交流者非常相信他们所做的和听到的陈述具有真实性,但在某些情况下,违反质量准则被认为是可以接受的。例如,如果有人问你:"你喜欢我的新发型吗?"在大多数情况下,回答"不喜欢"是非常不合适的,因为这可能会伤害感情。因此,在大多数交际语境中,许多人会回答"喜欢"或"很好",即使他们的回答是不诚实的。当然,回答所针对的人无疑会认为这个回答是诚实的。但正如后面章节指出的,礼貌在英语中是一个非常重要的语用学概念,它优先于其他语用学考虑的因素。

关系准则

话语中的相关性这个概念随着语境的不同而不同。例如,在下面的对话中,说话人 B 问 A 他是否开始了他的新工作。然而,几个话轮之后,B 完全转换了话题,中断了关于 A 工作的进一步讨论,并将话题转移到 B 前一天晚上接到的一个电话:

B:Are you um how's your new job did you start?

A:I just was painting and I do a little carpentry a little gutter work and stuff.

B:Uh huh.

A:So I've been doing that.

B:Someone called for you last night.

A:Really?

B:Yeah.

A:Who was it?

B:But I told him you were you weren't working here anymore.

(ICE-USA)

在随意会话中,这样的话题转换是正常的,因为当人们随意交谈的时候,并没有真正预先计划好的话题,在很多情况下我们可以自由地改变话题、偏离话题等,而不违背关系准则。

然而,在其他情况下,人们期望说话人/作者会紧扣主题。

注意下面来自课堂的两个例子中,老师们特别指出他们将说"我说句题外话"这样的话来偏离主题,明确地告诉学生,让学生明白他们接下来说的话与之前的讨论主题没有直接的关系:

okay then obviously basic biology failed **let me ＜SS LAUGH＞ digress a little here**. um, there is no fundamental physical set of principles to describe, the precise effect, of temperature on enzyme catalyzed reactions in real organisms.

(MICASE LES175SU025)

okay. any other questions? if not let me leave this model, and I wanna start talking about the Static Neoclassical Model. but before I do that **I wanna digress for a second** and talk about aggregate production functions, which will be a piece of the Static Neoclassical Model.

(MICASE LEL280JG051)

这些教师之所以清楚地表明他们离开主题,是因为如果不这样做,学生不仅会感到困惑,而且会认为老师没有条理、混乱、不擅长教学。在正式写作中,违反关系准则的惩罚更严格,会被视为写作很差。

方式准则

在我们说话和写作中,对表达加以澄清非常重要。例如,一个参加全球变暖公共论坛的人预料到这个话题对于普通听众的理解能力来说显得过于专业,他们不是对这个主题熟悉的科学家。这就是为什么下面关于这个主题的节选包含了如此多的元话语——比如 My talk will be split into four sections(我的演讲将被分成四个部分),直接对一个特定的话语是如何组织的加以

评论(其他元话语的例子用粗体字表示):

> But **what I'd like to talk to you about** uh this afternoon just uh briefly because we only have forty-five minutes is uh studying climate change from space. And **my talk will split into four uhm sections. I'll spend a few minutes talking about the climate system** and uh then having sort of looked at that **we'll ask the question and hopefully answer it** uh why observe from space. There are many parts of the climate system that we could discuss uhm but uh **I thought I would concentrate on** polar ice, and any of you who saw ITV's News at Ten last night uh will have will have a foretaste of at least one of the things that I uh will address. And then **I'll say a few words about** where do we go next, uh what's going to happen in the future. **So we'll start with** what is the climate system.
>
> (ICE-GB S2A-043 009)

演讲人如此明确地告诉听众她将谈论什么,因为她知道听众手里没有书面文本可参考,她想为他们提供她演讲的整体框架,以便他们能够预测她将要谈论的内容。

在其他语境下,这样的指示语是不必要的。在自发的对话当中,如果以"First, I'm going to discuss the weather and then my visit with my father"这样的陈述很怪异,因为如前所述,这样的对话结构非常松散。在很多书面文本中,如果包含"In this paper, I will…"这样的评论被认为是一种不好的风格,因为读者不希望作者用那么拙劣的方式组织要说的话:他们写的东西无疑应该是组织得很好的,不需要表示结构的词语。

由于方式准则适用于整个话语,所以前面的例子都重点阐述它,但方式准则也适用于单个话语。许多关于写作的规范性建议主要是告诉作者怎么把句子写清楚。Kirkman(1992:50)建议写作的人避免"过度名词化"——过度使用"以名词为中心"的结构……[而应使用]一种以动词为中心的、更干脆的风格。因此,他认为下面的第一个例子包含三个名词化结构(functions, allocating, and apportioning)以及被动语态的动词(are performed),就远远不如第二个例子清楚,后者用的主动语态,包含相当于第一个例子中两个名词化结构的动词(allocates 和 apportions):

The functions of allocating and apportioning revenue are performed by the ABC.

The ABC allocates and apportions the revenue.

Kirkman(1992)的建议似乎纯粹是规定性的,但 Hake 和 Williams(1981:445—446)描述了心理语言学研究,并进行了一项实验,表明名词化风格比动词风格更难以处理。然而,Hake 和 Williams(1981)又报道说,在某些情况下,读者会认为用名词化风格的文章比用动词风格的同类文章"更好"。因此,与表达清楚相比,人们往往更看重与名词风格相联系的高度抽象性。这一矛盾让人质疑说话人坚持方式准则的一致性。

关于合作原则的几个问题

确定一个人是否违反或遵守了合作原则的某个准则,这在很大程度上是一个理解问题。因此,不同的人对相同的话语会得出不同的结论。下面的例子是 Floyd Landis 对他在 2006 年赢得环法自行车赛后进行的两次药物测试显示睾丸激素水平升高的结果进行的评论:

I have never taken any banned substance, including testosterone. I was the strongest man in the Tour de France and that is why I am the champion.

相信 Landis 清白的人显然不会认为他违反了质量准则,而那些不相信他的人会认为他确实违反了质量准则。他们得出的含意是,他就是一个试图保护自己名誉的骗子。

在其他语境中,我们不清楚说话人是违反了一条还是多条准则。在本节前面讨论的一个话语中,一位受访者没有直接回答关于他在标准化测试中是否做得很好的问题:他对自己的表现只字未提,而是评论了另外一位受访者的表现有多好。因为他的回答不完整,所以他违反了数量准则。但由于他违反了这条准则,按理说他的话也就模糊不清了。那这是不是意味着他同时违反了数量准则和方式准则呢?同样,这个问题也不可能得到明确的回答,因为人们对话语的理解往往是一个高度主观和个人化的事情。

合作原则的四条准则的设想引出了另一个问题:为什么是这四条准则而不是更多或更少的准则?针对这个问题受到的固有批评,Sperber 和 Wilson(1995)提出了一个通用的关联理论。这个理论是基于 Grice 的说话人意图的概念,但是这个理论并不是通过单独的准则来表达这些意图,而是以这样一种观点为中心:当人们交流时,他们尽量确定他们所听到内容的相关性:

> 凭直觉,当一个输入(一种景象、一种声音、一个话段、一个记忆)与一个人的背景信息相关的时候,他可以得出对他重要的结论:其方式包括通过回答他心中的问题,提高他对某一主题的了解、消除疑问确认怀疑,或者纠正错误的印象。
>
> (Wilson 和 Sperber 2006:608)

Wilson和Sperber(2006:609)认为相关性是一种标量现象,高度相关的话语具有较高的"积极认知效应",而不太相关的话语需要用更多的"努力去加工"。因此,正如他们所注意到的,如果一位对鸡肉过敏的妇女打电话给她将出席的宴会主人询问晚餐吃什么,We are serving chicken 这个答复将比 We are serving meat 更具有相关性,因为前者非常翔实地回答了她的问题,同时也蕴含了后者。

这并不一定意味着所有交流都会像对该妇女问题的第一种回答那样具有高度的相关性。相反,说话人努力达到 Wilson 和 Sperber(2006:612)所称的"最佳相关性"。例如,如果我问你是否喜欢我为你做的晚餐,你回答 It was fine,而不是 I loved it,也许就是你愿意告诉我的。我可以从你的回答中推断出,你并不那么喜欢这顿晚餐——这个推断是正确的,因为要是你的回答再相关一些,那就会变得非常不礼貌了。正如下一节所述,礼貌凌驾于迄今为止所讨论的许多语用学原则之上。

礼 貌

Brown和Levinson(1987:60-61)对语言中的礼貌规约进行了影响深远的跨语言分析,认为语言中礼貌的中心是面子这个概念——"每个成员都想为自己争取的公众自我形象"——以及对话者为"保持对方面子"所做的努力。威胁面子的行为(FTA)是一种破坏所有语言都应该保留面子的默契,每当说话人有可能产生这样的行为时,语言的礼貌用法就会发挥作用。Brown和Levinson(1987:15)在确定用于缓解 FTA 的礼貌程度时,提出了需要考虑的三个因素:说话人之间存在的权力关系、他们的社会距离和 FTA 会造成的不礼貌程度。虽然关于礼貌的观点有很多(见 Watts[2003:49—53]关于礼貌观点的调查),但 Brown 和 Levinson 的研究在讨论礼貌这个主题方面仍然是较为详细而全面的。

权力关系与社会距离

在任何社会群体中,人与人之间都会有不同的权力关系。例如,在教室里,教师和学生之间会有一种不同的权力关系:教师是上级(即在权力等级上较高),学生是下属(即在权力等级上较低)。大多数学生处于平等地位:他们之间不存在权力不平衡。然而,即使在学生中,如果学生组成学习小组,小组中的一个或多个学生对其他学生拥有权力,也有可能存在不同的关系。无论个体是不同的还是平等的,都会影响他们的交际方式。学生可以使用教授或博士之类的敬语称呼他们的老师,以此明确地标记学生和教师之间存在的不同的权力关系;相反,学生可以用名字来相互称呼对方,以此来表示他们是平等的。

除了教授和博士之外,英语中还有少数其他指称敬语:通过直接或间接指称别人来表达恭敬或尊敬的方式。在下面的前两个例子中,敬语 Mrs 和 Professor 以第三人称的形式用在所谈论的人名之前。相反,在后两个例子中,Dr 和 Mister 用于直接称呼的人名之前。

Another witness **Mrs** Angela Higgins said she saw the defendants shouting and behaving stupidly.

(BNC HMA 298)

it is a particular pleasure, for me today to introduce our honored speaker, **Professor** Gary Glick who is Professor of Chemistry and Professor of Biological Chemistry, and who was named to the Werner E Bachmann Collegiate Professorship of

Chemistry in nineteen ninety-nine.

(MICASE COL200MX133)

Dr. Vernon, is this the way to make depressed people happy?

(BNC HV1 17)

Thank you **Mister** Smith for calling Pacific Bell.

(SBCSAE)

英语还有其他用作敬语的称谓（如 Miss, Ms, Sir, Madam, General, Colonel, President, Prime Minister, and Officer），以及使用非常有限的称呼语：your hono(u)r, sir, 以及 madam（在南方美国英语中可以缩写为 ma'am）。your hono(u)r 用于在法庭上称呼法官：

That is the agreement, **your honor**, and on behalf of Mr. Downey, we would now withdraw all pending motions of demur that are now pending before the court.

(archives. cnn. com/2001/LAW/07/16/downey. probation. cnna/index. html，2007 年 1 月 22 日访问)

sir 和 madam (ma'am) 出现在说话人地位不同，处于从属地位的人想对对方表示敬意的面对面的谈话中。这些表达也出现在非常正式的书信中。在下面的例子中，服务员用 sir 和 ma'am来称呼餐厅的顾客：

Have you been helped, **sir**?

(MICASE SVC999MX104)

And what did you want **ma'am**?

(SBCSAE)

第三章 英语的社会语境

在下面的例子中，madam 用来称呼电台脱口秀的来电者。

I'm terribly sorry **madam**, I'm terribly sorry madam, you might die if you take this drug.

(BNC HV1 447)

在最后这个例子中，高度程式化的 Dear Sir(s)用于书信的开头：

Dear Sirs,

You ought to be aware of a potentially serious problem caused by a recurring leak …

（ICE-GB W1B-016 102）

相反，在私人信件中，人们往往用名字来互相称呼，这表明写信人和收信人处于平等地位，几乎没有什么社会距离。

Dear John,

A day of hectic activity. Julie and I took Emily and her 2 boys who are aged 5 and nearly 3 swimming this morning…

（ICE-GB W1B-008 034）

社会距离规定了个体之间关系亲疏的程度。虽然社会距离和权力关系的概念是相关的——例如，地位不同的人往往比地位相同的人之间的社会距离更大——但这两个范畴还是截然不同的。虽然所有的交流者的地位要么平等，要么不同，但有些也可能是亲密的人。亲密的人是几乎没有什么社会距离的个体：孩子和父母、配偶、伴侣、密友等等。亲密的人之间地位可能是平等的，也可能是不平等的。例如，父母在权力等级上高于子女；配偶可以是平等的，也可以是完全不平等的，这取决于他们之间是否存在权力不平衡。个体之间是否亲密也会影响他们的

交流方式。亲密的人之间经常会使用亲昵的词语:

Oh **honey** I miss you.

(SBCSAE)

How are you my **little-one**?

(ICE-GB W1B-001 043)

Come here **sweetheart**.

(BNC GYD 93)

Could I beg your indulgence, my **dear**?

(SBCSAE)

他们谈话的话题也会有所不同。与非亲密的人相比,亲密的人更有可能谈论家庭、健康和遇到的问题。例如,下面的对话只会发生在亲密的人之间,因为它涉及的是非常私人的话题:家庭问题、自杀、离婚和再婚。

Speaker C: Is that why he changed his name because he was going to be picked on?

Speaker A: Yeah ... because of his name but also because just the kind of person he is; he's just a, he's a very unhappy kid.

Speaker B: Well, Susan got remarried and they moved and all the stuff was happening.

Speaker A: Then his father committed suicide.

Speaker B: Yeah, so they figured this would be a good thing for him to kind of like have a new start for himself; he can go to his new school but it didn't work.

Speaker A: He still got picked on.

(SBCSAE)

随着说话人之间的社会距离的扩大,对礼貌地使用语言的要求也就越高:例如,称呼老板为 sweetheart 可能会被认为是非常不恰当、非常不礼貌的,除非老板和员工彼此很熟悉,而且随着时间的推移,他们之间形成了一种密切的关系。

很明显,人们使用的词语和他们讨论的话题在很大程度上取决于他们的社会关系:他们是地位有差距的人,是地位平等的人,还是关系亲密的人。然而,在许多语言中,这些关系也会影响第二人称代词的选择:即所谓的 T/V 的区别。这一区别的名称来自法语中的代词 tu 和 vous,这两个代词分别用于非正式和正式语境中:在说话人之间的社会距离较小的情况下用 tu,在社会距离较大的情况下用 vous。然而,英语中没有这样的区别:在所有的语境中都用代词 you,而不管说话人之间有怎样的权力关系或社交距离。在历史上,英语一度有过区分。正如 Blake (1992:536)指出,虽然有些不合逻辑,在中古英语时期,thou 和 thee 被用来表示"亲密或轻蔑",而 ye 和 you "是中性的和礼貌的"。到早期现代英语的时候,人们不再做这样的区分,使英语成为印欧语系中唯一缺乏第二人称代词非正式和正式区别的语言。

不礼貌的程度,威胁面子的行为以及策略

虽然权力关系和社会距离是影响语言使用者礼貌程度的重要因素,但说话人愿意在多大程度上做出威胁面子的行为也是一个需要考虑的重要因素。如果我有一位客人来吃饭,待的时间过久了,我可以只说 You've been here long enough。如果我不在意说出非常不礼貌的话,我就说 Leave! 然而,在大多数情况下,人们都会让这样的话显得不那么直接,使用一些能表达他们意图但更间接的方式:I have to get up early for work tomorrow. Let's call it a night and get together again really soon. 这句话和上面那句话的区别直接与 Leech 的通过得体准则表达的"得体"这个概念相关，得体准则是构成他礼貌原则的六条准则之一。

在 Leech 看来，得体性有两个极：

负极：使 h（听话人）的受损最小

正极：使 h 的受益最大

得体准则反过来也适用于 Searle 的两个言语行为：试图让某人做某事的指令（I order you to …）；不那么普遍的承诺，即让说话人承诺做某事（I promise to …）。这些范畴中的每一个言语行为构成了 Leech 所描述的受损—受益等级的梯度变异，因为听话人完成这句话所要求的内容受损很高，而受益很低。相比之下，祈使句 Have another sandwich 遵循了得体准则，处于合适的礼貌等级：听话人的受损极低，而受益很高。

当然，一个话语在受损—受益等级上的位置是由语境而不是话语的特定形式决定的。例如，假设两个人一起准备一顿饭，其中一个人问 What should I do next，另一个人回答 Peel the potatoes，这是非常合适的，不会显得太直接而不礼貌。但在互相交流过程中，说话人确实要依赖各种策略来减轻说话的直接性：

（1）指令的直接性可以通过几种表达方式来减轻，帮助"软化"指令造成的强制性。这些表达包括 *please*：

Let's get started. Quiet **please**.

(MICASE LEL115JU090)

Sit down **please**, on your bottom.

(BNC F72 522)

Okay folks step right in the elevator **please**.

(SBCSAE)

excuse me：

Excuse me you don't have a stapler like behind the desk that I could use?

(MICASE SVC999MX104)

以及 *thank you*（或其简短形式 *thanks*）：

Thank you for not smoking.

What are the cheapest seat tickets? I suppose getting tickets for the Oxford game is going to be out of the question? **Thanks** in advance for any help, Andy K.

(BNC J1C 1089)

除了上面的用法，excuse me 和 thank you 都还有其他用法。excuse me 用在说话人希望对自己给他（她）造成不便时表达一种温和道歉的语境中。

Excuse me I've got a rather heavy cold.

(BNC FUU 116)

Oh sorry about that **excuse me**.

(MICASE LAB175SU026)

thank you 用于指令中在语用学上感觉有些怪怪的，因为它典型的用法是对已经完成的某个行为表示感谢：

Yes, **thanks** very much for that information.

(BNC FMP 817)

但是，在指令中，说 thank you 是期望听话人实际上会做指令要求的事情。因此，在 thanks in advance 这个表达中用了 in advance。

(2) 英语有一种程式化的一般疑问句,以情态动词 could 或 would 开头,相当于祈使句,可以用来表示礼貌的请求。

okay I'll give you a minute or two to fill out these forms for Deborah, and uh, then we'll get started. um okay uh guys **could you** pass them uh this way?

(MICASE LEL220JU071)

Could you ring her back when you've got a moment?

(BNC AOF 257)

Would you look at page forty-three?

(ICE-GB S1B-061 068)

为了进一步减轻这些结构中的指令性特征,可以加上 please 以及某些类型的状语,比如 possibly 或者 perhaps:

Marilyn, **could you please** answer that?

(ICE-GB S1B-009 103)

So **could you possibly** backdate it to Monday?

(BNC H50 12)

(3) 说话人可以用比上面给出的程式化问题更间接的结构来表达他们的意图。Brown 和 Levinson(1987)指出,他们可以不遵循常规,通过给听者"暗示"或"故意模糊或使用歧义"(214页)从而"带来会话含意":话语中不是公然说出的附加含义。例如,如果一个室友要求另一个人帮忙搬沙发,得到的回答是 After I'm done with my coffee,几分钟后请求帮助的室友可能会说 Are you done with your coffee yet? 这个问句提醒她的室友是时候该搬沙发了,这种方式不会给她的室友带来面子上的威胁。

下面的例子可以解释为是对"关闭窗户"(Brown &

Levinson 1987:215)或打开暖气的请求,尽管这句话可能只是一句简单陈述事实的陈述句。

  It's cold in here.

  下一个例子通过使用一个没有执行者的被动动词和一个略带歧义的实意动词 expected,避免了直接命令游泳队成员参加练习。

  Attendance is expected from all swimmers.
  (Memo,YMCA,Cambridge,MA,January 24,2007)

  expected 是不是意味着游泳队员必须参加练习呢?这是故意使用歧义从而避免坚持要求游泳队员来练习的这种潜在的威胁面子的行为。

  下面的例子是几个侍者在一个接待宴上对聚在一起吃着开胃菜喝着葡萄酒的一群人说的话,他们的话是一种间接让他们坐下吃饭的方式:You're invited to sit down for dinner. 服务员与客人之间权力关系的不同,显然导致了话语的间接性。尽管下面的两个例子远远没有上面的例子那么间接,但它们还是试图减轻要求服务员再拿些葡萄酒来,或者要主人为客人提供一杯咖啡的那种强制性:

  We're going to need another bottle of wine.
(编造的例句)

  I wouldn't mind some coffee actually
(ICE-GB S1A-045 214)

  虽然听话人无疑能正确地理解上述例子的意图,但话语越间接,听话人不能推断出正确含义的可能性就越大。但对许多说话人来说,这是一个值得冒的风险,因为他们宁愿被误解,也不愿说出不那么得体的话。

其他种类的礼貌

得体并不是激发使用礼貌语言的唯一考虑因素。还有其他的动力因素。对恩惠的感激(无论是接受的还是拒绝的)和恭维通常都是通过 thanks 这个词位的各种变体来表达的。在下面的例子中,对接受恩惠的感激是通过使用动词 thanks 以及表达行为 thank you 和 thanks,常常用 very much 这样的状语来加强语气。

I'd like to **thank** my wife Rachel for her kindness and her loving support and understanding of the husband that at eight o'clock goes back to his office five nights a week, and to Hannah and Jeremy.

(MICASE COL200MX133)

Thanks very much indeed for your call Nelly.

(BNC FX5 329)

Thank you Mister Smith for calling Pacific Bell.

(SBCSAE)

如果给别人东西遭到拒绝,受赠人就处于一种尴尬境地,因为拒绝别人的慷慨有可能会导致威胁面子的行为。在下面的例子中,表达行为 no thank you 或 no thanks 明确表示了受赠人的感激从而帮助减轻了威胁面子的行为。第二个例子中的说话人实际上解释了为什么他拒绝提供给他的橙汁,从而进一步减轻了威胁面子的行为。

Speaker A: Do you want any more cake?
Speaker B: No thank you.

(BNC JBB 591)

Speaker A: Juice, Warren?

Speaker B: No thanks, I can't drink OJ anymore.

(SBCSAE)

恭维也会让恭维的对象感到尴尬,因为它们与 Leech(1983:136—138)的谦虚准则背道而驰,它规定说话人应该"尽量缩小对自己的表扬,尽量夸张对自己的批评"。可以用 thank you 以及其他交际策略来减轻违反这个准则的行为。例如,在下面的例子中,说话人感谢某个曾经对他的商业管理表示赞赏的人。不过,除了简单地表示感谢外,他还试图将自己的成就最小化,把恭维当做"太慷慨",并说其他公司也做了类似的工作。

Thank you. Well, thank you for the kind remarks. I think they're perhaps, if anything too generous because er, I will remind you as I said of the, at least three hundred companies who are doing pretty effective work in this area.

(BNC JNL 92)

除了谦虚准则,Leech(1983)还描述了其他需要不同程度礼貌的交际行为。他的慷慨准则——"尽量减少对自己的益处,尽量扩大自己付出的代价"(133 页)——解释为什么虽然把某物借给某人是完全可以接受的(下面的第一个例子),但是如果人们想要某人把某物借给他们,他们就必须使用一些大大缓和的形式,如第二个例子中末尾的 please 和 I promise I'll pay you back。

Well see, if you're desperate for a machine I'll **lend you** one something to do doodles on.

(BNC KB9 4640)

Do you think you can **lend me** some money, please, I

promise I'll pay you back.

(BNC KP6 2689)

Leech(1983)提出了其他礼貌准则,但他的方法却引发了一个重要的问题,以下是Brown和Levinson(1987:4)总结出的对Leech礼貌准则的批评:

> 如果允许我们对语言使用中的每一个规则都总结一条准则,那么我们不仅会有无数的准则,而且语用学理论就会不受约束,而不允许承认任何反例。

换言之,如果遇到不符合现有准则的例子,人们就会创建一个新的准则。正如前面一节中所提到的,类似的批评也指向了Grice合作原则的四条准则。

说话人变量

本章迄今为止的讨论集中于一系列语用原则——言语行为、合作原则和礼貌——以及这些原则如何决定人们在不同的交际语境中说话。这种性质的语言使用被James Milroy和Lesley Milroy(1997:50)描述为"语境风格……说话人与语言资源以及说话人在不同时间所处的情景语境之间的关系"。然而,其他变异则更多的是说话人本身所固有的。例如,尽管Could you please pass the salt这种形式比Pass the salt更有礼貌,但研究也表明女性往往比男性更多地使用礼貌语言。因此,性别是众多说话人变量之一:说话人独有的特征影响他们如何使用语言。其他说话人变量包括地域流动性、年龄、社会阶层、族裔、教育和社交网络。说话人变量的研究是社会语言学研究的基石——社会语言学是语言学中关注语言中社会变异的一个研究领域。

虽然说话人变量似乎是一些相互排斥的范畴,但它们有相当大的重叠性。虽然年龄与社会阶层没有关系,但社会阶层与教育的关系却更为明显,因为一个人的社会阶层往往决定他/她所受的教育程度。此外,有些变量非常难以定义。在做针对性别的社会语言学评论的时候,Cameron(1995:15—16)说:

> 虽然社会语言学可能会说,我使用语言的方式反映或标记了我作为一种特定的社会主体的身份——我说话像一个白人中产阶级妇女,因为我(已经)是一个白人中产阶级妇女——这一批评表明语言是构成我作为一种特定主体身份的因素之一。社会语言学认为你的行为取决于你的身份;批评理论认为你的身份(别人所认为的你的身份)取决于你的行为。

换句话说,女性说话更礼貌是因为她们是女性,还是礼貌的语言用法将她定义为女性?此外,性别不仅仅是一种生物学现象;它也是一种意识形态,与性别身份密切相关:一个人是异性恋、男同性恋、女同性恋、双性恋还是变性人。因此,当社会语言学家说男性和女性如何使用语言时,必须认识到他们的结论反映的性别对语言用法的影响过于简单。

但是,尽管有这种简单化以及说话人变量固有的复杂性,然而,人们的说话方式还是受到定义他们的说话人变量的影响。为了提供具体的例子说明说话人变量在语言用法中的作用,本节探讨它们如何影响两个虚构的人的说话风格:Michael A.,一个18岁的白人男子,居住在马萨诸塞州的昆西和 Teresa B.,一个42岁的非裔美国人,居住在佐治亚州的亚特兰大。

Michael A.

Michael A.一生都住在昆西,这是多切斯特(Dorchester)以南的郊区,也是波士顿众多住宅区之一。20世纪70年代末,他的父母从波士顿的查尔斯敦(Charlestown)社区搬到昆西,当时有大量的白人从波士顿迁到南部海岸的许多社区。虽然Michael A.计划在高中毕业后申请当地的社区学院,但他的父母和哥哥姐姐都没有上过大学。Michael A.的父母都是波士顿爱尔兰移民的第二代子女。他的父亲是一名电工,他的母亲是马萨诸塞州一个市法院的书记员。Michael A.说话带有当地人所说的波士顿口音。例如,他一般说话不带卷舌音 r:他不总是发元音后的/r/,即同一音节中元音后的/r/音。因此,像 never 这样的词他通常会发/nevə/而不发/nevəʳ/,因为这个词的最后一个音节包含元音/ə/(通常称为中元音);在这种语境下,后面的/r/可以选择性地去掉。

Michael A.说话不带/r/是因为他居住的国家所在地区和他所在的社会阶层。这种发音仅限于美国东部沿海地区,主要是出于历史原因。马萨诸塞州是美国最早被殖民的地区之一,而最初的殖民者也带来了他们的说话模式,在本例中就是省略了元音后的/r/。具有讽刺意味的是,在现代英国英语中,Michael A.的发音却是标准的英式英语,所谓的 RP(标准发音)。然而,在美国,不发音的/r/模式有着完全不同的地位。正如 Labov 在 1962 年进行的经典研究"纽约市百货商场的社会分层"(见 Labov 1972)中所记载的那样,说话人的社会阶层与他或她的元音后/r/的发音之间存在着直接的联系。

Labov 得出这一结论的方法是,从纽约市三家不同的百货公司工作的员工那里获得元音后/r/的发音,这三家百货公司拥有不同的威望:萨克斯第五大道(威望最高),梅西百货公司(中等威望)和克莱茵(最低威望)。Labov 是通过例如考查这些商场里可比商品的成本以及商场在纽约当地报纸上刊登广告的目标受众来确定这些排名的。然后调查人员来到商场,要求售货员把他们带到一个楼层——都是四楼——在那里可以找到某个特定的商品。调查人员记下售货员在两种语境下 fourth 的发音:随意风格(对调查人员第一次询问商品所在楼层的回答)和谨慎风格(当调查人员第一次询问之后接着说"Excuse me?",迫使售货员给出更刻意的发音)。Labov(1972:51)发现,在三家百货商场中/r/音的使用有着清晰一致的分层,元音后/r/的发音在萨克斯(威望最高的商场)出现的概率最高,在克莱茵商场出现的概率最低。通过类比,Labov 的发现可以推测出波士顿的情形,在那里,去掉元音后/r/的发音是一个社会标记:识别一个人作为特定社会阶层成员的语言习惯(在本例中就是一个具体的发音)。在波士顿(以及整个马萨诸塞州东南部),元音后/r/不发音的模式与工人阶层有关。因此,与一个在马萨诸塞州东南部出生长大的中产阶级的人相比,Michael A. 说话中元音后的/r/不发音的可能性更大。具有讽刺意味的是,Michael A. 的发音一度与上流社会的说话方式相联系。波士顿绅士是前英国殖民者在马萨诸塞州的后裔,他们对自己的英国口音感到非常自豪。但这个阶层的人在波士顿早已绝迹,人们对普遍的英国说话模式的肯定态度也已消失。Labov(1972:64)在纽约市也记录了这一趋势。第二次世界大战之后,纽约市的"亲英传统"开始衰落。

因为 Michael A. 的年龄,他跟他的父母说话方式也不同。虽然他熟悉许多区域性词汇——tonic 的意思是"软饮料"或者

spa 用来指"便利店"——但他实际上并不使用这些表达,因为他知道这些词主要是"老年人"使用的。年龄是跟踪语言变化或研究显像时间现象的一个重要的社会变量:根据说话人的年龄而形成模式的语言结构。在编写《美国地区英语词典》(DARE)的工作中,Hall(2004:105)发现在决定说话人使用的地区性词汇中,年龄是最显著的社会变量,"因为地区性词汇反映了我们文化中最基本的变化"。对于 Michael A. 来说,较老的词汇使他想到一个较早的时代,而不是他所生活的当代。Michael A. 想变得与"当代"保持一致的愿望也反映在以下这个事实中:他和其他年轻的说话人比年长的说话人更可能使用俚语。俚语虽然有许多通俗的定义,但在语言学中俚语被认为是一种群体内部语言:20 世纪三四十年代的爵士乐时代使 cool 和 hip 这些俚语变得流行;在 20 世纪 60 年代,像 goovy、far out 以及 bummer 这些表达渗入"嬉皮士"和"花童"文化。Michael A. 和他的朋友们从嘻哈文化中汲取词汇,嘻哈文化在音乐和电影中贡献了以下词汇,如 bling bling(名词"精致的珠宝")、def(形容词"优秀的")以及 catch a case(动词"被捕")("说唱词典",www.rapdic.org/Main_Page,2008 年 6 月 6 日检索)。俚语可能是非常短暂的:它是当下的语言,随着使用者从青春期到成年,它往往会消失。

  Michael A. 使用的语言也跟他的性别有关。虽然他用 like 这样的话语标记语,但他使用的频率低于同龄女性。like 在英语中有很多功能:它可以是动词,意思是"enjoy"或"be fond of"(I like chocolate brownies; I like classes in English literature);它也可以是介词,意思是"similar to"(Many people like my father retire early)。然而,作为一种话语标记,like 并没有明确界定的意义,但在所使用的语境中具有特定的功能。在下面的

例子中,like 的频繁使用可以"指示话语单位之间的顺序关系"(D'Arcy 2007:394):

> to kids the only consequence **like** of stealing is getting, what they're stealing. **like** there's no **like** punishment and for the kid **like**, shooting that girl to him he was **like**, repaying her for hitting him cuz I think that was what the thing was…
>
> (MICASE DIS115JU087)

like 的这种用法是 D'Arcy(2007:392)所说的 like 的"白话"用法的四种情况之一——like 在这些情况下的用法比 like 当做动词表示 enjoy 的意思时的用法要严格得多(作为动词是大多数说英语的人都会使用的)。虽然男性和女性都用 like 作为话语标记,但在女性的说话中比在男性的说话中更常见(D'Arcy 2007:396);虽然在 20 岁以下的人说话中出现的频率更高,但年龄较大的人(即使是 80 岁的人)也使用它(D'Arcy 2007:402)。like 的这种用法已经遍及全球,从北美延伸到爱尔兰和英国等国家。例如,Anderson(2001)发现,在伦敦青少年英语语料库(COLT)中,使用 like 次数最多的是较高阶层的青少年,而大多数讨论 like 的文章都注意到它在白人中的使用远远多于在其他种族群体的使用。

这些研究结果表明,通常没有一个说话人变量可以充分解释一个特定语言项目的使用:一个变量与另一个变量是共同起作用的。但是,尽管变量具有重叠的性质,一些变量(如种族)太强大了,它们本身就会对语言使用产生重大影响——这一点将在下一节中详细介绍。

Teresa B.

Teresa B.住在佐治亚州亚特兰大市。与美国大多数城市不同,根据 2000 年的人口普查数据,亚特兰大的大多数居民(61%)是非裔美国人。虽然亚特兰大有许多与美国大多数城市地区相似的问题——其中 21%的人口生活在贫困线以下,39%的家庭由单身女性主导——它有一系列社会阶层和一个被广为认可的非裔美国人构成的中产阶级,Teresa B.是其中一位成员。虽然她的父母都没有上过大学,但他们能够创办自己的企业,搬出亚特兰大市中心的贫困地区,从而为自己和他们的女儿(他们唯一的孩子)提供舒适的中产阶级生活。Teresa B.上不错的公立学校并就读于埃默里大学,在那里她获得了会计学位并最终获得了 MBA 学位。她说的是英语的一种变体,通常被称为通用美国英语(GA)。

通用美国英语是一种不把个人与美国一个特定的地区、种群或社会阶层相联系的一种口音。在电影《美国语言》(American Tongues)中,Ramona Lenny 通过描述为什么像她那样的人在记录援助呼叫号码时必须说它来定义这种口音:

> They [telephone company officials] were looking for generic speech. Or some people call it homogenized speech. Speech that would float in any part of the country and didn't sound like it came from somewhere in particular, perhaps the voice from nowhere.
>
> (Romona Lenny,《美国语言》(American Tongues))

例如,要想让别人听起来识别不了他们从哪个地方来,说通用美国英语的人必须确保他们说的话包含元音后的/r/音,这样他们的发音听起来就不像来自东海岸,而且他们必须在像 fight 和 write 这些词中用双元音/aɪ/,而不是拉长的/ɑː/(相当于 father 中的第一个元音),这样他们听起来就不像是说美国南部英语的某种变体。

通用美国英语只不过是一种说话方式,避免用被人贬低的说话模式来识别说话人。

作为一名职业人士,Teresa B. 要与许多其他中产阶级职业人士打交道,既包括非裔美国人也包括白人。她的许多白人同事经常评论她说话是多么"清晰"——这是一种暗语,表明这些人意识到这样一个事实,那就是 Teresa B. 不说非裔美国白话英语(AAVE),而非裔美国人则普遍缺乏良好的语言技能:Clemetson(2007)评论说,"当白人使用 articulate 这个词来谈及黑人,它往往带有一种惊愕的潜台词,甚至困惑,这就像用'强硬'或'一个理性决策者'来称赞一位女高管或政治家"。Teresa B. 敏锐地知道这种对她,对她说话方式以及总体上对 AAVE 的态度。

在语言学家中,AAVE 的语言地位一直存在争议。有些人认为它起源于克里奥尔语——说着彼此无法理解的西非语言的奴隶同说着各种英语的奴隶主和奴隶贩子之间接触的产物。而另一些人则认为 AAVE 只是美国南部奴隶和奴隶主之间接触而产生的一种英语方言。在公众中,对 AAVE 一直存在争议并呈两极分化,特别是自 20 世纪 90 年代中期以来对黑人英语的争议。这场争议起源于 1996 年加州奥克兰教育委员会宣布 AAVE(他们称之为"Ebonics")是一门单独的语言,应该在奥克兰教授,让讲这门语言的学生了解它的结构,并帮助他们学习标准英语。这一决定在教育工作者、政治家和记者中引起了巨大的骚动，以至于奥克兰教育委员会不得不废弃这一决议。

要理解 Teresa B. 在说话时必须面对的复杂态度和语境，有必要援引社交网络的概念。Milroy 和 Gordon（2003：117）将社交网络描述为"与他人建立的关系的总和，这是一个无边无际的关系网，通过（有时甚至是遥远的）社会空间和地理空间将许多人联系在一起"。Teresa B. 和 Michael A. 有着截然不同的社交网络。Michael A. 的网络相对来说是封闭的，主要限于他的家人、朋友、邻居和同事——每天都和他们打交道的人。Teresa B. 的圈子更大一些，她和这些人的交往远没有那么亲密：她偶尔和同事们交往，虽然她住在自己出生的城市，但她不再住在她成长的社区。她经常回家与家人和朋友见面，但不像 Michael A. 那样与他们有直接的近距离的联系。她还经常出差到美国各地的许多城市，这进一步扩大了她的交际圈子和地理流动性。

因为 Teresa B. 必须在许多不同的语境中与人交流，所以她非常善于改变风格：根据她所处的社会环境来调整她说话的方式。但她也为这种语言上的灵巧付出了代价。作为一名非裔美国人，她不得不认真对待 AAVE 在非裔美国人社区内和更大的社会中地位的争议。在非裔美国人中，人们对 AAVE 的态度各不相同。Rickford（2004：199）评论说，虽然 AAVE 在 20 世纪 60 年代到 90 年代后期在非裔美国人社区中被引以为豪，但随着黑人英语的争论（本节前面描述过），人们对 AAVE 的态度变得更加消极了。例如，非裔美国喜剧演员 Bill Cosby 对 AAVE 做出了非常负面的评论，正如 Dysen（2005：72）引用的他的话，说 AAVE 的人"不会说英语"和"[不]想说英语"。Dysen（2005：72）本人对 AAVE 的评价很高，他认为 AAVE"有优美的节奏、感性的音调、动感的节奏、清晰的发音，以及形成黑色方言声音的表达特性"。

Teresa B. 从很小的时候就意识到了她非常矛盾的语言身份,但随着她接受的教育越多,越来越多地接触到不同的社会群体,她已经敏锐地意识到了语体的变化——不同的语境需要使用不同的语言——而且她变得非常擅长语体的转变。Bell (1984:145)把语体变异描述为说话人内部的变异,因为它"指单个说话人讲话中的差异",而不是说话人之间的差异。他提出了一种解释语体变异的受众设计模型,该模型由以下几种人组成:说话人、听话人、旁听人、偶然听话人或偷听人。

Bell(1984:160)声称,当说话人转换说话风格时,他们主要是对听话人,也就是他们直接与之谈话并完全参与谈话的人做出反应。次要参与人包括旁听人,即不是直接的说话对象但是完全参与谈话的人;偶然听话人是说话人所认识的人,但不是参与谈话;偷听人,他们没人认识也不是参与者。对风格转换的其他影响包括正在讨论的话题和交流进行的特定场景。因此,当 Teresa B. 在她工作的公司的一次商务会议上做汇报时,她转换说话风格首先是为了回应她的部门经理,也就是她的直接主管;其次是她的同事;对于部门做记录的秘书,一个在会上无足轻重的人,她为之转换说话风格的可能性是最小的(如果有的话)。场景——也就是一次会议——以及主题(一场正式的汇报)将使 Teresa B. 比跟她的主管一对一的交谈时更需要提高她说话的正式程度。

语体变异与社会变异密切相关,当说话人转换语体时,他们更有可能在正式程度上提升,而不是下降:Michael A. 更有可能在更正式的语境中说话时加上元音后的/r/;如果 Teresa B. 去波士顿,发现跟她一起的人说话时不带元音后的/r/,她不太可能去掉元音后的/r/。Allan Bell(1984:152)评论说,这种"模式的一致性很明显,出现在一个又一个的研究中"。

本章小结

　　交流不仅仅是对句子或话语中的单词进行解码然后决定其意义的产物。任何父母都知道,当孩子吃完一块点心之后说 Dad, I'm still hungry,孩子并不是简单地做陈述:他是在要求更多的食物。父母得出这一结论的依据是来自社会语境本身的信息,而不仅仅是话语中的单个词。为了正确理解这句话的意思,父母必须理解孩子话语的言外之力:孩子在说这句话时的意图。在确定孩子发出指令时,父母会利用大量的语境线索,特别是他多次在儿子吃完点心后听到同样的话这一事实。

自学活动

1. 将左栏中的结构与右栏中与其相关联的言语行为匹配起来。
   (1)英语起源于英国。　　　　　　a. 陈述行为
   (2)我保证做这项工作。　　　　　b. 命令行为
   (3)我宣布会议开幕。　　　　　　c. 承诺行为
   (4)别花太长的时间。　　　　　　d. 宣告行为
   (5)对不起,我把杯子打碎了。　　 e. 表达行为

2. 区分 I wouldn't mind another glass of wine 的语法意义和它的语用意义。在讨论该陈述的语用意义时,请简要描述该陈述可能发生的背景。

3. 下面会话中哪些表达是话语?哪些是语法规范的句子?解释你的选择。
   　说话人 A:I really like chocolate ice cream.
   　说话人 B:Me too. My second favorite flavor is vanilla.

说话人 A：I don't care for vanilla. Too tasteless, in my opinion.

说话人 B：Really? I think it has great taste.

4. 讨论下面列出的言语行为是直接言语行为还是间接言语行为。

(1)老师对她的学生说："Please leave your papers on my desk."

(2)一个人对另一个坐在通向后院的敞开的门边的人说："Lots of mosquitoes are getting into the house."

(3)儿子对母亲说："I'll take out the garbage later."

(4)一位客人宴会上对另一位客人说："Could you please pass the butter?"

5. 两位说话人（Fred 和 Hazel）正在说另一个人的闲话（Christine）。

Fred 说："Christine is always late for work. I think she's going to get fired. She's a totally irresponsible worker." 看到 Christine 正走过来，而 Fred 没有意识到这一点，Hazel 说："Do you think it will rain later today?"

(a)Hazel 违反了合作原则的哪些准则（数量、关系、方式和质量）?

(b)这种违反行为的会话含义是什么？也就是说，Fred 有可能从 Hazel 的话中读到什么额外的信息？

6. 讨论正式书面英语的惯例如何要求作者遵守 Grice 合作原则的各个准则。

7. 在下面的谈话中，一位图书馆的读者把报纸拿到图书馆发行处，这些报纸是图书馆的，但被违反图书馆的规定带到了图书馆的外面。讨论读者和图书馆工作人员遵守或不遵守 Leech

(1983)礼貌原则的程度。

图书馆读者：I found these newspapers in the administration building. They're addressed to the library, so I thought they must be yours.

图书馆工作人员：Well, if you have the time, you could take them up to the 4th floor, or you could just leave them here.

图书馆读者：You can throw them out for all I care.

8. 父亲对孩子说："Put your toys away now!"

    (a) 孩子和父亲是平等的还是完全不平等的？

    (b) 父亲是否违反了礼貌原则中的任何一条准则？

9. 为什么年轻的人比年长的人更容易使用俚语？

拓展阅读

对语用意义与语法意义概念的早期讨论：J. L. Austin, *How to Do Things with Words* (Oxford University Press, 1962)；

对言语行为理论的综述：J. Searle, *Expression and Meaning* (Cambridge University Press, 1979)；对合作原则的概述：H. P. Grice, *Studies in the Way of Words* (Cambridge, MA: Harvard University Press, 1989)；

对语用学研究的综述：S. Levinson, *Pragmatics* (Cambridge University Press, 1983)；

关于礼貌原则的两种不同的看法：P. Brown and S. Levinson, *Politeness: Some Universals in Language Usage* (Cambridge University Press, 1987) 和 G. N. Leech, *Principles of Pragmatics* (London: Longman, 1983)；

从社会语言学的角度对社会变量和其他问题的讨论:F. Coulmas, ed., *The Handbook of Sociolinguistics* (Oxford and Cambridge, MA: Blackwell Publishers, 1998).

第四章 语篇结构

本章预览

前一章描述了社会环境是如何影响人们交谈和写作时的单词选用与形式选择。

本章重点介绍另一种不同类型的语境——语篇语境,以及它如何影响语言的结构和使用方式。当说话者或作者创造一个文本时,他们使用的语言资源——例如,将单词放在一个句子中什么地方,或者如何组织他们的谈话或写作——都取决于许多因素。例如,如果两个人正在进行随意的对话,他们所说的将被分为话轮:一个人先说,然后是另一个人接着说,说话双方都会观察说话人在轮流说话时的习惯。

关键术语

连贯(Coherence)
衔接(Cohesion)
交际动力(Communicative dynamism)
末尾焦点(End-focus)
新信息和旧信息(New and given (old) information)
语域(Register)
语篇(Text)
结构的统一(Unity of structure)
组织的统一(Unity of texture)

引　言

　　研究语境对语言使用的影响与文本概念密切相关。虽然大多数理论家都认为文本是大于句子的结构,但是文本应该如何定义是非常"依赖理论"的(Titscher *et al.* 2000:20)。对于话语分析者来说,文本既是语言学的又是社会文化的结构。因此,在《话语分析手册》(*The Handbook of Discourse Analysis*)的前言部分,编者用言语和非言语两种方式描述了一个文本(或一种话语,就像他们所说的那样)是"超出句子的任何东西……[涉及]语言使用……[这是]更广泛的社会实践[的产物],包括非言语和非特定的言语实例"(Schiffrin, Tannen, and Hamilton 2003:1)。例如,在这个框架内,报纸文章不仅仅是以符合新闻英语标准的方式构建和使用句子集合,也是整个媒体固有的社会实践的结果。认知心理学家 Teun van Dijk 和 Walter Kintsch

在他们的经典著作《话语理解策略》(*Strategies of Discourse Comprehension*)中根本没有考虑文本的社会维度。相反,他们从认知层面将文本界定为微观结构和宏观结构:"文本的局部结构"与"全局结构"(Kintsch 1998:50)。从这个角度来看,报纸文章包含一系列由各种固定结构组合而成的句子(其微观结构),这些固定结构又包含标题、引语(其宏观结构)等更大的结构。因此,读者需要利用他们对报纸文章构成的知识以及句子在文章中的结构来解读报纸文章。

语言学家 Michael A. K. Halliday 和 Ruqaiya Hasan 提出的语篇的概念与 van Dijk 和 Kintsch 提出的相似,但在描述语篇特征时,他们采取了功能性而非认知性的方法。对于 Halliday 和 Hasan(1985:52)而言,语篇是一个功能单元,因为它代表"在某些上下文中做某事的语言,而不是孤立的单词或句子"。为了捕捉语篇的功能性,他们提出语篇具有两个主要特征:结构统一和组织统一。结构的统一与语域密切相关。报纸文章属于更普遍的新闻英语,然而新闻英语又包含许多子语域,如新闻报道、体育报道、社论和特约评论。这些子语域都包含具有相似总体结构和某些语言特征的语篇。而这些语言特征,如某种词汇或特定语法结构,又是某些语域所特有的,不能用在其他的语域中。如上所述,新闻报道包括标题、导语,以及另外的大量的语言结构,例如经常使用的专有名词(新闻报道中讨论的人的名字)和相对较短的句子。这是因为报纸必须吸引广大读者,必须避免使用学术文章等其他语域中经常使用的复杂结构。

语篇具有语境,因为它们包含许多语言标记,Halliday 和 Hasan(1985:73)将这些语言标记称之为"纽带"——将语篇的两个部分连接在一起。例如下面这则随意对话的摘录。对话一开始提及了"书",然而,随着语篇的展开,"书"利用各种纽带回归对话:

两次使用"书"的复数形式以及"书"的第三人称复数代词"它们"。

> yeah, I think that it's good practice to just kinda write questions in a **book** I always mark my **books** I mean it's a shame if you plan on selling them back, you know right but I always write in my **books** and keep **them** as long as I want
>
> （MICASE ADV700JU047）

诸如此类的连接词将上下文衔接起来，从而达到最终的连贯性：一个高度衔接的语篇，结构清晰，意义明了。光靠衔接不一定能最终实现连贯。下面例子中的第二句包含一个衔接标记词——consequently（因此）——表示第二个句子是第一个句子的逻辑结果。

> It is quite cold out today. Consequently, I don't plan to wear a warm jacket.

然而，这个语列并不连贯，因为第二句实际上并不是第一句的逻辑结果：如果说话者说他打算穿一件保暖外套，第二句在逻辑上才更合理。这个例子告诉我们，衔接不一定产生连贯性，除非使用衔接联系来标记文本中已经存在的关系。

语域还是语体？

虽然将新闻英语称为一个语域并将新闻报道作为它的子语域是常见的，但其他术语，如语体和子语体，也常被使用。虽然这些术语经常互换使用，但它们（以及其他术语，如文本类型）是有差异的。正如 Lee（2001）所指出的那样，这些术语使用的混乱，很大程度上是因为术语的定义不一致造成的，且不同的理论流派对这些术语的定义差别较大。例如，文学理论家和语言学家对语体的定义完全不同。在 Lee(2001：46)看来，语域可以通过"与情境（即语言模式）相关联的词汇－语法和语篇－语义模式"定义，而语体则可以由被分类为"文化可识别类别"的文本组成。一方面，课堂讨论是一个语域，因为在该语域中创建的文本具有特定的层次结构，并包含一组通常与语域相关联的语言结构。因为这个语域的参与者借用了苏格拉底式的方法，教师通常会请学生回答问题（What did the author mean in section 3?）。如果学生回答正确，教师会表示赞同并继续问下一个问题；如果他们的回答不正确，不同的教师会采用不同的策略（Not exactly. Does anyone else have an answer?）。该语篇结构在一个课堂中反复重复，产生一组语言结构（例如：问题），这种结构在该类型中比在其他类型的口语语域中更常见。另一方面，课堂讨论也是一种语体：教师和学生在许多文化背景下（例如美国、英国）交谈，而在其他情况下他们则没有，因为在许多教育系统中学生和教师不参与对话：教师只是讲课。由于本节的目标是从纯粹的语言学角度讨论结构的统一性，因此术语"语域"将在整个过程中使用。

正如 Lee(2001：48)所指出的那样，语域在具体化程度上也存在差异，并且通过对不同的语域的分类系统进行比较可以发现更多的差异。如下图所示，语域从普遍层面（例如课堂讨论）的理解与具体层面（例如，课堂讨论、学习小组和学生/教师会议）的理解是完全不同的：

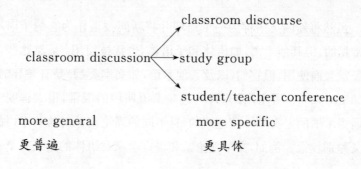

因此，课堂讨论可以被视为更一般的课堂语域的子语域。子语域的概念非常重要，因为研究表明一些语域可能彼此完全不同。例如，Biber(1988:171)发现学术写作(自然科学、医学、数学等)的各个子语域表现出相当大的语言差异。

因为许多语料库旨在包含尽可能多的不同领域的语域，所以不同的语料库既包含了不同的语域，也包含了用于对语域进行分类的不同系统。例如，国际英语语料库(ICE)和英国国家语料库(BNC)以不同的方式对学术写作进行分类(子语域在括号中)：

国际英语语料库(ICE)：书面文本→印刷→信息→学习(人文科学、社会科学、自然科学、技术)(Nelson 1996:30)

英国国家语料库(BNC)：书面文本→学术散文→(人文/艺术、医学、自然科学、政治/法律/教育、社会和行为科学、技术/计算/工程)(Lee(2001:57)对该语域的重新分类，与原 BNC 系统分类有区别)

国际英语语料库系统比英国国家语料库系统的区分更加具体。例如，将学术写作分类为印刷和信息，在英国国家语料库系统中不存在此类别。英国国家语料库系统包含比国际英语语料库系统更多的子语域。虽然这些差异可能显得肤浅，但它们在更深层次上反映了学术写作语域的概念以及它与其他系统的区别。在国际英语语料库系统中，重点放在书面语语域之间的差异：印刷书写区别于非印刷书写(如个人信件)，信息书写区别于教学、说服和创造性写作。在英国国家语料库系统中，整个语域被更广泛地构思，在学术散文的语域中包含了更多的子语域。当然，两种分类系统都存在一定的人为性，因为子语域不一定是离散的：例如，语言学中的大量工作可归类为人文科学和社会科学。然而,这些系统对于研究语言的不同用途如何导致文本结构的差异是有用的。

口语语域和书面语语域

传统上,口语语域和书面语语域被认为是不同的,因为口语表达的使用语境与书面语存在差异。例如,很多的演讲,尤其是即兴的演讲,都是没有预先计划好的。虽然一些写作也没有经过预先计划,例如笔记、电子邮件消息,但是更多正式的写作是经过大量计划的,并且通常会有多次的修改。很多口语都是即时的:在一起交谈的时候,如果一个说话者未能讲清楚某件事,他可以现场予以澄清。写作就没有这样的即时性了:作者必须预测读者的需求,一旦读者收到文本,假如某些内容不明确,作者与读者也无法进行现场交流。然而,如果把所有的口语语域和书面语语域放在一起来考虑,就会发现在口语语域和书面语语域之间存在连续性:一些书面语,例如小说,与口语语域就共享许多特征;一些口语语域,例如小组讨论,也共享了许多与书面语语域相关的特征。Biber(1988)在他的著作《口语和写作差异》(*Variation Across Speech and Writing*)一书中令人信服地证明了这一点。

Biber(1988)首先使用统计测试因子分析,以确定哪些语言结构可能在英语口语语料库和英语书面语料库两个语料库中共存,这两个语料库是 London-lund 英语口语语料库和 London-Oslo-Bergen(LOB)书面英语语料库。Biber (1988:13)做出这一分析是因为他认为如果特定的语言结构可以共同存在,那么它们就会起到相似的语言作用。比如,动词的被动形式和动词的名词化共同存在(即动词 create 可以转化为抽象名词 creation)并非巧合,而是表明这两种结构(也包含其他结构)正在发挥类似作用。在研究了 67 种不同语言项目的共存模式后，Biber(1988:9)根据"变异的连续性而不是离散的极点"两种极端之内的连续机制，创建了六个文本维度。Biber(同上:110)发现名词化(和一般的名词)与下面维度一中的"信息的产生"和维度三中的"明确的参考"相关的文本相关联。动词的被动形式出现的文本具有维度五中"抽象的信息"特征。

维度一：关联的产生 VS 信息的产生

维度三：明确的参考 VS 情景的依赖

维度五：抽象的信息 VS 非抽象的信息

与说明信息产生，展示明确参考和包含抽象信息的语篇相关的语域包括官方文件、专业信函、新闻评论和学术散文。正如 Halliday 和 Hasan 所建议的那样(见上文)，如果将语域视为语言正在执行某些操作的语境，这些分类就非常有意义了。例如，被动的一个功能是强调正在做的事情，而不是强调谁在做什么——这是上述所有语域共享的交际目标。

下面的例子来自一份概述教师职责的大学备忘录，是一个无施动者的被动句(are required)。无施动者的被动是指动作的发出者被省略了。句子的重点在于强调谁负责提供教学大纲，而不在于谁在设定要求：

> Faculty members **are required** to provide a syllabus for each course that they teach.
>
> (Memorandum, Minimum Faculty Responsibilities, University of Massachusetts, Boston)

下一个例子摘自同一备忘录，包含四个名词化结构。Biber(1988:104—108)认为：高度名词化的结构信息量更大。因而，备忘录使用了 have the obligation 这个表达法，而没有使用与之对等的动词形式 are obligated。

>Faculty members have the obligation to restrict the administration of final examinations to the official examination period.

Biber(1988)提供了许多与上述维度以及其他三个维度相关的语言结构的例子。例如，随意交谈更倾向于维度一的关联性而不是信息的提供。这主要是因为当人们参与对话时，他们的目的通常不是交换信息而是彼此互动。因此，他们使用 I 和 You 这样的语言结构，使他们能够实现这种交际目的。

结构的整体性

在讨论语域结构时，Halliday 和 Hasan(1985:39—40)将具有非常固定层次结构的闭合语域与具有更宽松的层次结构的开放语域区分开来。例如，提供服务具有几乎陈规定型的结构。当人们购买东西时，熟食店的培根，卖家和买家每次都会经历相同的例行对话。卖家通常以问候语开头，然后问顾客"What can I get you?"反过来，买方会回复"I'd like..."在卖方记录下了买方的商品后，他或她会问"Will there be anything else?"如果答案是肯定的，卖方将重复上一个流程；如果答案是否定的，那么该对话将会走向结束。这时卖方会说"That will be [gives cost]"，同时伴有某种形式的敬称。语言可能与上面给出的不同，但重点是说话者知道话轮——它是一种固定程式——并且当每次进行这种类型的交易时都要经历这些阶段。

相反，即时对话是组织较松散的语域之一。然而，它们也是有一定结构的，正如 Halliday 和 Hasan(1985:40)所指出的那样:它们"从来都不是完全无序的……[但却拥有]对话策略和意义风格"。例如,演讲者可以突然改变话题,或者重复听众的对话。但这并不意味着对话没有结构:即时对话具有灵活性,但话语的层次结构还是可以分辨的,对话者也能明确何时及如何轮流对话。

为了说明语域在结构的完整性方面如何变化,本节描述了两种口头文本——即时对话和电话对话——以及一个新闻文体的子语域:新闻报道。

口语语域

因为口语是主要的交流方式,所以有必要详细研究一些英语中存在的主要口语语域。图 4.1 列出了国际英语语料库(ICE)归类的不同类型的口语语域。

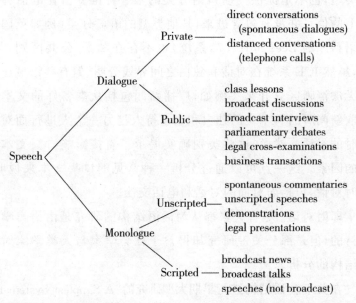

图 4.1 国际英语语料库(ICE)归类的不同类型的口语语域

如图 4.1 所示，话语可以是对话的，也可以是独白的。如果话语是对话性的，那么它将涉及两个或更多个说话者私下交谈，例如在某人家中的晚餐，或公开谈话。如，作为广播或电视采访的参与者。有趣的是，虽然电话被归类为私人对话，但在家庭或工作场所之外使用移动电话已经使这种对话成为半公共话语，自20世纪90年代早期ICE类别创建以来，电话呼叫状态发生了变化。相反，如果对话是独白的，那么它将涉及单独的个人，即席演讲或已经准备好的文稿。例如，律师在法庭审判结束时发表的最终陈述，可能有来自笔记的内容，但总的来说是即时的。另一方面，当一个人发表正式演讲时，他或她可以简单地从准备好的文本中读取，但是实际上这样的文本也许与正式书面文本有些不同。

图 4.1 中不同类型的话语并没有穷尽英语中存在的口头语篇类型，也不是提供英语口语分类的唯一标准。留在电话答录机上的信息并没有包含进来，其他类型的语篇分类（例如英国国家语料库的 Lee(2001:57)系统）也不存在私人/公共区别。此外，虽然ICE系统在对话和独白之间界线分明，但有些语域还时常无法清晰区分开来。例如，广播新闻包括从准备好的文本中读取新闻时的脚本化的独白和当主持人与另一个人进行面对面即时的对话。然而，这些类别确实揭示了直接影响口头文本结构的因素。这一点可以通过分析一种常见的口头文本来说明：即时对话，包括面对面的对话和电话交谈。

即时对话。尽管大家都认为话语结构的研究是由语言学家主持的，但是部分关键研究却得益于社会学家与人类学家对话语结构的分析。

在关于会话结构进行早期大型研究的"A Simplest Systematics for the Organization of Turn-Taking for Conversation"(1974)中，

第四章 语篇结构

Harvey Sacks,Emanuel A. Schegloff 和 Gail Jefferson 等人第一次详细地讨论了面对面交谈的系统特征,提出了说话人话轮转换的概念,并描述了说话者在交谈时是如何轮流参与的。

由于会话分析需要强大的实验基础,所有分析均基于话语描述的转录。一旦开始描述话语,就有必要建立一个描述系统。以下文本摘自圣巴巴拉语言美国英语语料库(SBCSAE)的面对面对话,并附有国际英语语料库(ICE)中使用的话语文本中的标记,SBCSAE 只是其中的部分。虽然存在许多不同的描述系统,但大多数系统都抓住了在下面的对话中注释的基本话语元素。例如,所有系统都将对话分为话轮,并用一些方法标识出谁在说话,在什么时候说话。在下面的示例中,符号＜$ A＞和＜$ B＞用来区分说话者 A 和说话者 B 的语言:

＜$A＞ ＜♯＞ God I said I wasn't gonna do this anymore ＜,,＞ ＜♯＞ Stay up late ＜,,＞ ＜♯＞Kinda defeats the purpose of getting up in the morning ＜,,＞ ＜$B＞ ＜♯＞ I know ＜,＞ ＜♯＞ And it's a hard habit to break

国际英语语料库(ICE)系统使用符号＜♯＞将说话者的说话内容分成若干文本单元,这大致对应于第三章介绍的话语概念(有意义的语言单位)。虽然许多系统没有注释语调的任何特征,但在 ICE 系统中,短暂停和长暂停分别用＜,＞和＜,,＞标记。ICE 文本包含其他类型的注释——例如,标记重叠话语的方式(两个或更多人同时讲话)——但注释的普遍问题是它大大降低了话语文本的可读性。因此,在下面的章节中,注释将被选择性地呈现或以增强可读性的方式改变。表 4.1 包含本节中使用的注释的说明。

表 4.1　国际英语语料库(ICE)中选择用于口语文本的注释(改编自 Nelson 2002)

<$A>,<$B>,etc.	说话人的身份：标记了话轮的开始
<#>	文本单元：描绘一个有意义的语言单元的开头(见"话语")
<O>...</O>	未转录的文字：附上语言外的信息(例如说话者清他/她的喉咙)
<?>...<?>	不确定的转录：转录员不确定说话者说的是什么
<.>...</.>	不完整的词：说话者只说了词的一部分
<[>...</[>	重叠字符串：整个重叠话语序列的开始和结束
<{>...</{>	重叠字符串集：每个发言者的重叠字符串的一部分的开始和结束
<,>	短暂停顿：长度为一个音节
<,,>	长时间停顿：长度不止一个音节
<&>..</&>	编辑评论：转录员的评论
<@>...</@>	更改的名称或单词：出于隐私考虑而使用的新名称或单词
<unclear>...</unclear>	不清楚的词：转录员不能理解说话者所说的话

在讨论个人是如何在谈话中轮流说话时，Sacks, Schegloff 和 Jefferson(1974:700—701)描述了面对面交谈的一般特征。例如，任何对话，最普遍的形式是某一个人单独发言，其他常见

的形式也包括两人或多人同时发言,以及简短重复他人的话语。大多数的即时对话的结构"不是固定的,而是变化的"。例如,对所讨论的主题或轮流顺序(谁在什么时候说话)没有限制;说话者可以尽可能少地说话(一个单词也可以),或者说尽可能多地说话(只要其他说话者能够容忍他们继续往下说)。但是,虽然任何对话都存在差异,但在对话的开始和结束时往往比在对话中部有更多的固定结构。在对话中部,话轮的约定俗成往往是主要的组织原则。

许多文本具有明显可识别的开始和结束。虽然即时对话不需要开场——有时谈话只需要说就可以——但是许多即时对话都是以问候开始的:

<ENV> <#> <O>DOOR_OPENING_AND_CLOSING</O>
<$A> <#> Hi sweetie <,,>
<$B> <#> Hey <,>

(SBCSAE)

例子中起始的注释表示开始时有人开门进入房间并随手关门。然后说话者 A 和说话者 B 互相问候。问候语是一种相邻对,相邻对是一种两部分话语,在这个话语中第一部分引出第二部分。所有的问候语都有两个部分,在这个例子中,对话开始的 Hi sweetie 引出了 Hey。随着对话的进行,说话者也常常问另一方感觉如何:

<$A> <#> Sweetie frumptions <,,> <#> This is kinda open <,,>
<$B> <#> Yep <,,> <#> How was work <ENV> <#> <O>CLOSET</O>

<＄A＞ <＃＞ I'm so tired <,,＞
<＄B＞ <＃＞ Tired
<＄A＞ <＃＞ It was <unclear＞word</unclear＞
<＃＞ It was okay I left my bag there <,,＞ <＃＞ I left my bag and all my money and all my things <,,＞

说话者A刚下班回来，说话者B问说话者A工作如何。在打开衣柜门并(可能)挂上她的夹克时，A回答说她"累了"。A的这一回答引向了讨论A在工作中发生了什么。在许多对话中，这一部分会更加敷衍，一个人会说How's everything？而另一个回复Fine。正如第三章所述，这些话语不一定是字面意思：第一位说话者很可能不想知道第二位说话者的实际感受。但是这种话语在即时的对话中的关键时刻却是必不可少的。而说话者总是在没有太多思考的情况下使用这些话语，主要是因为它们具有寒暄功能。语言的寒暄功能是在说话者之间建立社会联系，而不是传达有意义的语言信息。

打电话——另一种类型的即时对话，具有不同类型的开始。主要是因为这种对话是远距离的，并且打电话的人需要在对话开始时确保找到他们想要交流的另一方。因此，电话交谈的开端是Schegloff(2002:333)所谓的召唤——应答序列的一个例子：一个响铃的电话就是在"召唤"某人参与对话。

应答者如何响应召唤，主要依赖于呼叫的正式程度，以及呼叫者和被呼叫者识别对方声音的程度。在下面的例子中，被叫方接听电话并用"hello"开启对话，这是电话开始的最常见方式，然后来电者问候应答者。在这个时刻，来电者本可以让对方识别出自己(Hi Sean, this is Justin)，但是他没有这样做，很可能是因为他期待(在这样的情况下)被叫者会(正确地)辨识他的声音。

> <$A> <#> Hello
> <$B> <#> Hi Sean
> <$A> <#> Hello Justin
> <$B> <#> You all right
> <$A> <#> Yeah
> <$B> <#> Good good
>
> (ICE-GB:S1A-100 73—78)

然后谈话就像任何即时对话那样进行。

在下一个例子中,被叫方不是说 Hello,而是通过提供其姓名来开始谈话。然后来电者和应答者互相问候,呼叫者没有介绍自己,因为被呼叫者显然辨识出了他的声音。

> <$A> <#> Bill Lewis here
> <$B> <#> Hi
> <$A> <#> Hi <#> How's things
> <$B> <#> OK
>
> (ICE-GB:S1A-096 001—5)

英式英语中可以通过报出一个人的名字开始电话交谈,但美式英语却更多的使用 Hello 来开始。在更正式的语境中,双方都不确定另一方的身份时,也可以运用其他结构来开始电话交谈:

> Callee: Hello.
> Caller: Could I speak with Sue Henderson, please?
> Callee: Yes, speaking.
> Caller: This is Henry Jamison calling.

或者当被呼叫人不在的时候：

Caller: Is Sue Henderson in?

Callee: I'm afraid she isn't here. Could I take a message.

Caller: Sure, tell her that Henry Jamison called.

随着移动电话的普及和呼叫者身份的明确，这些开始电话交谈的类型在使用中变得越来越受限制。因为在拨打或接听电话时，呼叫者或被呼叫者的身份已经是已知的。因此，几乎没有必要经历上面给出的那种"程式性"开场：不是说"Hello"，被叫者可以简单地通过说"Hi, John, what's on your mind?"就开始谈话。

说话者还可以使用特定的策略来结束对话。在下面的示例中，会话的结束由所谓的前置结束语列来预示。说话者 A 说"Good to see you"紧跟着说话者 B 的邀请"Come see me, you know, whenever you're in town"。几个回合之后会出现一系列更为明确的告别：See you 和 Bye bye，然后三个"Okay"确认对话的结束。

<＄A> <＃> Good to see you <,,> <＃> Come see me <＃> You know whenever you're <{><[> in town </[>

<＄B> <＃> <[> I will </[></{> <,,>

<＄A> <＃> And uh <,,><O>in</O> let me know what you get into I'm sure it'll be something fun <,>

<＄B> <＃> I hope so <,,>

<＄A> <＃> I think it will <,,> <＃> See you

<＄B> <＃> Bye bye

<＄A> <＃> Okay <,>

<$C> Okay <,> <$C> <#> Just <,> let us know <,,> if you need anything <,>

<$B> <#> Okay <,>

<$C> <#> Okay

(SBCSAE)

有时,说话者的一方突然希望终止谈话,可能会很困难和尴尬。因此,前置结束语列有助于为会话结束起过渡的作用。

虽然会话开始和会话结束都具有可识别的成分,但是对话的中间——大多数对话发生的地方——却通常不那么有条理。因此,对话的这一部分可能只包括遵循各种话轮原则的说话者。正如Sacks,Schegloff和Jefferson(1974:702)所指出的那样,说话者话轮组成了"各种单位类型":大到句子,小到单词。下面的摘录包含各种结构。例如,第一个话轮包含一个部分的Why引导的疑问句,然后紧跟着这个问题的完整表述。然而,第二轮和最后一轮由短语组成:两个名词短语(all the blood and Katie),一个副词(probably)和一个感叹词(mhm)。

S1: so why is the other picture, why is the other picture more disturbing?

S4: all the blood probably.

S4: yeah I think so. the amount of blood.

S12: yeah I I think like just the fact of like, showing, a notebook and, and something like that just like remnants it's, [S1: mhm] really, grotesque to me.

SV: mhm. Katie?

(MICASE LES220SU140)

Sacks,Schegloff和Jefferson(1974:703)指出,会话开始

的时候,说话人可以引导某一特定单元类型。在单元的末尾,人们可以找到所谓的转换关联位置(TRP),这是一个可能发生说话人潜在变化的接合点。因此,在上述五种结构中的任何一种之后都可能发生说话人的变化。然而,如摘录所示,在转换关联位置中说话者的变化不是强制性的:当前说话者可以继续说话,除非他或她"选择"另一个人说话,或者某一个人不是"自我选择"说话;也就是说,采用一种允许改变说话者的策略。

当前说话者可以通过说出相邻对的第一部分来选择下一个说话者。如前面部分所述,如果一个说话者与另一个说话者打招呼,那么第二位说话者也应该以问候语回复。在下面的交流中,第一位说话者对第二位说话者表示赞赏,这使得第二位说话者就需要对第一位说话者的赞赏表示感谢:

  S2:good to see people still smiling at this time of year.
  S3:yeah <S3 LAUGH> thanks.
(MICASE ADV700JU047)

如果当前发言者向某人询问某个问题,则对方将被迫回答该问题。下面的简短交流由三个问题/答案相邻对组成,最后一个序列里提出了两个问题:Oh do you want some more 和 What do you think。

  <﹩A><#> Mom did you want me to to <,> cook the rest of the of the <,,> the red uh <,><.> tam</.> uh <,,> chilis <,,>
  <﹩B><#> <O> COUGH </O><O> COUGH </O> <,,>
  <﹩C><#> I don't know <,,>

＜＄A＞＜#＞ Where are they

＜＄C＞＜#＞＜.＞＜unclear＞word＜/unclear＞I＜/.＞＜.＞＜unclear＞word＜/unclear＞ I＜/.＞＜,,＞＜#＞ I put the chilis over there or＜.＞in＜/.＞＜,＞ in here ＜{＞＜[＞ already ＜/[＞

＜＄A＞＜#＞＜[＞ Oh do you ＜/[＞＜/{＞ want some more ＜,,＞

＜＄C＞＜#＞ What do you think ＜,,＞

＜X＞＜#＞＜O＞SNIFF＜/O＞

＜＄C＞＜#＞ It's pink enough

(SBCSAE)

如果当前发言者没有明确下一个发言者,则其他人可以自我选择作为发言者:他们可以在谈话中出现间隙时开始说话,或者他们可以与当前发言者同时发言,创造一个重叠发言机会。这两种发言的策略都可以在下面的摘录中找到。在每个摘录中,除了说话者身份、文本单元标记、暂停和重叠发言之外,所有注释都从原始描述中删除;重叠发言以粗体突出显示以增加可读性。

第一段摘录取自说话人A和说话人B关于如何安装马蹄铁的对话。在对话的这一部分中,说话人B显然是主要的说话者:例如,他的前两个话轮中包含许多转换关联位置,在很多情况下它们通过暂停来标记。为了在说话人B的第一个话轮中发言,说话人A在说话人B的一个转换关联位置前重叠了两个词(right here)。

＜＄B＞＜#＞ You're always bent over ＜,＞＜#＞ And like in the front ＜#＞ You stick the horse's hoof ＜,＞ between your leg you know ＜,,＞ Kinda like that and you kinda you go like this you kinda bend down like

this and you have the horse's hoof <{><[> **right here** </[>
</{>

<$A> <#> <[> **It's hard on your back** </[>
</{>

<$B> <#> It's really hard on your back <,> <#> Like <,> I noticed that girl's back muscles were just tremendous <#> too you know <,,> <#> Couldn't believe it <,,> <#> She had like on this <,> really kinda short shirt you know <#> There's this <,,> I think that's cold <,,> <$A> <#> Just don't <,> <#> it's <#> if you rub something against it it's just <,>

<$B> <#> Makes a sound <,,> <#> Nkay <,,>

<$A> <#> So what <,> <#> what were you gonna do out there today

(SBCSAE)

然而,说话人 A 并没有长时间发言,因为说话人 B 回应了说话人 A 说的内容(It's really hard on your back)。说话人 A 在另一个转换关联位置才重新获得了发言的机会。这个转换关联位置紧跟着单词(cold),并且用了一个很长的暂停作为标记。当说话人 A 说完"it it's just"并且出现了暂停,说话人 B 又重新得到了发言的机会。而且说话人 B 完整地表述出了说话人 A 难以完成的句子: It makes a sound。说话人 B 帮助说话人 A 完成句子是一个他启修复的例子:一个人纠正另一个人的讲话。在这个例子里,说话人 B 为说话人 A 提供了说话人 A 难以表达的词语。当说话者纠正自己的话时,会发生另一种修复,即自我

第四章　语篇结构

修复。例如,说话人 A 的第二个话轮有两个错误的开始——Just don't 和 it's。说话人 A 在之后调整了语法并组成了一个从句:if you rub something against it。

下一段节录发生在 A 和 B 进行的对话开始之时,A 说出了三个文本单元。B 在转换关联位置处发言,这个转换关联位置出现在 A 的第三个文本单元,并伴有一个较长的暂停。

<＄A＞＜♯＞God I said I wasn't gonna do this anymore＜,,＞＜♯＞Stay up late＜,,＞＜♯＞Kinda defeats the purpose of getting up in the morning＜,,＞

＜＄B＞＜♯＞I know＜,＞＜♯＞And it's a hard habit to break＜♯＞＜{＞＜[＞**Usually I don't**＜/[＞＜＄A＞＜♯＞＜[＞**It is**＜/[＞＜/{＞

＜＄B＞＜♯＞＜.＞s＜/.＞＜unclear＞word＜/unclear＞Usually I don't stay up late＜,,＞＜♯＞＜O＞in＜/O＞But it's like if I'm up after midnight＜♯＞＜O＞laugh＜/O＞＜,＞It's just like

(SBCSAE)

A 试图通过重叠 B 的文本单位的开头的三个单词——Usually I don't——来重获发言机会。然而,B 并没有把发言机会让出,而是再次开始他的文本单位:Usually I don't stay up late。这一部分的交流揭示了关于重叠话语的一个重要观点,正如 Sacks,Schegloff 和 Jefferson(1974:706)所指出的,重叠是"常见但短暂的"。也就是说,重叠话语创造的发言机会的争夺通常很快会得到解决,要么是当前发言者保持发言权,要么是新发言者夺走发言权。然而,并非所有重叠话语都是发言者试图发言。在下面的摘录中有两次重叠话语,B 重叠了 A 的感叹词 mhn:

<$A> <#> Turn on the fire alarm that would do it <#> These kids<.>were</.> came in and <,,> I was <,> like we're closing <#> In a few minutes they said well we'll <#> We'll wait until you kick us out <#> Cause they didn't really want to buy anything <{><[> **they just wanted** </[> to look

<$B> <#> <[> **Mhm** </[></{>

<$A> <#> And I said okay <,,> we're closed <,,> <#> Out <#> <,,> so I was moving them like making them go <{><[> **out**

<$B> <#> <[> **Mhm** </[></{>

<$A> <#> **and** </[> they were <,> trying to be cute and <,> say sweet things and <,,> <#> To stay in <,>

(SBCSAE)

这些重叠话语的实例被称为反馈语：它们是 B 向 A 提供的口头肯定，用于向 A 证明 B 在倾听，并且赞同 A 所讲述的故事。这些重叠话语不是 B 试图从 A 那里抢夺发言权。

当然，本节所论及的说话者话轮的语言特征只涉及话轮中固有的语言结构。例如，除了具有整体结构之外，话轮还倾向于以某些结构来开始和结束。在对两个英语口语语料库的分析后，陶(2003：190-191)发现，在他研究的话轮中，有 60% 的话轮是以二十种不同的话轮形式开始的。在上面的节录中出现的两个话轮开始结构——and 和 mhm——在陶的列表里分列第四位和第十五位。这些形式的频繁出现很大程度上源于这些形式在对话中所起的作用：mhm 作为反馈语和 and 作为补充的标记(and 的使用将在下面关于组织的统一性的部分中更详细地描述)。

书面语语域

图 4.2 展示了由 David Lee 分类的英国国家语料库中的主要书面语语域。Lee(2001:53)由于"之前的英国国家语料库分类方案的广泛性和不精确性",开发了这种新的分类系统。例如,在最初的系统中,尽管戏剧、诗歌和散文表现出显著的语言差异,但是所有的子语域都被归类成一个单独的语域——富有想象力的散文,而在 Lee 的系统(戏剧、诗歌和散文)中这些子语域都被归在"小说"语域中。

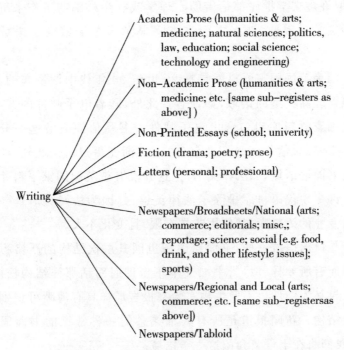

图 4.2　Lee 系统中的八个主要的书面英语语域

图 4.2 列出了八个主要的书面英语语域,它们随参数的不同而不同。写作可以是学术性的,也可以是非学术性的,在每个

语域中都有相同的子语域。这种分类背后的假设是，自然科学中的写作不同于社会科学中的写作，而写作所面向的受众（学术与非学术）也将影响语言的使用方式。与图 4.1 中的口语语域一样，为了构建一个更加全面的书面语语域，学者将全国性、地区性和地方性的报纸上的许多不同类型的写作（报告文学、社论等等）归在一起。图 4.2 列出的并非英国国家语料库中的所有书面语语域；也有一些没有子语域的语域，如公文写作和广告写作。应该注意的是，有些子语域并不像图 4.2 所示分类那样离散。尽管传统上文学批评被认为是与人文或艺术的子语域相适应，但许多文学批评都是借助心理学或社会科学的工作来解读文学文本。因此，许多书面文本将显示多个语域或子语域的特征。

因为英国国家语料库是在 20 世纪 90 年代中期发布的，它不包含较新类型的语域，如博客。此外，随着电子邮件的普及，英语国家语料库也包含了电子邮件。书写信件语域这一分类（不管是私人信件还是职业信件）正逐渐变得过时。此外，还有其他书面语语域，如法律文书，但这并没有被英国国家语料库收录。许多现代语料库排除了法律英语，是因为法律英语是一种相当专业的语料库，其使用非常有限，且变化不大。

与口语语域一样，书面语语域也因其层次结构的严格程度不同而有所差异。尽管书面文本不像即时对话那样结构松散，但一封私人信件也不像生物实验室报告那样具有清晰可识别的层次结构。新闻报道是所有人都熟悉的一种常见的书面语语域，我们将在下一节介绍这一子语域。

新闻报道。如图 4.2 所示，报纸由多个不同子语域的文本组成。这些子语域的不同主要是因为语言在每个子语域中都有不同的功能。例如，社论表达观点，因此具有说服力。有关艺术的文章可以是描述性的(例如,在艺术博物馆讨论一个新展览)或评价性的(例如,电影评论)。但是,任何报纸的核心都是报道:向读者通报当前本地、全国或国际事件的语篇。正如 van Dijk(1988:52—59)所证明的,新闻报道具有一个非常特定的层次结构,新闻作者在写新闻报道时必须遵守这个层次结构,读者在阅读新闻文章时也会对这样的结构有预期。van Dijk(1988:55)声称,报道由两个主要部分组成:一个较长的"故事"接着一个简短的"摘要"。这两个部分中的每一个都包含许多更细小的部分,例如线索、背景信息和了解故事的人的口头评论。由于报纸文章以窄列形式呈现,排版和版面也是首要考虑因素。标题的字体比正文的字体大,段落通常比其他类型的文章短,有时不超过一句话。下面重点讨论新闻报道摘要和故事部分的主要组成因素。

摘要:一篇新闻文章开头有两个必需的元素——标题和导语——以及几个可选要素:日期、署名和发生新闻事件的城市名称。

Housing lawsuit vs. state dropped

By Jonathan Saltzman
GLOBE STAFF

Three of the largest public housing authorities in Massachusetts, citing a pledge by Governor Deval Patrick to adequately fund public housing, said yesterday they have dropped a lawsuit that accused the Romney administration of shortchanging the state's nearly 250 local authorities by millions of dollars.

(*Boston Globe*, March 28, 2007, p. B1)

由于上文是摘自波士顿一家报纸关于大都会的文章,因此没有给出城市名称。如果这篇文章是关于波士顿以外发生的事件，则需要提供一个城市名。时间没有给出是因为文章出现在报纸上，报纸的每期都会被印上日期。新闻文章的网络版本将始终包含日期，因为这些文章通常由搜索引擎单独检索，日期就成为重要的检索信息。作者的名字被给出是因为他是该报职员。许多新闻机构的文章，如美联社，不出现作者的名字。

  然而，并非所有这些可选要素都对一篇新闻文章的开篇至关重要。最重要的是 van Dijk(1988:53)描述的摘要必须包括两个基本要素：标题和导语，它们以浓缩形式为新闻报道提供确切内容。标题总是用电报式语言，电报式语言是一种缺少功能词的缩写语言。上面的标题"Housing lawsuit vs. state dropped"，在"housing"和"state"前省略了"the"；在"dropped"的前面省略了助动词"is"。标题的字体通常也比正文字体大；它们所包含的语言取决于它们是出现在大报还是小报中。因为《波士顿环球报》(*Boston Globe*)是一份影响较大的报纸，所以其导语的语言是中立和事实性的："Three of the largest public housing authorities in Massachusetts ... dropped a lawsuit."相比之下，小报中往往使用包含如"押韵"和"双关语"(Malmkj_r 2005:165)等文学手段的新闻标题，而且标题往往具有高度的轰动性。例如，标题"No Way, Hillary"出现在《纽约邮报》(*New York Post*)(2007年3月28日)的一篇新闻报道中，该报道讨论了一项民意调查的结果。该调查报告称，如果希拉里竞选美国总统，50%的受访者不会投票给她。在英国一家小报《每日镜报》(*Daily Mirror*)(2007年3月28日)上，标题为"Nut skis down tube escalator"的新闻报道了一个人在伦敦地铁站滑下自动扶梯的故事。

  事件：尽管新闻文章的开篇相对较短，但根据报道事件的复杂性和报纸投入报道的版面篇幅,文中其余部分(van Dijk (1988)称为"故事")可能会相对更长。事件由两个主要部分构成:"情境"和"评论"。"评论"包含对情境的评论,通常以引文的形式出现。"情境"紧跟导语,并包含一个叙事性的叙述,这个叙述被称为"事件",确切描述发生了什么。以下摘录摘自一篇题为"F&C to sell Canadian business"的文章,包含了导语和导语后的几段关于情境的描写:

> Cincinnati flavor-maker F&C International Inc. has agreed to sell its Canadian subsidiary, including its snack seasonings business, to an Irish food company for up to $7.7 million.
>
> The sale agreement, subject to a public auction slated for Sept. 22, would be the largest asset sale in F&C's effort to emerge from bankruptcy reorganization.
>
> Bankruptcy Judge J. Vincent Aug Jr. Wednesday granted F&C's request to expedite the sale of the Canadian business to Kerry Ingredients of Canada, a unit of Kerry Group plc, subject to creditor objections…
>
> (ICE-USA)

情境的第一部分提供了有关出售的基本信息:出售是F&C公司的"破产重组"的一部分,由"处理破产案件的法官"授权,并将涉及一家特定的公司——Kerry Ingredients of Canada。在情境部分,一般也非常容易找到背景信息。之后,人们注意到,F&C"曾经是华尔街的热门股",其前董事长在披露"库存差异估计高达800万美元"后被停职。背景信息在新闻报道中至关重要,因为报社会认为潜在读者可能不熟悉所有导致故事发生的事件,因此读者需要背景信息来充分理解报道中讨论的事件。

在情境的不同关键节点,记者或被采访者将提供不同类型的评论。以下摘录包含两个直接引文,摘自一篇题为"Prospects good for new oil well"的文章。

New Zealand Oil and Gas announced yesterday that a second test on the well near Inglewood had showed flow rates between 220 and 280 barrels a day.

Flow testing continued yesterday.

A first flow test at Ngatoro-2 on the weekend had flowed up to 170 barrels of oil a day.

"I would be most surprised if they don't make it commercial because of its locality," an industry source said yesterday.

The well, 4km south-west of Inglewood, was close to the infrastructure necessary to develop it.

"Anything in these sorts of order (of flow rates) is starting to look very attractive from NZOG's point of view."

(ICE-New Zealand W2C-001)

摘录以三个段落开头,描述了在两个不同时间对油井进行的两次测试,并指出第二次测试显示油井生产的石油量不断增加。然后,两个引言从专家的角度提供了油井具有相当大的商业潜力这一观点;引言增加了新闻报道的可信度和视角。虽然这个引用的来源没有具名——他或她只是被称为"一个行业来源"——但在其他情况下,引言的来源必须具名,尤其是来自知识渊博和可靠的信息来源。

评论也可以来自"记者或报纸本身",尽管 van Dijk(1988：56)指出,"新闻工作者都有一种意识形态观点,即事实和观点不应混为一谈"。在《纽约时报》(*New York Times*)2007 年 4 月 3 日的一篇报道("Justices Say E. PA. has Power to Act on Harmful Gases," p. A1)的几节评论中,措辞的选择就有高度评价性。该文讨论了美国最高法院授权美国国家环境保护局(E. PA)管理汽车排放的两项裁定。这项裁决被认为是"它的[最高法院]多年来关于环境的**最重要决定之一**"(评价性语言用黑体进行了强调)。因为小布什政府不希望美国国家环境保护局对排放进行监管,所以这一裁决不仅被描述为小布什政府的失败,而且被指为"**强烈的谴责**"。主张控制气体排放的人不仅对这一裁决感到满意,而且是"**欣喜若狂**"的。在这些例子中,语言的选择不仅是描述性的,而且有助于传递报纸的编辑者的观点。

虽然标题和导语是必须的,并以特定的顺序出现,但新闻报道的故事部分有更多的可变性。事件出现在最前面,但背景和评论的位置可能会有所不同,取决于这些部分中的每一部分具体给予了多少信息。这种可变性的一个原因是,一篇文章的长度经常受到文章可用版面的限制。因此,如果有空间限制的话,编辑们总是会剪切或修剪文章的故事部分。

组织的统一

对于一个要实现连贯的文本来说,仅仅拥有一个层次结构是不够的。此外,它的所有组成部分必须以听者或读者能够识别的方式匹配在一起。文本的各个部分——文本内部的句子和分句——也必须连接起来。各种手段共同作用以实现组织的完整:一个分句中的成分以特定的方式排列,从而使该分句的主题结构让信息更容易从一个分句到另一个分句流动,分句之间的关系也由如 therefore 或者 however 等不同的衔接标记展示出来。如果分句之间没有具体的联系,听者和读者将不得不推断每件事是如何联系起来的,如果不能推断的话,文本就很难理解。

主题结构

在传统语法中,句子通常分为主语和谓语。在简单句 The boy walked the dog 中,男孩遛狗,The boy 是主语,而 walked the dog 是谓词。"主语"和"谓语"的概念与句法(下一章的主题)有关:句子成分是如何在一个句子中排序的,或者说是如何在一个分句中排序的。上面的例子是一个主句,也是一个陈述句。

然而,分句中的元素可以从不同的角度去看,特别是从它们在从句中的位置的角度。这些位置如何有利于文本中的信息流通,如何有助于将一个分句与另一个分句连接起来。从这个角度看分句涉及对其主题结构的研究。

主题结构的研究源于布拉格学派语言学家,如 Frantisek Danes(1974)和 Jan Firbas(1992)最初进行的功能句子观(FSP)的研究,并由英国语言学家 Michael A. K. Halliday 改编为英语功能句子观研究(见 Halliday & Matthiessen 2004)。功能句子观的理论解释了为什么说话者/作家选择一个词序而不是另一个——例如,为什么他们会说或写"The boy walked the dog"和它的被动形式,The dog was walked by the boy。功能句子观不认为分句包含了主语和谓语,而是认为该分句包含主位和述位。在上面的第一个例子中,主位是分句中的第一个主要元素,即主语:The boy。述位是剩余部分。在第二个例子中,主位转移到

The dog,而述位还是剩余部分。

有很多因素会影响主位和述位成分的位置,尤其是分句中给出的(或旧的)信息和新的信息。英语和其他语言都有一个普遍原则,即在任何可能的情况下,旧信息的位置应先于新信息。例如,在下面的例子中,作者使用了两个包含被动动词的结构:It was built 和 it was purchased by Phyllis and Keith:

> Stanhope Hall must be one of the most extraordinary houses in this book. It **was built** way back in 1135 as a fortified manor house. In 1976 it **was purchased** by Phyllis and Keith who restored it, quite miraculously, from an almost derelict state to its present form in which it resembles its original appearance to an extraordinary degree.
>
> (BNC CJK 1806)

作者本可以很容易地使用主动语态的等价结构:Someone built it and Phyllis and Keith purchased it。然而,在这个语境里,被动结构将旧信息——代词 it——放在主位中,而新信息——两个句子的其他部分——放在了述位中。旧信息是从先前的语言环境中恢复的信息。因为它是指称对象,所以它是旧信息。在本例中,Stanhope Hall 出现在了第一句话,所以它是旧信息。新信息是首次引入文本的信息。第一个例子中代词 it 后的信息都是新信息——was built way back in 1135 as a fortified manor house——因为它们在前文中没有被提及。这也同样适用于第二个例子中代词"it"后的信息。Quirk 等人(1985:1357)把新信息置于分句尾部的倾向称为尾部焦点。

分句中旧信息后紧跟新信息的模式大大增强了句子的衔

接:主位中的旧信息起到了与前文介绍的信息的链接作用。尽管许多写作手册建议不要使用被动形式,但是由于被动化是一种将分句成分在分句内部移动的句法过程,所以含有被动语态的分句在文本中还是很常见。不使用被动语态的建议必须与通过新旧信息的合适放置来促进文本衔接的优势相权衡。

在话语中,凸显度不仅以词序来表示,而且也可以通过语调来表示。话语被分解成若干个语音单位:单词的序列。单词序列的某一个单位——通常是述位的最后一部分——会接受最高的音高从而显现出最大的凸显度。下面的例子包含一个语音单位。因为这是一个陈述句,音高会上升,在 mother 这个单词的第一个音节上达到顶峰,然后下降,直至结束该音调单位,并可能开始一个新的音调单位。

He told his MÒTHer |

(adapted from Quirk et al. 1985:1599)

在一个没有标记的语音单位(即最频繁和最常见的语音单位)里,最后一个重读音节将接受最强的重读,因为重读这个音节有助于突出该音调单位中的新信息。一般来说,一个音调单位中的突出音节应该是在实词上(例如名词或动词),而不是功能词(例如介词或冠词),因为实词比功能词具有更多的意义。功能词只有在上下文允许的情况下才会被重读。例如,下面的例子是对这个问题的一个可能的回答:Did Harriet do the work?

NÒ | Ì did the work |

回答包含了两个语音单位。在第二语音单位中,最高音出现在功能词 I 上,以强调这样一个事实,即是说出该分句的人做了工作,而不是问题中提到的人。这是一个有标记的语音单位的例子：一种不太常见的语音单位。如果这是一个无标记的音调单位，最突出的音节应该是正在 work 的音节上。

应该注意的是，相比于口头表达通过突出语调来突出重要的信息，书面语没有如此复杂的程度。充其量，标点和排版的不同形式提供了类似于语调的功能。下面是两个包含了逻辑连接词 "thus" 的实例：

> **Thus**, Irish nationalism is conceived by most members in an abstract way, but it has concrete import for key groups.
>
> (BNC A07 221)

> **Thus** hard braking should be avoided, particularly if the glider has started to swing.
>
> (BNC AOH 543)

从粗略的意义上讲，在单词 "thus" 后面加逗号或不加逗号就模仿了说话者在这个单词出现在分句开头时的语调选择。要么把它放在一个单独的语音单位中突出它，要么把它和后面的词汇放在一起构成一个更大的语音单位，使它不那么突出。在书面语中，"thus" 后的逗号起到了对它强调的作用；不加逗号则减少了它在分句中的突出程度。当然，话语的突出效果要比书面语明显得多，因为书面语主要是一种视觉媒介，标点符号最多只能提供一种粗略的语调模式。只有当大声朗读书面文本的时候，这种语调模式才会存在。

除了被动化之外，还有其他的句法过程用于强调分句中的项目或给予它们额外的强调。其中之一就是在第二章谈及的主题化。主题化就是将信息从主位中的一般位置移到分句句首。下面的例子集中讨论了 Max Bialystock 的许多特征，所有这些特征都以名词短语的形式出现在了第一句的末尾。虽然第二句话的主位 a mensch 是新的信息,但它的形式——不定冠词＋名词——与其他名词短语是平行的。因此,把它从述位中移出可以增加对它的强调,同时也可以促进句子间的衔接。

  Max Bialystock is many things — a stinking liar, a crook, a shameless noodge, a stud muffin for the elderly and infirm. And of course a big fat Broadway producer. But **a mensch** he is not.

(NY Times, Jan. 19, 2007, p. B2)

  下一个例子中的最后一句包含一个分句,这个分句以"how"开头。这个分句和前面两个分句在形式上是平行的,同时这个分句还包含有"that"指代的一些旧信息:

  "They're [Iraqi militants] watching us carefully," he [Maj. Gen. Joseph F. Fil Jr.] said. "There's an air of suspense throughout the city. We believe, there's no question about it, that many of these extremists are laying low and watching to see what it is we do and how we do it. **How long that will last**, we don't know."

(NY Times, Feb. 16, 2007, p. A6)

  把"how"引导的分句置于主位就把第二个句子和前面一个句子连接起来了。

  分裂句和假拟分裂句这两种类型的分句也有助于聚焦和强调。这些类型的分句最常出现在话语中,因为被关注或强调的项目可以被重读。假拟分裂句是一个陈述句的解释,以"what"开头,并包含动词 be 的一种形式。

Declarative Sentence: I like organic food.

Pseudo-Cleft: **What I LÌKE is** organic food.

在上面的例子中,假拟分裂句结构对动词"like"进行了重读,说话者借此强调了她喜欢有机食物的事实。

在下面的例子中,假拟分裂句结构强调了动词"do",说话者强调了是自己做伸展运动,而不是依靠物理治疗师的治疗,不能指望物理治疗师。

You know I I think you still need to go back uhm maybe do something at least once a week but that's not always available because there're so many people who need phi physiotherapy Uhm so **what I've always tended to *do* is to do my own stretches at home.**

(ICE-GB:S1A-003 26—29)

在下面的例子中,重音可以放在"happening"或者"time"两个单词中任意一个单词的第一个音节上,这取决于说话者希望强调的是这两个单词中的哪一个。

Uhm I think a lot of the way that that the arts and dance are progressing is uhm is towards an awareness that part of art and dance, a central part of art and dance is to do with the recovery of the whole person uhm to do with making people whole that that's the role of art and dance And uhm I think **what's been *happening* for for a quite a period of *time* is that therapy has been uhm put on one side dance on another.**

(ICE-GB S1A-004 91—94)

分裂句也能达到类似的效果。分裂句的结构为 it＋be＋[ ]＋关系代词(如 who 或 which)，be 后面的部分是被强调的部分：

Declarative Sentence: My brother called me yesterday.

Cleft: **It was** my **BRÒther who** called me yesterday.

在下面的第二个例子中，说话者 A 本可以不使用分裂句来回答他(她)自己的问题。他(她)本可以通过给句子"You told me that, didn't you"的"didn't you"部分降调而非升调来表明他(她)已经意识到说话者 B 的某些信息确实引起了他(她)的关注。

B: I thought they were playing the borderline.

A: Yeah was it you who told me that? **It WÀS you that told me that wasn't it.**

(ICE-GB S1A-099 271—2)

但是，通过使用一个分裂句，并重读"was"，使得这一"意识到"被更明确地强调了。在下面的分裂句结构中，说话者可以突出"study"或"architecture"的第一个音节。

B: On what did you I mean did you decide at that stage to continue in architecture.

A: No not really I kind of I mean I I started the course thinking that uhm I'd sort of do the full seven years and stuff but like I'm just going through the course I just just realised that **it was actually the study of architecture I really enjoyed.**

(ICE-GB S1A-034 17:1:B)

通过强调"STÙdy"，A 告诉 B 他意识到他喜欢学习建筑而不是去实践它;通过强调"ÀRchitecture",A 是想说明他更喜欢学习建筑而不是其他学科。

衔接(连接)标记

虽然衔接是通过聚焦和强调来提升的,但它也可以通过在分句之间建立显性连接的一系列过程来实现。例如,每当说话者或作家使用"therefore"一个词时,他们都会明确地在他们正在创建的文本部分之间建立一种关系,来表明文本接下来出现的内容是先前所说内容的逻辑结果。这种联系被称为衔接(连接)纽带,也是被称为连接过程的一部分。连接是 Michael A. K. Halliday 和 Ruqaiya Hasan 在 1976 年出版的《英语的衔接》(*Cohesion in English*)一书中提出的五种英语衔接形式之一。在这本书中,Halliday 和 Hasan 全面地描述了如何通过指称、替代、省略、词汇连接和连接五个过程来实现衔接。

指称。因为对指称的研究通常是在语义领域内完成的,所以完整的讨论将推迟到第 6 章。但为了在文本中建立衔接(连接)纽带,**指称**是一个重要过程,在这个过程中,第三人称代词等结构将具有相同指称的文本部分连接起来。在下面的例子中,she 和 her 指称在文中提到的 Maria,Maria 是一个专有名词,指的是外部世界中一个叫 Maria 的特定女性。

> Maria was last seen shouting for help inside a military jeep that evening. Her family heard **she** had been taken to the Regional Command Military camp in Legaspi City. **She** has not been seen since. Members of **her** family have received death threats.
>
> (BNC AO3 527)

其他第三人称代词，如 him/his、it/its 或 them/them/their，以及指示代词，如 this/that 和 these/those，都可以创建类似的连接。下面的对话交流开始时提到一个被称为"some guy"的人。在整个话轮交换过程中，代词"he"被用来回指这个人，直到最后一个话轮，他被称为"this kid"，指示代词"this"最终回指了最初提及的"some guy"。

<$A> <#> **Some guy** came out and **he** was
<$B> <#> Oh
<$A> <#> he was trying to sell us *cologne*
<$B> <#> No **he** wasn't trying to sell us cologne
<$A> <#> Well it <#> No I guess **he** was trying to like lure us to a place where they would sell like imitation cologne but **he** said *it's* not imitation because
<$E> <#> I got a deal
<$B> <#> Yeah
<$E> <#> you can't refuse
<$A> <#> because *it's* made by the same people
<$B> <#> I mean **this kid** was # **He** looked like a

(SBCSAE)

在摘录中还有两个关于代词"it"的例子，它和"is"缩略成了"it's"，都用来回指前文所提及的古龙香水。应该注意的是，古龙香水这个词在用代词"it"指代之前重复了两次。这种重复就是词汇连接，我们将在下面更详细地讨论。

尽管诸如"this"或"that"这样的指示代词可以出现在名词之前，但它们也可以单独出现，而且具有非常广泛的指称意义。下面第二句中的"this"例子指代了它前面一句中所传达的所有信息。

The use of coinage in Roman Britain appears to have ceased c. 420 A. D. almost at the same time that the pottery factories ceased production. This was probably the direct consequence of the withdrawal of the Roman army and administration.

(ICE-GB W1A-001-70-71)

替代。替换和指称从某种意义上来说是相似的,这两个过程都涉及一些语言项目替代在先前语言环境中出现的另一个项目。Quirk 等人(1985:864)认为,替代与指称的不同在于替代对上下文的依赖性较小。在前面的例子中,解释代词"she"所指代的人是谁取决于对 Maria 是谁的了解。此外,替代涉及更广泛的结构:不仅是名词和代词,还有动词和副词。

代词 one(或其复数形式的 ones)通常替代前面提到的名词。在第一个例子中,最后一个话轮里的"one"替代了第二个话轮中的"particle":

S3: yes we use, we simply use the arrow to say which is the positron so the arrow denotes the direction of, electric charge, this way it's negative that way it's positive. yeah? yes?

S5: does the **W particle** have mass?

S3: which **one**?

(MICASE C0L485MX069)

同样,说话者 E 话轮中的"ones"替代了说话者 B 话轮中的"kids":

＜＄B＞＜＃＞ And I like withheld recess from several **kids** on on Thursday

<$E> <#> Well did you give candy to the **ones** that got excellents

(SBCSAE)

虽然下面例子中最后一句中的"the same"是名词短语,但它并没有替代另一个名词短语,而是替代了一个更大的结构:说话者说母亲在"the same"之前的话语中所做的一切。

Yeah. I mean, your mother sat by the fire for years Yes, yeah, controlling everything. Yeah, oh yeah, so she thought. Yeah, yeah. And you did **the same** did you?

(BNC K65 1102)

接下来的两个例子包含副词 so,它与动词 do 和 thought 一起出现(在第二个例子中也是如此)。在第一个例子中,"so"替代了预测"generate the bulk of our money supply"。

The need for state interference in this market springs from the fact that it is no longer the state but the commercial banks which *generate the bulk of our money supply*. They do **so** by creating credit.

(BNC A3T 386)

在第二个例子中,说话者 S1 话轮中的"so"替代了说话者 S2 在前一话轮中说的全部内容:

S2: um huh, so everyone in the community goes to the high school play that's very interesting

S1: yeah I thought **so** too.

(MICASE 0FC115SU060)

省略。省略类似于替换。省略涉及删除一些前文中可恢复的信息,而不是用"do"或"so"之类的词来替换信息。例如,在下面的例子中,说话者首先提到他认为牛津联队经历了"one best thing":

> Basically what I, I think the best thing that's happened to Oxford United this season. Well there are **two**.
>
> (BNC KRT 4288)

然而,说话人并没有在"two"后面的话语中重复这些信息,而是直接地把它省略了。语言材料的省略反而造成了一种衔接连接,这似乎有违直觉。然而,为了正确理解上述第二句话,听者必须从前文中恢复丢失的信息。

Halliday 和 Hasan(1976:154)评论说,像 two 这样数词(即描写事物数量的词),通常位于省略出现的位置之前,某些代词也一样。例如下面例子中的"these"和"any"(括号中斜体的部分为省略的内容):

> In same cases additional amounts are available for particular needs. The optician will include **these** [*additional amounts*] when appropriate.
>
> (ICE-GB W2D 117-118)

> <$B> <#> Can I grow some basil from seed
> <$C> <#> Yes that's how I've <#> I don't have **any** [*basil*] this year but I've grown it other years
>
> (SBCSAE)

虽然前面的例子都是在说明名词短语中的省略,但其实更大的结构也是可以省略的。在下面的前两例中,动词和其他元素被省略了:

When you buy a used vehicle the seller may agree to include a current licence in the sale. If the seller does not [*include a current licence*] you must use form V1O, or form V85 for goods vehicles weighing over 1525 kgs unladen.

(ICE-GB W2D-010 101-2)

<$C> <#> Take this to the table please
<$B> <#> <[> Okay I will [*take this to the table*] <#> just wait a minute

(SBCSAE)

在下一个例子中,最后一个话轮中的主语和动词缩略形式被省略了:

<$B> <#> Okay <#> Two weeks ago I'm watching TV and David Horowitz is going to have this former car radio thief on
<$A> <#> It's her boyfriend
<$B> <#> Yeah [*it's*] her ex boyfriend

(SBCSAE)

词汇连接。到目前为止我们讨论的衔接类型都是"手递手"的衔接"move hand and hand"。Halliday 和 Hasan(1985:83)注意到,词汇衔接——通过重复前面提到的单词或使用该单词的同义词——也可以与前文建立联系。例如,在下面的例子中,读者或作者有多个方式把第二句与第一句连接起来:

I turned to the ascent of the peak. $\begin{cases} \text{The ascent} \\ \text{The climb} \\ \text{The task} \\ \text{The thing} \\ \text{It} \end{cases}$ is perfectly easy.

一种与 *the ascent* 建立连接的方法就是简单地重复这个短语。然而，如果这样的重复是令人不满意的，那么还可以使用"climb"这样的同义词。其他选项包括逐步使用如"task"和"thing"等含义更宽泛的词，或者直接使用代词"it"也是可以考虑的选择。只不过，如果使用代词"it"，那么就成了我们之前讨论的指称而不是词汇连接了。

确切地做出选择需要考虑两方面的问题：一是清晰度——需要使用一个可以清楚地提及前文内容的表达法，二是尽可能地避免重复。下面的摘录说明了这两个注意事项是如何考虑的。

Democratic presidential hopefuls sparred genially last night on details of *the Iraq war*, healthcare, and guns, but **they** stood resolutely united in blaming President Bush for getting the country into *the war* and in agreeing on the need to end *it*.

In the first national debate of the 2008 presidential season, **the eight contenders** all denounced *the war*, with two of **the group**—former senator John Edwards of North Carolina and Senator Christopher Dodd of Connecticut—acknowledging outright that their 2002 votes to authorize the war were the biggest professional mistakes of their lives.

（Milligan 2007）

这段摘录的开始提供了两条新信息——Democratic presidential hopefuls 和 the Iraq war。每一个信息都开启了 Halliday 和 Hasan（1985：84）提出的衔接连接：一系列的表达法都互相联系。Democratic presidential hopefuls 首先用人称代词"they"（"*they* stood resolutely"）来指称，接下来通过两个词汇连接来衔接：同义表达法——eight contenders 和一个更宽泛的表达——group。

The Iraq war 首先由一个更为普遍的表达"the war"来指，在之后的句子中又用指称代词"it"来指称，在第二段的开头又重复使用了"the war"这个表达。

当在上下文中有明确指称的内容时，就可以使用人称代词："it"来清楚地回指"the war"，因为这里没有"it"可以指称的干扰名词。然而，随着文本的发展，以及更多名词的引入，重复同一个表达或者使用同义词和用一个更普遍的表达就变得非常有必要。因此，在第二段中，Democratic presidential hopefuls 被称为 eight contenders。使用类似的同义表达既能保持清晰度，又能保证表达形式的丰富；也就是说，这既能避免歧义，也能避免潜在的令人不满意的重复。

连接。连词不同于目前已经讨论的衔接类型。它不依赖于前文中出现的语言项目。相反，它涉及包含各种类型的表达式，这些表达式标记了文本中以前发生的事情和后面发生的事情之间的关系。从这个意义上讲，作为这一部分衔接的表达形式，它们可以是单词，如 so 和 therefore，也可以是短语，如 on the other hand。它们在文本中充当标示语，用来标记文本的各个部分的逻辑关系。

尽管有不同的方法来描述连接范畴内的词与词之间的关系，但是 Halliday 和 Hasan（1976：242—343）提出了四种不同的关系:增补、对比、因果、时间。在每一种关系中,都有一系列具有不同变体形式的语法条目,这些条目表达了文本中的关系,比如,增补。

在最纯粹的形式中,文中的增补关系通常是通过并列连词"and"和过渡表达法"also""in addition"等来标示的。增补连接词"and"在即时对话中尤为常见;这种对话是无计划的,and 在对话中可以帮助说话者标示出他们正在为之前所说的内容添加一些新内容。

> I'd always wanted to go to Australia. **And** I met this Australian in London and I lived with him for a year and went to Australia. But something happened. **And** I don't this is the big thing I don't know. I felt we had to break up **and** that we just couldn't stay together **and** sort of our sex life disappeared **and** for years we were just completely platonic.
>
> (ICE-GB-S1A-050-5-10)

在书面语语域中,and 则不会被这样的使用,因为作者有机会更仔细地计划他们接下来要写什么。

例证是另一种增补关系。"for instance"和"for example"等表达法表明针对前面提到的某个点的具体例子即将出现。在下面的示例中,"for instance"这个表达法介绍了伏尔加与俄罗斯其他地区的区别。

> In general, conditions of land tenure, communal arrangements, and cultural traditions differed considerably in the Volga provinces from those in the West and the centre of European Russi. For instance, members of Volga

communes were apt to be more outward-looking than those in Kursk guberniia because of their wider market ties and better transport facilities.

(BNC A64 1015)

对比关系由并列连词 but 和其他表达形式（例如 however，instead 和 in contrast）标记。这些表达形式用于标记文本各部分之间的某种差异或对比。在下面这段节选的结尾处，"however"表明了看待后现代主义的两种观点：要么是"break from modernism"，要么是"continuation of"。

Some theorists have thought about postmodernism as a kind of radical break from modernism, so a radical shift from, the kind of, sort of stylistic, and theoretical example set by somebody like Mies van der Rohe. Others **however** argue that it's merely a continuation of modernism.

(MICASE LEL320JU147)

因果和时间关系分别由"therefore""as a result""so"和"first""finally""then"等表达形式来标记。因为下面的段落是一个叙述，"then"的三次出现标示着故事中时间的进展。另外，在第三个文本单元中的"so"表明因为有两个女人坐在那里，所以"he"决定走向其中一个，并开始和她交谈。

＜＄C＞＜＃＞ He was sitting there there were two guys sitting at a table right where you are ＜＃＞ And **then** these two women are sitting here ＜＃＞ **So** uh he comes over there and is talking with that woman ＜＃＞ I don't know about what but **then** like ten minutes later she and her friend are over at their table ＜＃＞ And **then** twenty minutes later they were kinda like all over each other <#> You know <#> kissing et cetera et cetera

(SBCSAE)

"so"是因果关系中非常正式的标示词,"therefore"和"as a result"则会使用在更正式的文本中。

本章小结

尽管对文本的定义有所不同,但大多数语言学家都认为要使文本达到连贯性,它必须表现出结构的统一性和组织的统一性。文本必须有一个清晰可辨的开头、中间和结尾,并且文本内部的分句必须通过各种衔接手段连接在一起。正如下一章将要说明的,虽然有可能给句子提供一个精确的定义,但是文本如何获得结构和组织上的统一却会受到大量变化的影响。在开放式和封闭式的语域中,发言者和作者通过恰当地放置新的和给定的信息,在任何有必要的地方使用各种结构来增加强调,利用衔接手段将句子、分句和话语联系在一起来确保他们所创造的文本具有组织的统一性。

自学活动

1. 为什么有人认为电子邮件既有口语特征又有书面语特征?
2. 在哪些情况下使用文字更合适?哪些情况下发言更合适?例如,在哪些情况下你更倾向于发电子邮件而不是电话沟通?
3. 在日常医疗检查时医生和病人的对话是开放性语域的一部分还是封闭性语域?

4. 在下面这段对话中,哪些部分是旧信息?

   Lately, the Boston area has been hit with a number of ice storms.

   These storms have caused numerous traffic accidents.

   They have also made sidewalks very slippery to walk on.

5. 文体手册中经常会批评被动语态的使用,建议作者使用主动语态。这是个好建议吗?什么情况下必须使用被动语态?

6. 在下面这段文字中找出两种不同的衔接,并解释。

   Ordinarily, earthworms are considered gardeners' most trusted helpers, natural plows that chum dirt and deposit nutrient-rich beads of soil that feed plants. But the wriggles have a darker side … they are now so numerous and widespread that they are dramatically changing the forest ecosystem, devouring a layer of the forest floor that native wildflowers, beetles, and other species need to survive.

   (*Boston Globe*, Monday, Dec. 11 2006, p. C1)

拓展阅读

对口语和书面语之间的一般差异,以及口语语域与书面语语域之间差异的讨论:D. Biber, *Variation Across Speech and Writing* (New York: Cambridge University Press, 1988);

对大学口语语域与书面语语域之间差异的描述:D. Biber, *University Language: A Corpus-based Study of Spoken and Written Registers* (Amsterdam: Benjamins, 2006);

对一种更基于认知的文本结构方法的介绍:W. Kintsch, *Comprehension: A Paradigm for Cognition* (Cambridge

University Press, 1998);

对会话分析的概述:E. A. Schegloff, *Sequence Organization in Interaction: A Primer in Conversation Analysis*, Vol. I (Cambridge University Press, 2007);

两本关于结构和神韵统一的重要书籍:M. A. K. Halliday and R. Hasan, *Cohesion in English* (London: Longman, 1976) 和 *Language, Context, and Text: Aspects of Language in a Social-Semiotic Perspective* (Victoria, Australia: Deakin University Press, 1985);

对布拉格学派的交际活力方法的概述:J. Firbas, *Functional Sentence Perspective in Written and Spoken Communication* (Cambridge University Press, 1992).

第五章　英语句法

本章预览

　　本章涉及结构的一个方面:英语句法,即单词是如何在句子、分句和短语中进行分组和排序的。例如,在英语中,形容词被放置在名词之前(如 beautiful house)而不是放置在名词之后(* house beautiful)。这是英语句法的一个特征,也是将日耳曼语族与罗曼语族区分开来的特征。在罗曼语族中,形容词被放置在其修饰的名词的后面(例如意大利语 casa bella)。

关键术语

　　分句功能(Clause functions)

分句(Clauses)
结构组合关系(Constituency)
形式、功能(Form/function)
形式性定义、概念性定义(Formal/notional definitions)
线性结构、等级结构(Linear/hierarchical structure)
短语(Phrases)
句子(Sentences)
词类(Word classes)

引　言

本章标志着本书的一个重大转变,将从关注语用学原理的讨论转移到对语法规则的描述。换句话说,本章不是描述为什么在特定的语境中使用特定结构,而是更明确地聚焦于讨论特定结构是如何形成的。任何句法讨论的核心都是结构组合关系的概念,即句法单位不是简单地任意分组和排序,而是形成可识别的单位。传统上,句法学家已经确定了句子成分可以存在的四种不同层级结构:

　　句子―――→分句―――→短语―――→单词
　　最大的　　　　　　　　　　　　　最小的

最大的成分是句子,最小的成分是单词,在这两者之间是分句和短语。在后面的说明中将会看到句子和分句有时是相同的,例如,陈述句可能由一个主句组成。

存在两种不同类型的成分:直接成分和最终成分。确切地说,构成直接成分的要素取决于所考虑的结构层次(句子、从句、短语)。为了说明这一点,请看下面的例子:

Robbin Mayfield and his graffiti-removal crew drive an old Wonderbread truck.

(ICE-USA W2C-002)

在最高层次上，句子本身就是一个成分。但在句子中，我们可以找到几个直接成分，直接成分就是某个给定结构中可以划分成的独立单位。例如，这个句子可以分为两个直接成分：主语(Robbin Mayfield and his graffiti-removal crew)和谓语(drive an old Wonderbread truck)。依次地，谓词又包含两个直接成分：动词(drive)和名词短语(an old Wonderbread truck)。在单词这一最低层次的结构上，我们找到了最终的成分：单词本身(Robbin，Mayfield，and，his 等)。关于主语和动词等概念是如何具体定义的将在本章的后续小节中有更详细的描述。然而，就目前而言，我们需要考虑为什么 an old Wonderbread truck 被认为是一个成分，而 his graffiti-removal crew drive 却不是呢？

我们可以通过具体的测试来辨别某个结构是不是成分。Huddleston 和 Pullum(2002:21)描述的成分测试是通过在句子中插入一个可移动副词，因为诸如"probably"这样的副词只能放在成分边界上。请注意，在上面的例子中，副词"probably"可以插入直接成分(主语和谓语)之间，但不能插入成分内部(例如在 old 和 Wonderbread 之间)。

Robbin Mayfield and his graffiti-removal crew probably drive an old Wonderbread truck.

*Robbin Mayfield and his graffiti-removal crew drive an old probably Wonderbread truck [an asterisk placed before a sentence indicates that the sentence is ungrammatical].

其他的成分测试还包括一个词是否可以替代另一个词(例

如用代词替代名词），和当句子发生系统性变化时，哪些结构可以移动。

在下面的例子中，代词"it"和"them"可以替换句子的第一部分和最后部分，这表明句子的这两部分是成分，特别是名词短语。

One of the best known models was constructed by J. A. Howard and J. Sheth.

(BNC G3F 1121)

It was constructed by **them**.

这个例子也是一个被动语态。如果将句子变为主动语态，则"by"后面的名词短语可以移到句子的主语位置。

J. A. Howard and J. Sheth constructed one of the best known models.

如果将原句变成一个一般疑问句，则主语与谓语动词"was"可以互换位置为：

Was **one of the best known models** constructed by J. A. Howard and J. Sheth?

插入、替换和移动等测试要说明的是，在句法层级上，某些结构可以构成单元，而某些结构则不可以构成单元。那些可以构成单位的结构不是一个任意的、临时的结构集合，而是可以被指定为形式的语法描述结构。这些语法描述确定了一组有限的语法结构，这些结构成了英语句法的构件。本章的其余部分描述并定义了这些结构。但是，在结构被定义之前，有必要描述两种主要的语法类别的定义方式。

形式性定义和概念性定义

　　语法描述有两种类型:形式性的或概念性的。形式性描述侧重于语法结构的特定特征。例如,英语中的单词 truck 可以被归类为名词,因为它与英语中的许多(但不是全部)名词共享通过添加-s 来构成名词复数(trucks)这一特征。相比之下,概念性定义在本质上更具语义性,并根据单词所具有的普遍性质来定义结构。从概念上讲,名词被定义为人、地点、事物或概念。truck 是一个名词因为它是一个"事物"。

　　现代语言学倾向于形式而不是概念性定义,这主要是因为形式描述比概念性描述提供了更好的识别结构的方法。为了说明这一点,请看 Lewis Carroll 的诗歌 *Jabberwocky* 的第一句:

　　　　'Twas brillig, and the slithy toves
　　　　Did gyre and gimble in the wabe:
　　　　All mimsy were the borogoves,
　　　　And the mome raths outgrabe.

　　这首诗经常被引用为证据来证明当读者或听众分析句子(即识别名词、动词等)时,他们不依赖语法类别的概念性定义,而是依赖形式性定义。因为不熟悉这首诗的读者不知道 toves 是什么意思,所以他们无法确定它是一个人、地方、事物还是思想。相反,他们必须依赖于更形式上的标准:toves 以复数标记 s 结尾,并跟随形容词 slithy。即使读者也不知道 slithy 是什么意思,他们也能把它认作形容词,因为它跟在定冠词 the 后面;slithy 出现在名词 toves 之前,这是在英语名词短语中形容词通常出现的确切位置;slithy 以-y 结尾,形容词常常都是这样的词尾(例如,filthy 和 hefty)。现在,这样的推理似乎有相当大的循环性:slithy 和 toves 都被分别同时理解为形容词和名词。但这就是句法分析的本质:如何解析结构,关键取决于它们在句子或分句中出现的位置与其他结构的关系。

虽然某些概念分析或语义分析可以补充纯粹的形式分析,但只靠概念分析就会过于模糊而无法提供语法结构的明确定义。例如,在许多概念性语法中,动词的特征要么是表达行为(如 walk,talk,run),要么是表达状态(如在 I am tired 中的 am)。然而,虽然这个定义在许多情况下都有效,但在某些情况下,它会导致不正确的分析。handshake 这个词表达了一种动作:握手时手的运动。但这个词不是动词,而是名词,纯粹通过形式就可以确定。在下面的例子中,尽管 handshake 没有复数形式,但它出现在物主代词 his 之后,这同定冠词 the 出现在名词前面的位置上是一样的。

His handshake was dry and firm and his smile reached his clear grey eyes.

(ICE-GB W2F-004 061)

由于概念性定义并不总是产生正确的分析,大多数语言学家主要依赖于语法结构的形式性定义来分析。这一方法也是本章分析中采取的方法。

如果概念性定义有这么多的问题,那么它们为什么还是可以持续存在呢?原因之一是它们在英语语法上有着悠久的传统,主要是因为英语语法采用古典希腊和罗马语法中的术语。例如,句子的概念性定义为"完整的思想",这一定义可以追溯到大约公元前 100 年 Dionysius Thrax 写的希腊语法。现代语言学家对这一术语进行了修订,这是因为语言科学的进步,同时也需要有术语来描述与希腊语、拉丁语、英语和其他印欧语系(传统语法所基于的语言)等非常不同的语言。因此,许多现代的、学术性更强的英语语法,如 Randolph Quirk 等人(1985)的《英语语法大全》(*A Comprehensive Grammar of the English language*);Rodney Huddleston 和 Geoffrey Pullu 等(2002)的《剑桥英语语法》(*The Cambridge Grammar of the English Language*);Douglas Biber 等人(1999)的《朗文英语口语和书面语法》(*The Longman Grammar of Spoken and Written English*)等书中都能发现传统的和新的术语。

然而,语言学的进步已经导致了语言学术语过于宽泛和复杂,这些术语对于潜在的英语语法讨论者来说太高级了。因此,许多学校语法都坚持使用概念性定义。学校语法与学术语法的不同之处在于它们是为学龄儿童和年轻人编写的。它们主要包含概念性定义,因为人们认为较形式性的定义对于这一级别的学生来说太高级了。对于这些人来说,简单和直接的定义比理论上准确的定义更重要。这种权衡在教育工作者中引起了相当大的争议,因为有广泛的证据表明,学习纯概念定义语法的学生实际上没有完整地学习语法。此外,在学习外语的过程中,概念性定义的价值甚至更低。例如,如果要学习如何标记西班牙语或法语的性,人们需要对冠词和名词的性别结尾有形式上的了解。在这种情况下,对性别的概念性定义是不够的,因为语言的初学者并没有足够的词汇来确定某物到底是人、是地方、是事物还是想法。

成分的线性和层次结构

英语对成分的线性排序和层次分组都有限制。为了说明语法的线性和层次性之间本质的区别,请看例子"foreign language specialist",这个例子说明了结构歧义的概念。两种不同的含义取决于结构中的词是如何分组的。

如何理解结构"foreign language specialist"不仅取决于结构里单词的排列,还取决于与 language 和 foreign,specialist 的分组情况,如下面(a)和(b)中所示。

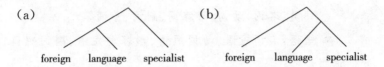

从图(a)可以看出,因为"foreign"和"language"被组合在一起,所以这个短语的意思是"外语专家"。相比之下,从图(b)可以看出,"language"和"specialist"的组合创造了"一个外国的语言专家"的含义。

这种性质的分组构成了英语句法的核心,也是对成分线性次序的限制,语言学家可以用它们来描述英语中从句子到单词的各种结构的形式和功能。

形式与功能

成分可以通过它们的形式和功能来描述。在分句 The child is healthy 中,healthy 既有形容词短语的形式又有主语补语的功能。某些成分的形式可以由它们所包含的特定后缀来确定,也可以由它们相对于其他成分的位置来确定。healthy 以-y 结尾,这是将名词转换为形容词的方式。因此,healthy 源于 health,tasty 源于 taste,wealthy 源于 wealth 等等。在这个结构里,healthy 更多的是一个表语形容词而不是一个定语形容词,它用在连系动词 is 之后,不像在 healthy child 这个结构里,它用在了 child 这个名词前。healthy 紧跟连系动词 is，并且描述了句子主语 the child 的情况，因此在分句中起到了主语补语的作用。

以上用来识别形容词和主语补语的标准可以用来识别英语的所有形式和功能。这样的分析表明，成分在结构的四个层次上都有形式：

词类：名词、动词、形容词、副词、介词等
短语：名词短语、动词短语、形容词短语、副词短语、介词短语
分句：主句、从属句
句子：陈述句、疑问句、祈使句、感叹句

虽然上述列表中列出了所有类型的短语、分句和句子，但由于英语中存在其他的词类（如冠词、代词、连词），因此只给出了词类的几个代表。

英语结构的功能要少得多，而且这些功能仅限于出现在分句（包括主句和从句）的元素上。因此，以下功能通常被称为分句功能：

主语
谓语
补语（主语补语和宾语补语）
宾语（直接宾语和间接宾语）
状语

由于成分的形式和功能是句法的关键组成部分，接下来的两个部分将概述英语中一些重要的形式以及这些特殊形式具有的特殊分句功能。

词类和短语

词类和短语是紧密相连的。首先,短语是以充当短语中心词的词类命名的。中心词就是短语围绕创建的中心成分。例如,在短语"full of hope"中,短语的所有部分都与形容词 full 有联系。因此,这种结构称为形容词短语。同样地,在短语"might have mattered"中,短语的每一部分都与词汇动词"mattered"有关,这使它成为一个动词短语。事实上,词类和短语是如此紧密地联系在一起,以至于在某些情况下,一个词可以构成一个短语。在句子"Necessity is the mother of invention"中,"necessity"既是名词又是名词短语。它是一个名词,因为它包含后缀-ity(-ity 是出现在名词后的后缀之一),在下一节将要探讨这个问题;它也是一个名词短语,因为它发挥了句子中主语的作用,这是名词短语的一个关键功能,这个将会在后面关于分句功能的章节中更详细地描述。

为了描述词类和短语,本节中的讨论将集中在两种更重要的短语类型——名词短语和动词短语——和其他类型的短语(如介词短语)上,这些短语可以出现在名词短语和动词短语中。

名词短语

所有名词短语(NP)都以名词或代词为中心词来构建(本节后面将详细介绍以代词为中心词的短语)。名词的一个关键特征是大多数的名词都有"数"的概念,它们要么是单数形式,要么是在名词后面加上"s"来表示复数形式。正如在第七章里说明的那样,"-s"在言语中实际上有三种不同的发音。然而,正如表5.1所示,并非所有的名词都符合这个模式。

表 5.1　英语中的可数和不可数名词

类别	例子
可数名词	
• 常规复数标记：-s	table(s), clock(s), desk(s), bus(es)
• 古老的复数标记	ox(en), child(ren), foot/feet, mouse/mice, tooth/teeth
• 外来复数标记	criteri(on)/criteri(a), dat(um)/dat(a), stimul(us)/stimul(i)
• 单数和复数的相同形式	deer (sg.)/deer (pl.), fish (sg.)/fish (pl.), sheep (sg.)/sheep (pl.)
• 没有单数形式	pants, scissors, glasses (i.e. eyewear), shorts
不可数名词	furniture, freedom, water, money, evidence, music

　　传统上，名词被区分为可数或不可数。可数名词在字面上是"可数的"：我们可以将 table 视为单数（一个）或复数（多个）实体。虽然大多数可数名词采用常规复数结尾，但有些像"ox"这样的单词采用不规则的复数结尾（oxen）；另一些则表现出从单数到复数的元音变化：例如，单数的 goose 变成了复数的 geese。通常，这一类中的示例保留了可以追溯到古英语的形式。在古英语时期，英语中许多的名词以"en"结尾，也有许多名词由于变音而产生元音的变化。名词的数也可以通过以下的方式来标记：

　　☆从其他语言借用的单数和复数形式。例如，单数 criterion 的结尾和其复数形式 criteria 的结尾"a"都是从古希腊语借用到英语的。有时这种类型的外来词会有常规和不规则两种形式，比如，从意大利语借来的 concerto。concerto 的复数有两种形式，一种是在词尾直接加"-s"（concertos），一种是像意大利语一样，将词尾的"o"变成"i"（concerti）。有时，借来的形式会丢失其母语的后缀并成为常规的英语复数形式。虽然 gymnasium 是从拉丁语借来的，但是现在其复数形式更多的是在词尾加"-s"（gymnasiums），而不是其拉丁语的复数形式（gymnasia）。

☆没有明显的复数标记，即单数和复数是同一形式。例如，one deer，two deer。有时，此类别中的名词也会有常规的复数形式。例如，生物学家经常使用 fishes 而不是 fish。

☆没有单数形式，只有复数形式。例如，scissors 不是 *scissor。这些形式通常存在于具有两个部分的物体上，例如一把剪刀上的两个刀片，或者一条裤子上的两个裤管。

英语中也有不可数名词，它们不区分单数或复数形式。因此，可以谈论 furniture（家具）——其包括一组物品，如椅子、沙发、床等，但不能说 furnitures。有些名词有可数和不可数两种形式。在下面的第一个例子中，water 是一个不可数名词，因为它被用来描述未知数量的液体：

> Medical care was virtually non-existent, food and water often withheld, and torture rife.
>
> （BNC AO3 224）

然而，在下一个例子中，由于 waters 指的是多个湖泊或河流，因此在上下文中它被用作一个可数名词。

> The northern squawfish ... has caused substantial depletions of juvenile salmonids in various **waters.**
>
> （ICE-USA-W2A-022）

名词也可以用各种后缀作标记。例如，后缀-ion 可以添加到动词词尾以构成一个抽象名词,这被称为名词化。例如,create-creation 或 fascinate-fascination。-er 或-or 这样的后缀也可以添加到动词词尾构成名词,意为做某事的人。例如,wait-waiter, act-actor。-ence 或 -ance 也可以添加到动词词尾构成名词,例如,exist-existence, tolerate-tolerance。其他名词,特别是那些有生命的名词,可以采用所有格形式('s),例如,the man's watch, the teacher's book。

英语中的人称代词,也可以作为名词短语的中心词,和名词没有区别。

表 5.2 列出了英语中人称代词的各种形式。

表 5.2　英语中的人称代词

人称	主格	宾格	反身代词	物主代词	不定代词
1st	I(单数) we(复数)	me us	myself ourselves	my/mine our/ours	
2nd	you(单数 and 复数)	you	yourselves	your/yours	
3rd	he, she, it(单数), they(复数)	him, her, it, them	himself, herself, itself, themselves	his, her(s), its, their(s)	somebody, someone, everyone, all, none

像名词一样,大多数人称代词(除了 you)都有数的变化(例如单数 she,复数 them)。代词"you"在这方面很不规则。它似乎总是以复数的形式出现,因为它总是带复数动词:

And you are Mrs McDougall?

(BNC CKF 214)

然而,在上面的例子中,you 显然是指一个单个个体。在早期,英语有单数和复数两种形式,但随着时间的推移,这种区别就消失了。为了在现代英语中明确地表示 you 的复数形式,只能使用诸如 all of you 这样的迂回表达。

First of all I'd like to thank **all of you** for agreeing to be on the committee, reading the draft, and coming to the defense.

(MICASE DEF500SF016)

人称代词"you"的复数形式确实存在,但只出现在有限的语境中。"y'all"出现在美国英语的南方变体中,而"youse"出现在一些非标准的英语变体中。

代词比名词有更多的区别:

代词有三种人称。第一人称代词指向说话人或作者,第二人称代词指向说话对象或读者,第三人称代词指向正在讨论的某人或某物。

第一人称和第三人称代词有主格和宾格两种形式,但是第二人称代词 you 没有。主格用作分句的主语(如 I like pizza, She jogs daily);宾格用于分句的宾语或介词的宾语(如 My mother called us, The burden of proof is on them)。

所有代词都有反身代词和物主代词两种形式。反身代词是指称同指名词或代词,如 The children amused themselves 或 We must remind ourselves to arrive early tomorrow。物主代词出现在名词短语中的中心词之前(例如,my book, your watch),或者作为名词短语的中心词(例如,That cookie is mine, Those glasses must be hers)。

不定代词,如 someone 或 none,只出现在第三人称中,且只有一种形式。与第一人称和第二人称不同,它们不会因为在主语或宾语位置的变化而产生形式的改变。

名词短语的内部结构。虽然一个名词短语可能只包含一个作为中心词的名词或代词,但是其他形式类可以选择性地出现在中心名词之前或之后。下图显示了名词短语中出现的一些常见形式以及它们与名词中心词的相对位置:

限定词短语	形容词短语	中心词	介词短语、关系分句
the	expensive	house	on the hill
every	beautiful	city	that we visited

名词短语开始部分包含的一类词叫做限定词(Huddleston and Pullum 2002:368—399),它们是限定词短语的一部分。限定词包括冠词(例如,a, an 和 the)、指示词(例如,this, that, these, those)、不定代词(例如,all, every, most, many 等)和基数词(例如,one, two, three 等)。

名词短语的第二个位置(如果名词短语含有一个限定词短语)则是由形容词短语占据,形容词短语后紧跟名词中心词。与名词一样,形容词有时也可以通过其所具有的后缀来识别。长度为一个或两个音节的程度形容词(即可以按比例衡量的形容词),其比较级和最高级形式分别是在词尾加上-er 和-est 来构成。例如,small, smaller, smallest; nice, nicer, nicest。长度超过两个音节的形容词可以通过在形容词前使用 more 和 most 分别构成比较级和最高级。例如,beautiful, more beautiful, most beautiful; conservative, more conservative, most conservative。有些后缀只能在形容词上才能找到,如-ic(例如,electric、fantastic、diabetic)、-able(例如,reasonable、comfort、 tollerable)、-ive（例如，festive、ability、restive）或-al（例如，diabolical、rational、seasonal）。

在上表的例子中，形容词短语由单个形容词为中心词构成。然而，形容词短语的中心词也可以是多个。正如在下面例子中 victory 前的 quick and just 部分：

It was in the US government's interest to present Desert Storm as a **quick** and **just** victory.

(MICASE LEL220JU071)

当然，形容词中心词前面也可以加上如 very 或者 somewhat 之类的强调性副词：

The people in the wheelchairs in the group are already very **proficient** dancers.

(ICE-GB S1A-001 076)

This *somewhat* **idiosyncratic** interpretation is no doubt coloured by the specificities of French history.

(BNC AOK 21)

名词短语中心词后面的部分是名词短语的结束部分，这个部分既可以是一个介词短语，也可以是一个关系分句（在后面的从句部分将会讨论这种分句）。与名词和形容词不同，介词没有特殊的形式，例如，没有独特的标示该词为介词的后缀。此外，介词通常不能独立存在，而是需要在其后面使用一个宾语，这个宾语通常是由名词短语来担任的。例如，在介词短语 in the hill 中的 the hill 部分。这个宾语也可以是一个分句。在下面的第一个例子中，介词 in 后紧接以 keeping 开头的分句。在第二个示例中，介词 of 后紧接以 how 开头的分句：

It plays a key role *in keeping city streets on the move* and is even the object of the best modern designers' desire.

(BNC A3M 67)

So we have this idea *of how well they're closing and opening*.

(ICE-GB S2A-056 056)

用于对介词进行分类的语义类非常复杂。介词表达的两个基本含义是时间和位置。在介词短语 on the hill 里,介词 on 规定了位置。然而,在其他语境里,on 可以表示时间,例如,on time,on my birthday。其他介词也同样可以表达时间和空间:in a moment/in the garden; at noon/at my father's house; by tomorrow/by the bookcase。然而,虽然这些含义很容易辨别,但其他含义则较难辨别。例如,在上面的例子中,keeping city streets on the move 前面的介词"in"就没有容易识别的含义。相反,它的使用更多的是它跟随了名词中心词的结果,而这纯粹是由于习惯用法的原因而采用了介词 in。英语有许多介词与名词、动词和形容词的惯用组合。表 5.3 列举了一些示例。

表 5.3 介词与名词、动词和形容词的惯用组合

分类	例子
名词	an expert *in* aerodynamics, an authority *on* golf, a fight *over* money, the pick *of* the litter
动词	call *off* the meeting, tear *up* the contract, get *on* with your life, cave *in* to their demands, talk *through* his problems, track *down* the order
形容词	prone *to* anxiety, low *on* money, jealous *of* his brother, satisfied *with* the results

当然，这只是表中各种惯用组合的代表。动词－介词组合在英语中如此常见以至于有时被称为短语动词或介词动词。这两个结构的一个区别是介词是否可以在短语中移动。

  I've got to **take down** all that wallpaper.
  (CIC)
  ... **take** all that wallpaper **down**.

在介词短语中不能移动

  She **looked at** Ethel, who had secured a notebook and pencil.

          （BNC AOD 2249）

  * She **looked** Ethel **at**, ...

嵌入和递归。介词短语在名词短语中的出现展示了句法中一种更普遍的现象——嵌入，即在一个结构中包含另一个结构。下面的名词短语包含多个嵌入实例。

  ... acts of successful mob violence against the authority of the church and nobility

          （ICE-USA W2A-001）

名词短语的中心词 acts 后面紧跟着一个嵌入的短语，这个短语以 of 开头。依次地，这个介词短语又包含了一个嵌入的名词短语 successful mob violence。另一个以 against 的介词短语又被嵌入以 mob violence 为中心词的名词短语中。介词短语中的 the authority 是介词 against 的宾语，这个介词短语包含了另外一个嵌入的介词短语：of the church and nobility。

在其他结构中重复嵌入类似结构的过程称为递归。理论上，递归是无限的。在上面的例子中，我们可以在名词短语中无限地嵌入介词短语。然而,在实践中,嵌入有明显的限制:过度嵌入会导致冗长的结构,这不仅在风格上显得笨重,而且句子也难以理解。

动词短语

一般来说,语言学家和语法学家对名词短语的定义非常相似。然而,对动词短语的定义却有两个不同的观点:一个是相对约束的定义,而另一个定义则比较宽泛。

Quirk 等认为(1985),动词短语包含两个组成部分:必要词汇动词(他们称其为"完全动词")充当动词短语的中心词和一个或多个可选助动词。如果动词短语中有助动词,则它们总是放在词汇动词之前,如果有情态动词,则情态动词还应放在助动词之前。在下面的例子中,动词短语以情态动词 can 开头,后面紧跟组动词 be 和词汇动词 read。

  Certainly, a lot **can be read** into a hairstyle.

（BNC A7N 698）

词汇动词是开放性词汇,因为新的词汇动词正不断地被添加到英语中。词汇动词可以分为规则动词和不规则动词。表 5.4 列出了所有词汇动词的五种形式,也包括了规则动词和不规则动词的例子。

表 5.4 规则动词和不规则动词形式

	基础形式	一般现在时	一般过去时	现在完成时	现在进行时
规则动词					
	walk	walks	walked	has walked	am walking

(续表)

	基础形式	一般现在时	一般过去时	现在完成时	现在进行时
	move	moves	moved	has moved	am moving
	love	loves	loved	has loved	am loving
不规则动词					
	drink	drinks	drank	has drunk	am drinking
	ring	rings	rang	has rung	am ringing
	bet	bets	bet	has bet	am betting
	sit	sits	sat	has sat	am sitting

规则动词有两个特点：它们总是包含同一组动词结尾(-s、-ed等)，其词干永远不会改变。例如，动词 walk 将有一个基础形式(有时称为不定式形式)，基础形式没有动词结尾，并且它也是在不定式标记 to 之后使用的形式：to walk。此外，动词有四种形式用于标记时态和体(语义概念将在下一章中讨论)。walk 有-s 和-ed 形式，分别用来标记现在时态(walks)和过去时态(walked)。但是-s 形式只出现在第三人称的单数主语中，如 He walks, She walks, It walks。对于第一人称 I 或第二人称 you，却没有这样的词尾标记，比如，I walk, You walk。-ed 分词和-ing分词形式与主要辅助词 have 和 be 的各种形式一起使用，以表示完成体(have/has walked)和进行体(am/was/were walking)。

不规则动词并不总是像规则动词那样，拥有相同的结尾。另外，不规则动词的词干也不是一直不变，有时动词内部的元音会发生变化：例如，fight 的过去式为 fought。但是，尽管有这些不规则的情况，但是不规则动词还是遵循一定的模式。Quirk 等人(1985:104—114)根据动词拥有的不同形式的数量以及动词所经历的内部元音变化的相似性等标准，假定出七类不同的不规则动词。例如，表 5.4 中的 drink 和 ring 有五种不同的形式。此外，动词词干所具有的内部元音变化是相同的。动词 bet 和 sit 相似，因为它们只有三种不同的形式，这是英语中动词所能拥有的最少的形式数。相比之下，如表 5.5 所示，动词 be 在英语中的形式最多——八种。

表 5.5　动词 be 在英语中的形式

基础形式	一般现在时	一般过去时	现在完成时	现在进行时
be	(I) am (we) are	was	have been	am being
	(you) are	were		
	(he/she/it) is (they) are			

　　动词 be 有如此多的形式，因为它需要做出区分，而其他动词不需要。例如，虽然现在时态中的规则动词只在和第三人称单数主语出现时才以-s 结尾，但动词 be 在现在时态中却有三种不同的形式，它们随人称而变化(例如，am 与第一人称 I 一起；is 与第三人称 he,she,it 一起)。此外，动词 be 有两种不同的过去时态形式——was 和 were——用于单数主语和复数主语，规则动词不需要有这一区别。

　　与词汇动词不同，助动词是封闭词汇，不是开放词汇。因此，英语中的助动词数量有限，可以像表 5.6 那样被列出。

表 5.6　英语中的基本助动词和情态助动词

助动词类型		
基本助动词	现在时	过去时
be/been/being	do(es)	did
	am/are/is	was/were
	has/have	had
情态助动词	核心情态动词	短语情态动词
	may/might	
	can/could	
	will/would	be going to
	shall/should	ought to/need to
	must	have to

如表 5.6 所示,基础助动词 be 和 have 都有数的标记。如前所述,基础助动词分别表示进行体和完成体。但是,基础助动词 do 有不同的功能,它主要出现在某些类型的疑问句和否定句中。在下面的第一个例子中,did 和词汇动词 fight 一起出现在 wh 疑问句中,而在第二句中,did 与短语动词 pick up 连用。

  Why **did** the Vietnamese ultimately **fight** on?

(MICASE LES495JU063O)

  I **did** not **pick** her **up**.

(ICE-GB S1A-020 004)

在上述两个例子中,did 没有真正的意义,它只是用来构成一个疑问句或否定句。因此,在一些语法中,它被称为伪 do。以上句子形成方式的具体细节将在下一节"分句、句子和分句功能"中讨论。

助动词 do 还有另外一个用途。在下面的示例中,它用于强调说话者确实喜欢听听话者讲话的事实:

I **do** like to hear you talk.

(BNC GO7 625)

如果没有 do——I like to hear you talk——这个声明就没有被那么强调了。

英语中有两类情态动词:核心情态动词和短语类情态动词。表 5.6 列出了英语中所有的核心情态动词,也选择性地列举了部分短语情态动词。像 be going to 这样的表达式被认为是一个情态动词是因为和情态动词 will 一样,它表示将来的时间,并出现在动词短语的开头。在下面的示例中,will 和 is going to 都标记了将来的时间,并放在了词汇动词 leave 之前。

Joanne's commitment to the next 12 months **will leave** her little time for…

(BNC AOV 1096)

Joanne's commitment to the next 12 months **is going to leave** her little time for…

然而,尽管 will 和 is going to 在这个语境里可以互换,但在其他语境里则可能不能。

与基本助动词不同,情态助动词通常没有数或时态的变化。例如,无论情态动词 must 的主语是单数还是复数,其形式都是相同的。

The **machine must** serve the customer, not the other way around.

(ICE-GB W2E-009 084)

The **machines must** ...

此外,诸如"can"和"could"等情态动词之间的差异通常是意义上的差异,而不是时态上的差异。在下面的例子中,用 could 替换 can 并不会改变句子中的时态,而是改变句子的意思。

Can you give us the title of the book?

(MICASE C0L999MX040)

Could you give us the title of the book?

通过使用情态动词 can,说话者询问听话者是否可以提供书的名字,这是一个需要回答知道或者不知道的问题。然而,如果用 can 替换 could,这个句子就成了对书名的礼貌询问。换句话说,说话者假定听话人知道书的书名,并间接地要求她说出书名。关于 could 的这个用法,我们已经在第三章中关于间接言语行为和礼貌的章节中讨论过了。

虽然在一个动词短语中一次只能出现一个情态动词,但却可以出现多个基础助动词。在下面的例子中,情态动词 may 后面跟随着两个基础助动词 have been。

Detectives said Mrs Page-Alucard **may have been murdered** as early as Friday morning, more than 24 hours before her body was discovered.

(BNC A49 659)

虽然也可能找到三个基础助动词放到一起的情况,但是这样的例子是罕见的。下面的例子包含三个基础助动词 has、been 和 being,它们被放置在了词汇动词 discussed 之前。

That er, er, little action has been taken in the last thirty forty years since this **has been being discussed**, erm, I think the first international conference erm, produced their own report in nineteen sixty.

(BNC JJG 542)

在有 1 亿词的英国国家语料库中,这样的动词短语只有两例。

扩展动词短语的范围。因为 Quirk 等人(1985)将动词短语限制为仅由一个必要词汇动词和一个或多个可选助动词组成,因此他们将 *I called my mother* 这个句子中的动词短语用图 5.1 进行了图式化。

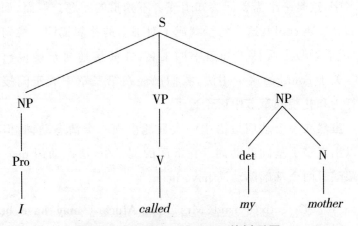

图 5.1 **I called my mother** 的树形图

根据图 5.1 中的树形图所示,I called my mother 这个句子(标记为 S)有三个独立的成分,分别是两个名词短语和一个动词短语。最后一个名词短语并没有嵌入动词短语中。然而,有人声称后面一个名词短语 my mother 不是句子中的独立成分,而是嵌入动词短语中的名词短语,如图 5.2 所示。

第五章　英语句法

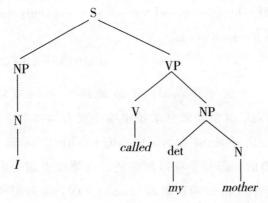

图 5.2　对 I called my mother 的另一种理解的树形图
(Aarts and Haegeman 2006)

Aarts 和 Haegeman(2006:130)主张这一分析,理由是 called my mother 是一个单独的单位,而不是句子中的单独成分。为了支持这一说法,他们认为如果用动词 do 代替上述句子的一部分,do 将同时代替动词和名词短语,而不仅仅是动词。因此,如果有人问"你打电话给你母亲了吗?"可能的回答是"是的,我打了",用"did"替代了"called my mother"。如前所述,替代可以用来测试某个结构是不是句子的一个成分。

Aarts 和 Haegeman(2006)认为动词短语中除了可以包含名词短语,还可以包含其他元素,比如副词短语。在之前对形容词短语的讨论中,我们注意到某些类型的副词短语可以出现在形容词短语中并用于强化形容词,比如形容词短语 very nice 中的 very。然而,有一种副词短语,它的位置非常灵活,可以出现在分句的许多位置上。请看以下示例中副词 only 的位置。

　　I was the **only** teacher in the whole school who did not have textbooks.

(SBCSAE)

The planner is set up so you can **only** choose one action for each state.

(MICASE DEF270SF061)

在第一个例子中，only 只是聚焦于名词短语中心词 teacher，强调了这个老师是学校里唯一没有课本的老师。因为 only 出现在定冠词 the 和名词中心词 teacher 之间，所以说 only 是名词短语的一部分是可以理解的。在第二个例子中，only 出现在情态动词 can 和词汇动词 choose 之间。按照同样的逻辑，我们也必须认为 only 是动词短语的一部分。Aarts 和 Haegeman(2006:129)认为，除非另有说明（即 only 在动词短语之外），否则人们必须允许一个"不连续"的动词短语；也就是说，在上面的例子中，can 和 choose 可以被分割成两个部分，并且构成了两个独立的动词短语，这两个动词被副词 only 分隔。由于这种成分结构是不可信的，所以说动词短语必须扩展到包括副词短语也是可以理解的。

副词作为副词短语的中心词，是一个非常异质的形式。正如 Huddleston 和 Pullum(2002:563)所评论的，"副词是一个杂类或剩余类——凡是不满足名词、动词、形容词、介词和连词的具体标准，则都可以把它归到这一类别"。尽管 Huddleston 和 Pullum(2002:264)试图限制副词类中包含的项的数量，但副词类也非常多样。

虽然许多副词以后缀-ly 结尾，但并非总是如此。例如，下面的句子包含四个以-ly 结尾的副词：

A single-volume history has **recently** been **courageously** and **skillfully** attempted by Hugh Honour and John Fleming, which **inevitably** suffers from the problem of compression.

(BNC AO4 450)

第一个副词，recently，是一个时间副词，这类副词包括其他以-ly结尾的副词，如 momentarily 和 temporarily。然而，其他的时间副词，比如 now 和 then，并不是以-ly结尾。此外，有些以-ly结尾的词根本不是副词，而是定语形容词，如 lovely 和 lonely，因为它们出现在名词之前：

It's a **lovely** dress.

(BNC FS1 1260)

courageously 和 skillfully 是方式副词，它们可以分别被解释为"勇敢的方式"或"熟练的方式"。最后一个副词，inevitably，是副词中最大类别之一，Quirk 等人（1985：620）把它称之为内容评注性状语，这类副词使说话人或作者能够"评论他（或她）所说或[所写]的内容"。在上述例子中，作者用副词 inevitably 来表达他的观点，即因为这本书只有一卷，所以没有包含足够的细节。

虽然副词短语的长度通常是一个单词，但如果副词中心词表达程度，则可以使用用于强化形容词的相同副词来强化副词，例如 very recently，somewhat skillfully，quite erratically 等短语中的 very，somewhat 和 quite。虽然强化修饰语只出现在它们强化的副词之前，但其他副词是可移动的。但是，不同类型的副词通常在一个分句中有优先位置。例如，如果地点副词和时间副词一起出现，则地点副词（下面例子中的 here）将始终位于时间副词（yesterday）之前：

I saw that some of you were **here yesterday**.

(MICASE STP545JU091)

副词 hopefully 既是一个内容评注性状语（某些语法中叫做立场副词），又是一个方式副词。作为一个内容评注性状语，它的意思为"希望"，要么出现在句首，要么出现在句首之后不远的位置上。

Hopefully it will improve Neil a bit but I think he's happier where he is now.

(ICE-GB S1A-025 285)

Well **hopefully** I won't be with Natalie by then so.

(SBCSAE)

然而，作为方式副词，它的意思是"以希望的方式"，并且倾向于放在动词之后：

Loretta waited **hopefully**, anxious to hear more about Veronica's relationship with Puddephat.

(BNC HTR 2384)

由于方式副词与分句中的动词有着密切的联系，所以它们往往出现在动词附近或句子末尾。

连词副词，如 therefore 或 however，出现在离句首较近的地方。

SU-m: So is that the review questions, all the review questions?

S1: Yeah um **however**, you can rest assured that the questions that were on the midterm will not be on the final.

(MICASE LAB175SU033)

正如第三章关于"衔接"一节中所述，诸如 however 一样的副词建立了文本各部分之间的联系，而这种联系最好是在分句开始时建立起来。因此,连接副词出现在分句的开头。

影响时间副词位置的因素,诸如地点副词 here 或者连接副词 consequently,不仅适用于副词短语,也适用于介词短语等其他短语。像 consequently 一样,介词短语 as a result 也出现在分句开头的位置上。虽然这些结构形式不同,但它们的功能相同,都作状语。下一节我们将详细描述分句功能的概念,并阐述两个附加形式类的结构:分句和句子。

分句、句子和分句功能

像单词和短语一样,分句和句子也有特定的形式。例如,陈述句 The child rode a bike 由名词短语 The child 和动词短语 rode a bike 组成,动词短语内还有另一个名词短语(a bike)。然而,分句和句子不同于词和短语,因为它们可以被分析成具有不同的分句功能:主语、谓语、宾语(直接宾语或间接宾语)、补语(主语补语或宾语补语)和状语。在上面的例子中,The child 是主语,rode 是谓语,a bike 是直接宾语。相似的形式可以有不同的功能,因为特定形式所具有的功能与它周围其他形式相关。在句子 The police officer questioned the child 中,the child 是直接宾语,而不是这个句子的主语。

在所有分句功能中,谓语最重要,因为谓语中的词汇动词决定了分句的论元结构,即决定了给定子句中除谓语之外的分句结构的数量和类型。例如,由于动词 died 是不及物的(即不允许有宾语),它可以出现在只有一个论元的分句中,在下面的例子中,the patient 是名词短语,是 died 的主语,也是分句中唯一的论元:

Although technically the health authority bears

responsibility, in practice the funeral arrangements are made by the staff of the hospital where **the patient died.**

(BNC AOY 258)

相反,在下一个例子中,由于动词 give 是及物动词(即最多允许有两个宾语),它可以允许有比动词 died 更多的论元。在本例中,谓语 give 有三个论元:主语(I)、间接宾语(him)和直接宾语(a red pepper)。

I gave **him a red pepper.**

(SBCSAE)

虽然谓语中的动词决定了分句中可以出现哪些分句功能,但主语和宾语等功能的定义取决于每个功能所具有的一系列语言特征,以及功能间互相区别的一系列语言特征。其中一个语言特征是位置性,主语往往出现在动词之前,宾语出现在动词之后。然而,这种概括并不总是正确的。当宾语被主体化之后(如句子 Beans I like),宾语就出现在了主语的前面。因此,为了充分定义一个给定的分句功能,通常有多个与之有关的语言特征需要被联系起来。例如,许多含有直接宾语的句子往往可以被动化,直接宾语就成为相应被动语态句子中的主语。因此,在句子 The police officer questioned the child 中,直接宾语——the child——变成了相应被动语态 The child was questioned by the police officer 中的主语。

为了定义分句功能以及它们出现的分句和句子的形式,本节首先讨论主句和从句之间的区别,描述分句是如何并列的,然后定义出现在四种英语基本句型——陈述句、疑问句、祈使句和感叹句——中的各种分句功能。

主句和从句

所有句子都由一个必要性主句和一个或多个可选从句组成。要描述主句和从句,区分限定动词形式和非限定动词形式和讨论从句中出现的各种从属连词是很有用的。

虽然理论上说单个主句可以包含许多不同的分句功能,但所有主句的定义特征是它们必须包含一个由限定动词构成的谓语。谓语是一个分句功能,它包含了 Quirk 等人(1985)对动词短语定义的所有元素,一个必要的词汇动词和一个或多个可选的助动词。在下面的三个例子中,谓语都出现在单个主句中,分别是 walks,talk 和 was thinking。

　　She just **walks** away.

(BNC A74 3045)

　　We **talked** about this yesterday too.

(MICASE COL285MSSX038)

　　I **was thinking** of Turkish yoghurt.

(ICE-GB S1A-063 018)

依次地,每个谓语都由一个词汇动词或限定的助动词组成,并伴有一些标记为时态的语言元素。

分句成为从句的条件是:

(1)它缺少一个限定动词,包含一个或多个非限定动词;或

(2)它由如 when,if,because,或者 who 等从属连词来引导。

在动词短语 was thinking 中,虽然 was 是限定动词,但是 thinking 是非限定动词。动词 thinking,是一个分词形式,是非限定的,因为它标记的是体,而不是时。因为时和体是语义概念,我们将在下一章中更详细地讨论它们。但对动词短语 was thinking 的分析将简要说明这两个概念之间的区别。在这个短语中,由于助动词 was 标记了过去时间,它确定了"thinking"这个动作是发生在过去某个时间的活动。相比之下,词汇动词 thinking 并不将"思考"的行为置于任何特定的时间点,而是更多地关注话语的"时间流"。正如 Huddleston 和 Pullum(2002:117)对体所描述的那样,他们认为"思考"这一活动是一个连续的过程。如果使用的助动词是 am 而不是 was,那么这个持续性活动的概念仍然存在,但"思考"的时间框架就从过去转移到了现在。

英语有两个体:进行体和完成体。如上所述,进行体用-ing 分词标记,完成体用-ed 分词标记。当这两个分词出现在一个没有限定动词的分句中时,该分句将始终是从属的。为了说明从属关系是如何工作的,请考虑下面的示例,其中包含两个分句:一个从属分句(在括号内部分)和后面所跟的主句:

[**Thinking** he was taking a call from the FBI liaison man in London to announce Simon Cormack's release,] Michael Odell did not mind the hour: 5 a.m. in Washington.

(BNC CAM 1828)

正如术语"从句"所暗示的那样,从句总是主句的一部分。在上面的例子中,包含非限定分词 thinking 的从句((a)句)从属于主句((b)句)。主句((b)句)由限定助动词 do 的过去式形式 did 标记了过去时间。

(a) Thinking he was taking a call from the FBI liaison man in London to announce Simon Cormack's release …

(b) … Michael Odell did not mind the hour: 5 a.m. in Washington.

对于从句是主句的一部分还是与主句分离,理论家们也会有不同意见。但重要的一点是从句总是与主句相关联。含有-ing分词的分句是三种包含非限定动词的分句中的一种。Quirk 等人(1985:150—151)从这三种非限定动词出现的分句中确定了它们。另外一种是包含了-ed 分词的分句。在下面的两个例子中的括号部分是由不规则-ed 分词 driven 和 taken 引导的两个分句。

[**Driven** by disappointment in the present, concern for the future and nostalgia for the past,] feelings of nationalism flowed out again into old moulds.

(ICE-GB W2B-007-086)

So I have a Spanish um, English bilingual sample, [**taken** from a class actually of self identifying US Latinos.]

(MICASE STP355MG011)

下面的两个示例展示了第三种类型的非限制分句,称为不定式分句。这类分句由不定式标记 to 后紧跟动词的基本形式构成。

[**To** choose the best model initially,] we examined main effects and interaction terms for the Armed Forces Qualifying Test composite.

(ICE-USA W2A-024)

[**To** begin to decrease this isolation] is therefore a vital part of the stress-reduction programme.

(BNC CKS 1275)

虽然前面所有的从句都包含非限定动词短语,但是从句也可能包含限定动词短语并以从属连词 if, because, while, who, when 和 even though 等开头。在下面的例子中,从属连词 if 引导了含有限定动词 has 作为中心词的动词短语 has been discussed 的从句。

I don't know [**if** that issue has been discussed by the um coordinating council].

(SBCSAE)

下面的示例展示了由其他不同从属连词引导的从句。

[**When** my finances are more stable] I will visit Paris.

(ICE-GB W1B-008 135)

They had a vague idea [**where** the place was].

(BNC AO3 846)

They were actually selling their beadworks [**because** they realized a lot of Westerners were really into that.]

(MICASE LEL115JU090)

These actors are place entrepreneurs [**who** strive for maximum financial return through investing, renting, or taxing property.]

(ICE-USA W2A-014)

上文最后一个含有 who 的从句是一种特定类型的从句,关系从句。关系从句嵌入在名词短语中,它们通常由 who(m)、which、that、whose,有时还由 where 和 when 等引导。在上面的例子中,使用了 who 是因为它被用来代替人称名词——place entrepreneurs。在这个例子中也可以使用关系代词 that。

These actors are place entrepreneurs that strive…

that 和 which 还可以用来代替非人称名词。在下面的例子中,which 用来代替了非人称名词 cottage。

I lived with an elderly lady in a little thatched **cottage which looked like something out of Hansel and Gretel.**

(BNC BN1 2204)

名词短语的分句功能是相对性的,这种相对性确定了到底该使用 who 还是 whom。在下面的例子中,who 被用来代替了分句的主语部分。这一功能说明了这样一个事实:当用 who 来代替像 they 或者 them 这样的人称代词时,who 用来代替主格形式 they。

Women who were never **married** or widows uh continue to play a major role in Pauline churches.

(MICASE COL605MX132)

Women [women were never married or widows] uh

[they were never…]

continue…

在下面的例子中,whom 被用来代替了分句中的宾格部分。因为句子中的 those 可以用宾格 them 来代替,不能用主格 they。

Aeneas suffers perpetual isolation as he wanders from place to place, having lost those **whom** he loved.

(ICE-GB W1A-010 019)

Those [he loved those]

[he loved them]

因为 whom 正在从英语中逐渐消失,因此在不太正式的问句中,who 可以用来代替 whom。

… having lost those who he loved.

宾语可以从相对性关系中体现出来,因此有时也可以完全省略关系代词,从而创建出一个包含被称为零关系代词的分句。

...having lost those he loved.

还有一种类型的从句,称为无动词分句。这类分句包含一个从属连词,但不包含任何谓语部分。

Franco never took major steps [**when** in doubt].

(BNC HPV 1012)

上述从句暗示了主语和谓语:when [Franco was] in doubt。

并列。从句有时被称为从属分句因为它们是其他单位的一部分,也不能单独存在。例如,关系分句嵌入在名词短语中。然而,有了并列,就不再存在从属关系。两个或多个类似的单位由 and,or 或者 but 这样的并列连词连接起来。下面的例子展示了由 and 并列的 4 个名词短语。

These are an elite group comprising **S. Korea** and **Singapore**.

(ICE-GB W1A-015 076)

由 or 并列的两个名词短语:

The body is not **an instrument we can replace** or **a symbol we can contest**; it is inescapably us.

(ICE-USA W2A-001)

由 and 并列的两个含有非限制-ing 分词形式的分句:

Coming out of the libraries and **walking through the courtyard towards the gate at the other end**, you will see on your left the facade of the Church of St Mary.

(BNC APT 661)

由 but 并列的两个主句

There are a lot of ways you could you know check for inactivity but the point is that's not a good measure of global quiescence.

(MICASE MTG270SG049)

虽然 and 和 or 可以并列两个及两个以上的分句,但是 but 却最多只能并列两个分句。虽然在前面的例子中可以非常清楚地看到并列的"类似"单元,但在某些情况下,这个概念会有问题。例如,在下面的例子中,两个名词短语被并列在一起。第一个名词短语由名"Frank"组成,而第二个名词短语既有名也有姓:Dweezil Zappa。

However, free tempo soloing can sound great—just look at **Frank** and **Dweezil Zappa**.

(BNC C9J 2301)

为了解决例子中的这样的不平行问题,Matthews(1981:203—207)认为,在这个例子的第一个并列部分中,姓氏是"潜在的";也就是说,它在这个名词短语中是隐含地存在的。因此这个并列结构实际上是类似于如下结构:

Frank [Zappa] and **Dweezil Zappa**

在其他情况下,也有必要使用省略,省略某一个与另一项相同的项。下面的例子中的空格部分展示了在并列的第二个部分中间被删除了一些项。

It looked like the sort of place where muggers **might** lurk and accidents [ ] wait to happen.

(ICE-GB W2F-006 #16:1)

在本例中，并列的两个结构分别为 might lurk 和 might wait，它们具有相同的项 might。根据并列项中相同项可以省略的原则，第二个并列结构中的 might 就被删掉了。通过在第二个并列部分使用省略，可以认为两个相似的单位——主句——是并列的，而不会认为是一个主句和一个不完整的分句的并列。

分句功能

分句功能最好根据它们之间的关系来定义。虽然代词 I 和 me 可以清楚地分别看作主语和宾语，但英语中的名词短语却没有这样的标记。因此，需要考虑用其他的语言标准来确定分句中的某个特定成分应该被赋予什么功能。例如，名词短语可以充当主语、宾语、补语或状语。然而，名词短语是否可以作为主语或直接宾语，则取决于名词短语与谓语之间的关系。在句子 The child paints pictures 中，名词短语 The child 是主语，pictures 不是，因为主语和谓语在数量上保持一致，而直接宾语则不需要。如果 child 被用作了复数形式，则谓语动词也需要变成另外一个形式，句子就变成了 The children paint pictures。当然，如果动词改为过去时，则主谓一致性就变得无关紧要了。因为 painted 既可以和单数（child）连用也可以和复数（children）连用。后一个例子并不能让主谓之间一致性失效，毕竟谓语暗示了句子中哪一部分是主语。这个例子只是说明，要定义从句的每个元素需要考虑其他的语言标准。

由于主语和谓语是大多数分句都包含的分句功能，因此在我们定义英语中的四种类型的句子——陈述句、疑问句、感叹句和祈使句时，我们会首先考虑它们。本节将会在最后讨论其他的分句功能：宾语（直接和间接）、补语（主语和宾语）和副词。

尽管诸如"主语"和"直接宾语"等术语在英语的各种语法中的

使用都相当一致,但在一些传统的语法中,其他分句功能有不同的名称。例如,在一些语法中,使用"表语形容词"而不是"主语补语"。为了一致性,本节中使用的术语(有一个例外)将会使用 Quirk 等人(1985)使用的术语。这个例外涉及术语"verb",Quirk 等人(1985)既用它来描述动词的形式也用它来描述其功能。由于"verb"这一术语的双重使用可能会造成不必要的歧义,因此"谓语"一词用于描述动词元素的功能,而"动词"一词仅用于描述其形式。

主语和谓语。 在对 100 封商业信函中的 677 个句子的分析中,Pelsmaekers(1999:266)发现 83％的句子是陈述句,11％是祈使句,6％是疑问句(感叹句的频率不包括在研究中)。尽管商务英语不能代表普通英语,但这些统计数字确实表明书面英语中的陈述句比祈使句和疑问句的比重更高。在英语口语中,分布则是不同的。虽然 Biber 等人(1999)没有给出自发对话中陈述句出现的频率,但是他们确实注意到,在自发对话中疑问句和祈使句比在小说、新闻或学术写作中更常见,而且疑问句的频率要高于祈使句。这些分布显然有一个功能基础,即与写作不同,对话是交互式的,这导致说话者更频繁地相互提问,或者更频繁地使用命令来发出请求。尽管祈使句缺少主语(特殊情况除外),但其他三类句子(最低限度)同时包含主语和谓语,使这两个分句功能成为分句的主要元素。

谓语有一个相当直接的定义。它只包含动词元素:一个必要的词汇动词和一个或多个可选的助动词。此外,只有这些元素可以作为谓语,它们不能有任何附加功能。然而,主语在形式上更为多样——它们可以是名词短语或某些类型的分句——而且这些形式也可以具有其他功能。例如,名词短语也可以用作宾语、补语或状词。因此,主语是根据其在从句中的位置及其与谓语的关系来定义的。

由于英语中无标记的词序是 S(主语)V(动词或谓语)O(宾语),所以在陈述句中,主语常位于谓语之前。然而,单靠位置还不足以定义句子的主语,正如前面所提到的,其他分句元素也可以放在谓语之前。在下面的例子中,两个名词短语,This morning 和 two workmen,都放在了谓语 were screwing 之前。

This morning, two workmen were half-heartedly screwing new bulbs into the sockets.

(BNC HOF 1708)

由于动词是复数形式 were 而不是单数的 was,因此分句中的主谓一致性就确定了复数名词短语 two workers 是主语,而不是单数形式的 this morning。但是,在一些主谓一致不相关的情况里,可以通过比较陈述句和疑问句的结构来确定主语。因为当把陈述句和用于比较的疑问句的结构进行对比时,主语和谓语的某些部分的位置会发生系统性的变化。

一般疑问句就是由把主语和 Quirk 等人 (1985:79—81) 定义的起动词在分句内的位置交换得到的。当把上面的例子变成一般疑问句时,请注意助动词 were 是如何改变位置的。可以发现 were 是和 two workmen 发生了位置的变化而不是和 this morning。

This morning, **were two workmen** half-heartedly **screwing** new bulbs into the sockets?

所有的助动词(包括基础助动词和情态助动词)和词汇动词 be 的所有形式都可以成为起动词,有时也被称作系动词。下面的例子分别说明含有情态助动词、基础助动词和词汇动词 be 的主语与起动词的倒装。

Abortion should be illegal.

(MICASE STP545JU091)

→ **Should abortion** be illegal?

Both firms have taken a 45 percent stake in each other's truck business.

(BNC A6W 172)

→ **Have both firms** taken a 45 per cent stake…?

Some people are lucky.

(SBCSAE)

→ **Are some people** lucky?

还有一类用在问句中的起动词,这类起动词包含除 be 以外的一个词汇动词,不包含助动词。下面的两个例子包含词汇动词 left 和 listens。当把下面的例句变成一般疑问句时,词汇动词和主语不会改变位置(* leave she … ?),而是起动词 do 出现在主语之前,带有词汇动词的时(第一个例子是过去时,第二个例子是现在时):

She left it on the seashore.

(ICE-GB S1A-018 069)

→ **Did she** leave it on the seashore?

She listens to herself.

(BNC KBE 1398)

→ **Does she** listen to herself?

在上面的例子,使用所谓的外显语 do 是英语中一个相对较新的现象,可以追溯到早期的现代英语。它不仅可以用于上述问句中,而且还可以用于带有否定标记 not 的平行环境中。因此,当下面的前两个例子被否定时,not 被直接放在 should 和 are 之后。

Should abortion be illegal?
→ Abortion **should not** be illegal.
Are some people lucky?
→ Some people **are not** lucky.

然而,在下一个例子中,did 是被放置在 not 之前,正如需要把句子变为一般疑问句时那样:

Did she leave it on the seashore?
→ She **did not** leave it on the seashore.

在英语的另一类主要疑问句——特殊疑问句中,do 与 be 以外的词汇动词连用与否与这个问题是主语指向还是宾语指向有关。特殊疑问句以 which, why, when, who, where 和 how 等特殊疑问词开头。一般疑问句引出一个"是"或"否"的回应(当然,除了间接言语行为),特殊疑问句要求听者提供特定的信息,或者在书面文本中对读者提出一个反问。

What do we have in common, **what can** we talk about?
(ICE-USA W2A-020)
When is it appropriate to use a T-test and **when isn't** it?
(MICASE OFC575MU046)
How have you been since then?
(ICE-GB S1A-089 221)
Where did that language of exaggeration come from?
(SBCSAE)

在上面的例子中,起动词的选择遵循了一般疑问句和否定句展示的模式:第一个例子中 do 和词汇动词 have 一起;第二个例子中,将 can 进行了倒装。然而,当特殊疑问词聚焦在主语而不是宾语上时,这个模式会不同。下面两个例子都包含了词汇动词 go 的某种形式。在第一个例子中,焦点是那个人去找了谁。对这个问题的一个可能回答是 He went to her。因此,这是一个宾语指向的特殊疑问句,需要使用外显语 do。

Who did he go to?

(BNC HTX 4084)

然而,下面这个例子聚焦的是进入房间的那个人。一个可能的回答是 She went into the room。相比于前面的那个例子,这是一个主语指向特殊疑问句。因此,不需要使用外显语 do。

Who went into my room?

(BNC FS8 2110)

除了陈述句和疑问句,英语还有感叹句和祈使句。Quirk 等人(1985:834—835)认为感叹句(Quirk 等人使用术语"exclamatives")在形式上是非常有限的。它们以两个特殊疑问词开始:what 或 how。如果句子以 what 开头,那么 what 后面紧跟着不定冠词、形容词和名词中心词,最后是主语和谓语:

What a lovely day it was!

(BNC EFW 1763)

What a jerk you are.

(SBCSAE)

如果句子以 how 开头,how 后面紧跟形容词并对形容词进行强化;形容词后面跟着主语和谓语。

How wonderful she is you know.

(ICE-GB S1A-010 217)

How stupid I was!

(BNC FRX 134)

正如上面的两个例子所展示的，在书面语中，感叹句以感叹号结束。然而，并非所有以感叹号结尾的句子都是感叹句。下面第一个例子是祈使句，第二个例子是陈述句。

Please support generously!

(BNC A03 297)

YOUR COUNTRY NEEDS YOU!

(BNC CHW 342)

在这些例子中，感叹号更多的是用来强调。

感叹句可以是完整的句子，但通常以被缩简的形式出现，句子的主谓部分被隐含起来。

What a gorgeous view!

(MICASE LAB175SU026)

How stupid!

(ICE-GB S1A-014 198)

英语中的最后一个句子类型是祈使句。与其他三种类型的句子不同，祈使句可以只包含一个谓语，如 leave 或 stop。但是，在这种祈使句中，有一个隐含的主语 you。

(You) leave

(You) stop

虽然将 you 包含在祈使句中并不常见，但加上 you 通常是为了对命令的强调。

You listen carefully to what he wants.

(BNC J13 1756)

这类祈使句的动词都以动词的基础形式出现，祈使句不能含有动词的其他形式，如 * leaves 或者 * leaving。

除了第二人称的祈使句，还有第一人称祈使句。第一人称祈使句有一个非常固定的形式，以"let's"开始，后面紧跟动词的基础形式。

Let's talk about race in terms of power.

(SBCSAE)

Let's sorta go through step by step what the newspaper did in that case, and whether it was ethical or not.

(MICASE LES220SU140)

宾语和补语。宾语和补语是出现在谓语后的分句功能。出现在谓语中的特定词汇动词依次决定了哪些功能可以出现在分句中。

英语中有两种宾语：直接宾语和间接宾语。虽然两个宾语都要求及物动词，但它们需要的及物动词的类型却是不同的。因为直接宾语可以单独出现在分句中，所以它需要单及物动词（即需要单个宾语的动词）。在下面所有的例子中，直接宾语都跟随单及物动词。

She **has written several books**.

(ICE-GB W2D-019 068)

Headland is **buying Multisoft**, a software group which makes business accounting systems designed for the personal computer market.

(BNC A1S 81)

He **named** like **half a dozen viruses.**

(SBCSAE)

看某个结构是不是宾语可以看它是否在被动语态的句子中成为句子的主语。

Several books were written by her.
Multisoft is being bought by Headland.
Half a dozen viruses were named by him.

然而,如上一章所述,由于被动结构的可接受性非常依赖上下文。通常宾语的被动化产生的句子的可接受性值得怀疑。例如,虽然下面例子中 similarities between the two kinds of parents 是一个直接宾语,但是对其被动化产生了一个语法上正确但可接受性有疑问的句子。

We **saw similarities between the two kinds of parents.**

(MICASE SGR565SU144)

? Similarities between the two kinds of parents were seen by us.

尽管上述例子的可接受性存在疑问,但被动化仍然是直接宾语的一个很好的指标。

与直接宾语一样,间接宾语也可以被动化。然而,间接宾语需要双及物动词(允许两个宾语的动词)。下面的每个例子都包含一个双及物动词,后面首先跟有一个间接宾语(斜体),然后是一个直接宾语(黑体)。

She was showing *me* **some photographs of herself** and **John in the Lake District.**

(ICE-GB S1A-009 112)

DVLA will then send *you* **a new Registration Document in your name**.

(ICE-GB W2D-010 026)

She poured *me* **a second cup of coffee**.

(BNC HR7 458)

And when they banned me from playing cricket for a month, they actually did *me* **a favour**.

(BNC CH8 1953)

上述例子中的所有间接宾语都可以在相应被动语态的句子中作为主语，例如：

I was shown some photographs.

You will be sent a new Registration Document.

对间接宾语的另一个测试是，它通常可以移到直接宾语之后，成为介词 to 或者 for 的宾语。

She was showing some photographs **to** me.

They actually did a favour **for** me.

如果直接宾语是人称代词，则不可能再有间接宾语。相反，潜在的间接宾语必须移动到以 to 或 for 为中心词的介词短语中的宾语位置。

I'm just showing it to him.

(ICE-GB S1A-047 243)

*I'm just showing him it.

虽然这些句子的意义大致相当于那些间接宾语先于直接宾语的句子，但上面的介词短语不是间接宾语，因为宾语只能有名词短语的形式。正如在下一节中展示的那样，介词短语最好作为状语进行分析。

补语是与句子的主语或宾语有关的结构。主语补语遵循一种特定的动词类型，系词 be 或诸如 appear，seem，resemble 和 look 等连系动词。在这类结构中，补语要么是在解释说明主语，要么是在描述主语。在下面的例子中，主语补语 ill 是一个形容词短语，它通过系动词 be 与主语 my husband 连接起来，描述了这个人的健康状况。

What's more, **my husband** is **ill**, and I can't afford to buy his medicine.

(BNC G3U 131)

在下一个例子中，系动词 was 把句子主语 Radford 和主语补语 my very first contact ... 连接起来。在本例中，主题补语用于确定 Radford 是说话者的"first contact ... with Chomsky's theories"。

Yeah, **Radford** was **my very first contact with right uh okay, with, with, Chomsky's theories.**

(MICASE STP355MG011)

接下来的两个例子提供的主语补语与连系动词 seems 和 appears 同时出现。因为主语补语是形容词，所以它们的功能是描述主语。

The government hopes that at some point the Liberation Front can be persuaded to accept some form of autonomy short of independence, but **that** seems **unlikely** in the foreseeable future.

(BNC CR7 815)

The second of the paired versions of each signature appears somewhat different.

(ICE-USA W2A-031)

宾语与宾语补语之间的关系与主语和主语补语之间的关系类似,宾语补语用来描述或解释说明宾语而不是主语。然而,主语和主语补语通过一个谓语来连接,宾语和宾语补语则是通过一个隐含的谓语联系起来。例如,在下面的例子中,宾语补语 infectious 是描述直接宾语 her own enthusiasm for the subject 的:

She has made her own **enthusiasm for the subject** *infectious*.

(MICASE COL575MX055)

由于两个分句功能之间存在着系表关系,因此这两个部分在许多方面都作为一个分句在发挥作用,或者如 Aarts(1992年)等理论家所说的将其看作一个小分句。

Her own enthusiasm for the subject is *infectious*.

但是,由于没有出现明显的谓语,更具描述性的语法将宾语和宾语补语称为分句内部由短语实现的独立分句功能。

像直接宾语和间接宾语一样,宾语和宾语补语也需要特定种类的动词,下面例子中的 find 和 consider,能够接受三个论元。

I find **it fascinating**.

(ICE-GB S1A-002 035)

Although she turns up for the interview her customary peaked-capped urchin self, she is worried that her feminist interpreters will consider **her video a** *sell-out*.

(BNC A7S 194)

虽然宾语补语通常是名词或形容词短语,但也可以是以介词为中心词的介词短语。如:

If we consider **this as an equilibrium between two acids**, this is the stronger acid.

(MICASE LEL200MU110)

It is a recipe which adopts **semiotics as its overall conceptual structure.**

(ICE-GB W2A-007 012)

状语。因为"adverbial"和"adverb"非常相似,很容易混淆。副词(adverb)是用来描述一个特定词类的术语。相反,状语(adverbial)是一个用来描述特定分句功能的术语。虽然有些副词可以充当状语,但有些副词却不能。下面的例子包含三个副词(黑体突出显示),只有两个副词起状语的作用。

In Santeria, the teaching of ritual skills and moral behavior happens **informally** and **nonverbally**; thus embodiment is **especially** important.

(ICE-USA W2A-012)

前两个副词——informally 和 nonverbally——是方式副词,是副词短语的并列中心词。因为这个短语不是这个分句中另一个短语的一部分,所以它起到了状语的作用。第三个副词 especially 是出现在形容词短语中的一个强化副词,这个形容词短语起着主语补语的作用。因为它是这个短语的一部分,所以在从句中没有功能,因此它不是状语。

许多不同类型的短语可以用作状语:名词短语、副词短语、介词短语和从句(限定和非限定都可以)。状语和其他分句功能在三个方面有区别。首先,分句被限制为只包含其他分句功能中的一个。例如,一个主语或一个直接宾语。但是,分句可以包含多个状语。下面的从句包含三个状语。

A MAN was left homeless *yesterday* **after his pet Jack Russell puppy Sam started a fire** *at his flat*.

(BNC HJ3 218)

其次,尽管有些状语倾向于出现在某一分句的某些位置上,但大多数状语都是可以移动的。在上面的示例中,yesterday 可以移到分句的开头。

Yesterday **A MAN** was left homeless.

以 after 开头的整个分句也可以移到句首。

After his pet Jack Russell puppy Sam started a fire *at his flat*, a man was left homeless *yesterday*.

当然,其他分句元素也可以四处移动。但是,当一个直接宾语在被动语态中成为句子的主语时,宾语不仅改变了功能(从宾语变成了主语),而且产生了完全不同的句子类型(是被动语态而不是主动语态)。移动副词主要涉及强调和焦点的变化。

最后,由于副词的多样性,它们形成了不同的属性分类。Biber 等人(1999:763—765)确定了三类状语:环境、立场和联系。这些类别是通过状语表达的特殊语义关系来区别的,也是通过状语与状语所在的分句的结合程度来区别的。

环境状语与分句紧密结合。例如,在下面的例子中,quickly 就与谓语 walked 紧密相连,描述了 Helen 行走的速度。

Helen pulled on her jacket and walked **quickly** towards the door, not wanting to look at Mike.

(BNC HOF 2728)

Biber 等人(1999:763)认为,这类状语,回答诸如"如何""何时""何地""多少""在多大程度上"和"为什么"这样的问题。许多不同类型的状语可以回答这些问题,并且还可以有许多不同的形式。例如,下面的示例包含了三个回答问题"什么时候"的时间状语。这三个状语分别是介词短语、名词短语和副词短语。

At dawn **this morning** the building was seen to be damaged and there's been no power **since**.

(ICE-GB S2B-015 50)

接下来的两个例子包含了空间状语,回答了"在哪里"的问题。单词 up 和 there 是副词;另外两个状语是介词短语:

Did you take a nap **on the floor**?

(SBCSAE)

There's a lot of other terminology **up** *there* **in that document**.

(MICASE LES335JG065)

下面的程度状语 very well 和 tremendously 回答了"到什么程度"的问题。

I can't see **very well** from here.

(ICE-GB S2A-051 100)

and Vinnie Samways is able to calm it down put his foot on the ball steady it for Tottenham and find uh Terry Fenwick who must be enjoying this day **tremendously.**

(ICE-GB S2A-015 230)

下面的原因状语回答了"为什么"的问题。在第一个例子中,非限定的-ing 分句解释了 the pupil 能够更好地进行交流,因为他已经 developed these models。

Having developed these models the pupil is in a position to communicate much more readily with other technical people who can manipulate similar models.

(BNC CLP 1054)

在下一个例子中,Romtvedt 写作的原因在限定的 because 分句中被明确地说了出来。

I do not think Romtvedt has a careerist bone in his body; he writes poetry, or writes prose, **because that is what he needs to write.**

(ICE-USA W2A-005)

立场状语和联系状语与它们所出现的分句的结合程度要小得多。下面例子中的立场状语——分别是副词、介词短语和两个限定分句——使说话者或作者能够对所陈述的内容进行直接评论。例如,在第一个例子中,通过使用 certainly,说话者表达了他对斯堪的纳维亚冰河作用的确定。

Certainly, there was a tremendous amount of glaciation in the Scandinavian countries.

(MICASE LES305MU108)

在下一个例子中,短语 In essence 表明作者认为学校问题的症结在于某些态度和行为。

In essence, schools are often reactive and the individuals within them victims because of a lack of management skills, procedures and perspectives.

(BNC AM7 1041)

And *I think* and *I believe* are so common in speech because they allow speakers to qualify the truth of statements that they make:

And he was too articulate **I think**.

(CIC)

And the Labour Party **I believe** want sanctions to work.

(ICE-GB S1B-35 028)

与立场状语一样,联系状语与所在分句之间的关系较为松散,主要是因为它们表示了文本中分句之间的联系。上一章关于衔接的部分已经讨论过了这些状语,它们的作用是标记文本各部分之间的关系。以下示例中的分句 What is more 表达了增补的关系,表示相关观点正在添加到前一个观点中。副词 none the less 表示对照关系,并且引出了与作者之前的断言相反的观点。

Now, on the basis of a number of well-documented opinion polls, W. Harvey Cox (1985) argues that the majority in the Republic of Ireland favouring reunification is barely two to one, and that in the island as a whole it is three to two.

What is more, Cox suggests that support in the South is at best lukewarm. **None the less**, the characterization of Catholic-nationalist ideology I have just documented would seem to fly in the face of this sort of evidence.

(BNC AO7 657)

本章小结

句法涉及成分如何分组和如何排序的研究。成分可以通过一系列测试来识别。在句子 The woman wrote lots of letters 中，The woman 是一个成分，因为它可以被代词化（She wrote lots of letters），并在句子被转换成被动语态时被移动（lots of letters were written by the woman）。成分可以从概念上或形式上定义。成分也可以根据它们的线性结构和层次结构来描述，也可以根据它们在分句中具有的特定形式和功能来描述。

尽管句法是一个离散且独立的语言结构层次，但前文对状语的讨论表明，如果不参考该类别所展示的特定含义，通常很难讨论特定的句法范畴。对含义的研究称为语义学，这个话题将在下一章中详细讨论。

自学活动

1. 在 the new president of the company 中，为什么 the company 是一个成分，而 president of 不是？
2. 如果动词被定义为描述"动作"或者描述"一种状态"，这种定义是形式性的还是概念性的？
3. 名词"电视"的形式性定义是什么？
4. 句子 The weather has been awful lately 中，为什么 the weather 形式上是名词短语，却起了主语的作用？
5. 为什么句子 I have never taken such a good course 中的单词排列顺序被认为是未标记形式？而 Never have I taken such a good course 是标记形式？

6. 请指出下面词组的中心词分别是什么。

   (1) the small glass that contains 3 ounces of water

   (2) very rapidly

   (3) somewhat happy

   (4) might have wished

   (5) in the heat of the summer

   (6) farmers hoping for rain

7. 请将左栏里的短语与右栏中相应的短语类型连线。其中,动词短语使用 Quirk 等人(1985)的定义,即动词短语只包含词汇动词和助动词。

   (1) can study   a. noun phrase

   (2) sufficiently soft   b. verb phrase

   (3) very softly   c. adjective phrase

   (4) after the movie   d. adverb phrase

   (5) an effectively presented talk   e. prepositional phrase

   (6) hard as a rock

   (7) rapidly

   (8) furniture

   (9) against the tide

   (10) difficult problem

8. 在英语中,形容词位于名词之前;而在西班牙语中,形容词位于名词之后。造成这一不同,是因为语言的线性句法结构还是层级句法结构?

9. 请在下面例句中,指出所有的主句和从句。

   (1) The principal hired three new teachers.

   (2) Although it rained quite a bit last night,we did not experience any flooding.

(3) The physician treated all the individuals who were in the accident.
(4) To achieve success, people must work hard.
(5) Working extra hours can lead to increased stress.
(6) We left the party early because we were tired.

拓展阅读

查找英语语法信息的最好办法是查阅英语语法书:Quirk *et al.*, *A Comprehensive Grammar of the English Language* (London: Longman, 1985); Huddleston and Pullum, *The Cambridge Grammar of the English Language* (Cambridge: Cambridge University Press, 2002); Biber *et al.*, *Longman Grammar of Spoken and Written English* (Harlow, England: Pearson Education Limited, 1999)基于语料库,提供了关于英语语法的描述性信息以及各种句法结构在英语口语和书面语语域中出现的频率。

上述每一种语法信息也可以在篇幅更短、更注重教学的教科书中找到:Greenbaum and Quirk's *A Student's Grammar of the English Language* (London: Longman, 1990); Huddleston and Pullum, *A Student's Introduction to English Grammar* (Cambridge: Cambridge University Press, 2005); Biber *et al.*, *Longman Student Grammar of Spoken and Written English* (Harlow, England: Pearson Education Limited, 2002); S. Greenbaum's *Oxford English Grammar* (Oxford: Oxford University Press, 1996)是基于经验的英语语法概述。

第六章 英语词汇:结构和意义

本章预览

  本章主要研究词汇——它们的内部结构以及语言学家和词典编纂者(那些编纂词典的人)研究其意义的方式。本章首先讨论了语言学家研究意义的各种方式。然后继续讨论最小的语义单位——语素,以及各种语素组合创建单词的方式。其余部分描述了表征词义的两种一般方式:词汇语义学和指示语。词汇语义学涉及词汇的整体意义。指示语关注的是单词不仅具有意义而且具有"指向性"的能力。

第六章　英语词汇：结构和意义

关键术语

指示语：指称、空间、时间（Deixis：referential/spatial/temporal）

派生词缀、屈折词缀（Derivational/inflectional affix）

词汇分解（Lexical decomposition）

词汇语义学（Lexical semantics）

词典学（Lexicography）

语素（Morpheme）

语义关系（Semantic relations）

同义、反义、上下义（Synonymy/antonymy/hyponymy）

构词法（Word formation process）

引　言

像句子和分句一样，单词具有可预测的内部结构。例如，名词的复数标记-s 出现在单词的末尾（例如 law ＋ s），而所谓的派生词缀既可以出现在单词的开头也可以出现在单词的结尾（例如 un ＋ law ＋ ful）。但是，单词和句子以及从句之间的相似性超越两者都具有结构这一事实。正如 Sinclair(1991)所说，一个特定的词的使用经常会唤起一系列其他的词。为了描述语言的这一特征，Sinclair(1991:110)提出了习语原则，即"语言使用者可以使用大量构成单个选项的半结构化短语，即使它们看起来可以分析成段"。例如，Sinclair(1991:75—76)评论说，短语动词 set about 后面通常跟着一个-ing 分词的宾语，并且被置于某些表达"不确定性"的结构之前。

　　And **although** she does **set about** the task of **creating** a new life for herself and for her children, that task is complicated by failing health and persistent pursuit from those who claim her as their property.

(CIC)

在下一个示例中，分句之间的对比通过单词 instead 标记出来，短语 set about 后面紧跟 -ing 分词 making。

Instead of constructing a geometrical and ideal entity for study that would never leave the bounds of the mind, he had **set about making**, on the basis of an inner and rational design, a thing that would exist outside of the mind.

(CIC)

Sinclair(1991)对研究共同出现的词语模式或搭配感兴趣。他对其的研究主要是在他在伯明翰大学主持的 Cobuild 项目中来进行的。这是一个与柯林斯出版社合作的项目，目的是编纂出版包括词典在内的参考书。词典的编纂属于词汇语义学的范畴，词汇语义学是一个研究单个词的意义的语言学领域。由于词典是作为参考指南使用的，因此它们没有提供有关词汇意义本质的理论陈述。然而，词典编纂者，即编纂词典的人，已经开发出了发现单词含义的方法和最有效地向词典使用者呈现这些含义的方法。

词汇语义学在语言学领域也得到了广泛的研究。例如，用更普遍的意义来描述词语含义的一种方法是对它们之间存在的各种关系进行分类：具有相似或相同含义的词语被称为同义词，具有相反含义的词被称为反义词。像 beagle 或 poodle 这样的词被称为同下义词，因为它们的含义包含在更普遍的单词 dog

的含义中。另一种更具争议性的词汇意义的表征方法是成分分析。这种分析是通过将单词分解为其组成部分并为各部分给予语义特征来定义单词。在某种程度上，puppy 和 infant 这两个词具有相同的特征——newly born，但它们之间不同之处在于，infant 具有"human 人类"的特征，而 puppy 没有。然而，这一语义领域已经被证明是有问题的，主要是因为很难确切地确定哪些语义特征是被需要的。虽然讨论一种语言中已经存在的词汇是很重要的，但研究描述新词汇添加到语言中的方式的特定过程（即构词法）同样重要。

除了有意义外，词还具有"指向"功能，这个功能被称为指示语。这个词来自希腊语，意思是"指向"或"显示"。在句子 The woman bought a clock 中，单词 woman 这个词不仅有意义（"成年女性"），而且它指向或所指外部世界中的某一个具体的女人。名词和代词的指代能力是指示语的一种类型——指称指示，其他类型还包括空间指示和时间指示。例如，空间指示语是由介词 in 和 on 等词或指示代词 this 或 that 等表示的。它将要讨论的内容放在靠近演讲者/作家（这酒让我头痛）或远离他/她（那个人总是困扰我）的地方。指示代词表明了所讨论的内容是靠近说话者/作者（This wine is giving me a headache），还是远离他/她（That person always bothers me）。句子 I walked a mile yesterday 包含了两个时间标记以固定这个句子发生在过去。这两个标记分别是动词 walked 的过去时态标记-ed 和副词 yesterday。其他时间框架用英语中的现在时标记和两个体标记（完成体和进行体）表示。

但是，在讨论单词的内部结构以及如何描述它们的意义之前，首先有必要准确地定义"意义"概念的含义，语言哲学家通常把它描述为"它打算指什么"。

意义的不同定义

在第三章,我们区分了两类意义,语法意义和语用意义。语法意义是指直接从语言编码的单词、短语、从句和句子中衍生出来的意义。因此,在这一意义层面上,诸如 The woman called her husband 这样的句子是有意义的,因为"woman"一词表示了一个成年女性,动词上的过去式标记表示在过去某个时间发生过打电话的行为。句子中的其他单词也可以进行类似的分析。这是在语法层面上表现出来的意义。

相反,语用意义将意义描述为语言发生在社会语境的产物。因此,当一位父亲对他的两个孩子说 We're going to be late 时,这句话的全部含义不仅仅是它所包含的词汇的总和,而是父亲催促孩子"hurry up"(快点)的一种礼貌表达。这并不是说这些词本身没有意义,而是说该陈述的全部含义超越了它所包含的词语的意义。

尽管大多数语义学家都捕捉到了这种双向区别,但他们以不同的方式进行区分。在通俗用法中,语法意义和语用意义的区别分别由外延概念和内涵概念所体现。外延指的是一个词在词典中的意义,内涵指的是一个词所引起的联系。因此,在外延层面上,politician"政治家"是被选入公职的个人(至少有一个词义是这样)。然而,这个词越来越具有负面含义,因此对于许多人来说,一个政治家就是一个不值得信任的人,他会对任何人说任何话来赢得选举。Lyons(1977:50—56)认为有三种意义:描述性意义、社会性意义和表达性意义。描述性意义与语法意义有关,社会性意义和表达性意义是语用意义的两个类型。社会性意义"有助于建立和维持社会关系"(Lyons 1977:51)。表达性意义因个体不同而理解不同,它表征了个体在说话时添加入语言的特殊意义。

Lyons(1977:51)认为,描述性意义一直是哲学语义学的关注核心。因此,这将是本章的主要焦点。尽管许多像 Lyons 的语言学家和哲学家将语用意义进行了再分类,但正如第三章所示,描述性意义是一种单独的意义类型,值得单独对待。

语 素

所有单词都由一个或多个语素组成。语素被认为是最小的意义单位。例如,单词 dogs 包含两个有意义的单位,语素 dog,它指定了一种特定的动物;和语素-s,它表示名词复数的概念。虽然所有的语素都是意义单位,但语素种类繁多。

自由语素和粘着语素

语素可以是自由的,也可以是粘附的。如果一个语素是自由的,它可以独立存在,成为一个单词;如果它是粘附的,它必须与一个自由语素粘附在一起。在单词 walking 中,词素 walk 是自由的,因为它可以作为单词独立存在。然而,-ing 是粘附的,因为它必须附加到词汇动词上,在本例中是 walk。在下面的例子中,自由语素用斜体表示,粘附语素用黑体表示。

force-**ful**　　　　　**dis**-*like*
miss-**ed**　　　　　**pre**-*judge*
un-*like*-**li**-*est*　　　**mis**-*inform*-**ation**

如以上例子所示,一个词通常由一个单独的自由词素组成,有时也被称为词根。正如 Plag(2003:11)所说,词根是"词缀粘附的部分"。然而,有些单词可能包含多个词根,而有些词根是(值得争论)粘着语素,而不是自由语素。

复合词总是包含两个词根。upon 这个词由两个介词组成:up 和 on。单词 bookshelf 包含两个名词:book 和 shelf。许多源自拉丁语的单词都有一个不再是自由语素的词根。如单词 perceive, receive 和 conceive,它们都是从盎格鲁-法语中整体借来的。然而,这些单词本身包含词根-ceive。这个词根来源于拉丁语 capere,意思是"取"。因此,perceive "感知"的字面意思是 per "彻底的"+capere"取"。这是否意味着 perceive 和上面的其他词应该被认为包含两个粘着语素呢?当然,per-在如 perennial(整年)等其他英语单词中更容易被识别为一个独立语素。但是对于一般的英语使用者来说,perceive, receive 和 conceive 被解释为包含一个单一的自由语素。无论这些单词的各个部分曾经是什么意思,都会随着时间的推移而消失。因此,除非有兴趣分析这些单词各个部分的词源,否则最好把它们分析为包含一个自由语素。

the 或者 more 这样的词是否真的是独立存在的也是一个问题。Matthews(1991:11-12)不认为这样的词是自由语素,因为它们从来都不能被单独使用。例如定冠词 the,它总是和名词联系在一起。然而,除非有人愿意为这样的词创建一个中间类别——自由语素和粘着语素之间的连续体上——否则这些词最好被视为自由语素。

屈折语素和派生语素

粘着语素有两种类型:屈折语素和派生语素。因为英语屈折语素太少,所以可以如表 6.1 所示那样简单地列出。屈折语素是一种语法语素,是一种表示某种语法关系的语素。

表 6.1　英语中的屈折语素

屈折语素	描述	例子
-s	一般现在时第三人称单数	He/she likes movies
	所有格	the child's toy
	复数	girl/girls
-ing	进行体	He/she is leaving
-ed	过去时/完成体	He/she talked for an hour
		He/she has talked for an hour
er	形容词比较级	mild/milder
-est	形容词最高级	mild/mildest

例如,单词 likes 上的-s 语素将标记了现在时态,也标记了主语是单数。名词 girls 上的-s 则标记了这是一个复数名词。有些自由语素也有语法意义。虽然 child's 上的's 暗示了属有,但是短语 the roof of the building 或 some friends of mine 中的 of 也有此功能。比较级和最高级的屈折(-er,-est)通常都被使用在只有一个或者两个音节的形容词上,如 happy, happier, happiest。然而,超过两个音节以上的形容词则需要使用 more 和 most 来表示比较级和最高级,如 beautiful, more beautiful, most beautiful。其他的自由语法语素包括冠词(a, an, the),助动词（be, have)和并列连词（and, or, but)。

屈折语素在英语中是一个小类,而派生语素则是一个大得多的类。例如,《韦氏前缀、后缀和组合形式词典》(Merriam-Webster's A Dictionary of Prefixes, Suffixes and Combining Forms)用了近 60 页篇幅来描述英语单词中的各种派生语素。派生语素也和屈折语素存在着差异。派生词素可以是前缀也可以是后缀,而屈折词素只能是后缀。与屈折语素不同,派生语素可以改变一个词的意义或其词性。在动词词根 like 前面加上 dis-产生了一个单词 dislike,同时带来了词义的完全相反;在动词词根 like 后面加上 able,就把 like 从动词变成了形容词 likeable。在动词词根 walk 后面加上-ed,这既不会改变 walk 的词义,也不会改变它的词性。

一个词可以包含许多派生词缀,但只能包含一个屈折词缀;如果一个词包含一个屈折词缀和一个或多个派生词缀,派生词缀将始终位于屈折词缀之前。在下面的例子中,屈折词缀为黑体,派生词缀为斜体。

declassified: *de* + class + *ify* + **ed**
unlikeliest: *un* + like + *ly* + **est**
disempowering: *dis* + em + power + **ing**
reformulations: *re* + formula + *ate* + *ation* + **s**

正如这些词所表明的,当词缀组合在一个单词中时,词缀的单独拼写通常与其在单词中的拼写不同。

派生词缀的起源。大多数派生词缀都是从希腊语或拉丁语借来的。在现代英语中,德语词缀相对较少。例如,许多否定的前缀,如 il-、im-、in-、non-等都是从拉丁语中借用到英语中的(以下列表中给出的定义和词源都是基于《韦氏第三部新国际词典》(*Merriam-Webster's Third New International Dictionary*)中所列内容:illegal, illicit, improbable, immoral, incapable, incomplete, nonexistent, nonlethal。

英语中的许多医学术语包含源自希腊的派生语素。

ortho- 'straight' 直接的 orthodontics, orthopedics
epi- 'on' 上面 epidermis, epidural

hyper- 'excessive' 超过 hypertension, hyperanxiety
-sis 'disease' 疾病 psychosis, neurosis
peri- 'around' 周围 periodontist, perimacular
schizo- 'split' 分裂 schizophrenia

当然,并非所有这些词缀都局限在医学术语。它们可以出现在较少使用限制的词上,如 episode, perimeter 和 hyperactive。此外,尽管上述单词中的词缀都来自希腊语,但它们并不局限于只以希腊语为词根。在超主动语系中,主动语系的基础是拉丁语系(activus)。例如,在 hyperactive 中,词根 active 是一个来自拉丁语(activus)的词根。像这样的混合形式也出现在其他英语单词中。在许多情况下,词根都来自德语。

automobile: auto-(Greek 'same' or 'self') + mobile (Latin 'moveable')

bioscience: bio-(Greek 'life') + science (Latin sciens 'possessing knowledge')

dislike: dis-(Latin 'opposite of') + like (Old English līcian 'have some affection for')

preown: pre-(Latin prae- 'before') + own (Old English āgan 'possess')

现在的英语单词中,来自德语的派生词缀要少得多。主要是因为,正如 Hogg(2003:107)所说,"早在英语中期,许多来自德语的原始词缀就消失了……很快被来自拉丁语和法语的新词缀所取代"。来自德语的派生词缀包括单词 drunkard 中的-ard,wisdom 和 freedom 中的-dom, asleep 和 asunder 中的 a-。

派生词缀的意义。 在讨论英语词缀时,Stockwell 和 Minkova(2001:89—94)根据词缀所表达的含义对词缀进行了分类。例如,他们注意到一些词缀"以某种方式量化词根"(p. 89)。前缀 a-表示"缺少"(例如,amoral,atonal);前缀 mono-,bi-和 tri-为所附单词计数(例如 monosyllable,bifocal,triangle)。许多前缀"表明位置或方向的"(p. 90)。前缀 en- 指向内部(例如 encapsulate,enclose,encircle);intra- 定位内部(例如 intracity,introvert);以及 retro- 指向过去(例如 retrogression,retrograde)。

与大多数前缀不同,后缀还可以改变词的词性,并在不同程度上改变生成词的含义。正如 Stockwell 和 Minkova(2001:89)所观察到的,后缀为该单词增加的新含义的量也大不相同。他们声称,后缀-ly 只不过是把形容词改成副词(例如,hearty→heartly)。然而,其他后缀却可以在意义上造成显著的变化。

许多后缀,如-ation,-ness 和-ement,将动词或形容词转换为抽象名词,这被称为名词化。

  动 词 转 化 为 名 词:creation, production, realization, establishment, resentment, development

  形 容 词 转 化 为 名 词:goodness, happiness, likeliness, tastiness, fitness, heartiness

后缀-ant,-er 和-ist 将动词或名词转换为"施事名词"(p. 94)。施事名词是含有"做某事的人"意思的名词。

  动 词 转 化 为 名 词:participant (one who "participates"), attendant, driver, rider, owner, fighter, singer

  名 词 转 化 为 名 词:socialist (a practitioner of "socialism"), dentist, linguist, chemist, hypnotist

  名 词 转 化 为 动 词:fantasize (from the noun "fantasy"), idolize, demonize

  形 容 词 转 化 为 动 词:finalize (from the adjective "final"),

criticize, commercialize

多产性。屈折词缀和派生词缀之间的一个关键区别在于多产性的概念。屈折词缀可以用在任何动词的基本形式上,不管这个动词是规则的还是不规则的。例如-ing 可以用在 talking,hating, speaking, coming, going, liking 这些单词中。因此,屈折词缀是非常多产的,它们可以根据规则被放置在任何合适的词根上。动词的屈折词缀用在动词上,比较级词缀-er 和最高级词缀-est 用在形容词和副词上,名词复数词缀和所有格词缀-s 用在名词上。当然,过去时词缀-ed 不能用在不规则动词上,如 bought, went, sang,名词复数词缀-s 也不能用在不规则名词的复数上,如 geese, oxen, children。多音节形容词和副词,如 interesting 和 rapidly,使用 more 和 most 分别表示比较级和最高级,而不是直接用-er 和-est,即不是变为 interestinglier, interestingliest, rapidlier, rapidliest,而是 more/most interesting 和 more/most rapidly。所有格词缀-s 更可能出现在有生命的名词上,而不是无生命的名词上,如 my friend's car, his sister's business,而不是 the house's roof 或 the desk's top。但是,如果一个名词或动词,例如,是规则的,那么在所有情况下,它都可以采取一个动词或名词的屈折词缀。

然而,派生词缀就没有那么多产。它们不能被统一地附着在一个潜在的合适的词根上,可以被添加词缀的词根数量也有很大的不同。Matthews(1991:70)指出,用于将动词转换为形容词的后缀 -able 具有很高的多产性,可以附加到任何动词上(例如,catchable, walkable, hittable, touchable, sellable)。相反,他继续说,后缀-th 只能用在极少数的形容词或动词上来产生一个名词。如 warmth, truth 或 growth,但没有 coolth, niceth 或 smallth。派生前缀 un-,作为一个否定标记,可以被用在许多形容词上,如 unhappy, unwise 和 unnecessary,但肯定不是每个形容词都可以用 un-来标记否定,如 * unfine, * uncarefull, * unpretty)。派生后缀-ly 也是如此,它是一个可以将形容词转换为副词的词缀,如 happily, easily, nicely,但可以进行这种转换的形容词数量是有限的,如没有 negotiably, smally 或 dirtily。

词汇语义学

如前一节所示,可以根据词的形态来研究单词的结构。单个意义单位称为词素,单词是由语素组成的。然而,把焦点更多地放在这些单位的语义上也是可以的。这种研究是在已知的语义学领域进行的,称为词汇语义学。虽然研究词汇的意义似乎很简单,但事实证明,词汇语义学是语义学研究里一个更具挑战性的领域。正如第三章所指出的,在语法和语用学之间,即在单词本身固有的意义和从单词使用的社会背景中衍生的意义之间往往很难划出一个清晰的界限。此外,尽管语言学家可能在动词短语中到底应该包含哪些元素这个问题上不能达成一致意见,但定义这些元素要比定义一个简单的词(如名词 chair)容易得多,《牛津英语词典》(OED, *Oxford English Dictionary*)列出了 chair 的 16 个不同的含义。请看下面《牛津英语词典》和其他两本词典中所定义的 chair 的 16 个不同的含义中的一种。

Oxford English Dictionary(OED):A seat for one person (always implying more or less of comfort and ease); now the common name for the movable four-legged seat with a rest for the back, which constitutes, in many forms of rudeness or elegance, an ordinary article of household furniture, and is also used in gardens or wherever it is usual to sit.

Merriam-Webster's Collegiate Dictionary (*11th edn.*) (*MW*)《韦氏大学英语词典》(第十一版)：A seat typically having four legs and a back for one person

American Heritage Dictionary of the English Language (*AHD*)《美国传统词典》：A piece of furniture consisting of a seat, legs, back, and often arms, designed to accommodate one person.

这三本词典对 chair 的两个特征达成了一致，一是它是人用来坐的，二是有一个靠背。虽然《牛津英语词典》和《韦氏大学英语词典》认为椅子有四条腿，但《美国传统词典》简单地说它有腿。《美国传统词典》还指出，椅子"通常有扶手"，这表明扶手是非强制性的，而另外两本字典没有提到"扶手"。《牛津英语词典》的条目比其他词典中的条目要详细得多，包含了椅子可以让人"舒适"和"轻松"，是"可移动的"，也是一种"家用家具"。尽管这三部词典中的定义相似，但它们之间的差异足以说明定义最简单概念时也有固有的复杂性。

对大多数人来说，词义与词典最为密切相关，词典是一本关于意义和其他事项(如拼写)的通用参考指南，人们从上学的最初几年到成年都会使用它。然而，在语言学界，词典的名声值得商榷。正如 Kay(2000:53—54)所观察到的那样，许多语义学家认为词典编纂"在很大程度上令人遗憾得未经理论化，在学术和商业世界之间保持了令人不安的姿态"。换言之，虽然词典编纂者可能已经开发出了一种创建词典的方法论，但他们的最终目标是销售词典，而且他们的方法论几乎没有借鉴现代词汇语义学理论。

Kay(2000:54)认为这种态度有一个历史性的解释,词典的编纂是"一种古老的手艺",是一种早于语义学几个世纪的工作。因此,词典编纂方法的发展完全不受语言学的直接影响。此外,由于词典是基于读者的,所以它们设计考虑和语义学家的考虑不同。Landau(2001:153—154)将词典学描述为"不是增加人类知识总和的理论操作,而是将人们能够理解的文本组合在一起的实际工作"。但是,尽管目的不同,语义学家和词典编纂者近年来一直在进行互为有益的研究,特别是在认知语言学和语料库语言学领域。例如,Kay(2000:57—62)描述了原型的认知概念如何帮助在英语历史语料库中对词语和意义分类。大多数现代词典使用大型语料库作为定义和引文的来源。牛津英语语料库是一个包含各种文本(如小说、新闻、博客)并高达20亿词的语料库(截至2006年春季),牛津大学出版社从中提取信息以帮助编纂字典。(www.askoxford.com/oec/? view=uk,2008年6月6日检索)

由于词典编纂者和语义学家都关注词汇语义的研究,本节将重点介绍他们研究词汇意义的各种方法。本节首先介绍了词典编纂的实践在英语词典编纂中的应用,特别强调词典编纂者如何根据引文来确定词义。最后概述了语义学家在发展解释词汇意义理论方面和描述新词进入英语的方式等方面所采取的各种方法。

英语词典

字典有很多种。

单语词典:单语词典是专为母语者编写的,因此侧重于单一语言(如英语、德语、法语)。一些较为著名的单语英语词典包括《牛津英语词典》《韦氏第三部新国际词典》和《美国传统词典》。

对于非母语人士，有专门的单语词典，称为学习者词典。例如，《剑桥高阶学习者词典》(The Cambridge Advanced Learner's Dictionary)和《柯林斯COBUILD高阶英汉双解学习词典》(Collins COBUILD Advanced Learner's English Dictionary)是专门为英语非母语的使用者编写的，因此所包含的定义比典型的单语词典中的定义要简单。这些词典更强调对词汇(如习语或短语动词)的重视，这给把英语当作是另外一门语言学习的个人带来了不小的难度。

双语词典：双语词典专注于两种语言，专为以特定语言为母语的人学习另外一种语言而设计。对于以英语为母语的学习者来说，有英语/西班牙语词典、英语/意大利语词典等。

未删节/缩略词典：主要词典制造商将定期发布大型未删节词典，从中生成较小的缩略词典。缩略词典包含未删节词典中单词的子集，以及自未删节版本发布以来已进入该语言的新单词。例如，《韦氏第三部新国际词典》是由位于马萨诸塞州的斯普林菲尔德的G & C Merriam公司于1961年出版的一部未删节词典。自该词典出版以来，Merriam-Webster共出版了11部大学词典，这些词典包含的词条少于《韦氏第三部新国际词典》(Merriam-Webster's Third New International Dictionary)，但同时也进行了更新，使其所含词条比未删节的版本更新。由于Webster的名字与19世纪的美国词典编纂者Noah Webster有着密切的联系，因此许多词典都是以Webster的名字出版的。然而，G & C Merriam公司是唯一一家与词典有关的出版商，Noah Webster与该公司于1828年出版了《美国英语词典》(American Dictionary of the English Language)。

同义词库：这些词典专门为它们所包含的主要词条提供同义词。由Peter Roget编辑的，出版于1852年的《罗杰同义词库》(*Roget's Thesaurus*)是较为出名的英语同义词库。因为这本词典的名字未申请版权保护，所以许多同义词库即使不是从原罗杰同义词库中派生出来，但都还是含有 Roget 罗杰这个名字。

专业词典：许多词典都侧重于某一特定职业或感兴趣领域的词汇。例如，医生和律师可以使用定义医学和法律术语的词典，如《Tabler 医学百科词典》(*Tabler's Cyclopedic Medical Dictionary*)或《布莱克法律词典》(*Black's Law Dictionary*)。音乐家可以通过使用如《格罗夫音乐和音乐家词典》(*Grove Dictionary of Music and Musicians*)查阅音乐术语。拼字游戏玩家也有词典，这类词典包含拼字游戏中允许使用的单词。由于兴趣种类繁多，因此满足这些兴趣的词典数量也很多。

尽管存在许多不同类型的词典，但大多数人最熟悉的还是缩略或未删节的单语词典，这是本节讨论的焦点。单语词典的产生基本上是经历了两个阶段，第一个阶段是通过研究词在上下文中的使用来确定词的含义，然后制定适合特定词典读者的词的定义。

确定词的含义。由于单语词典需要的信息非常全面，词典编纂者开发出了一种方法来发现词义。这种方法首先是从书面语中收集单词，然后在引文条上记录下单词的含义和附加信息。引文条其实是早期词典的一张纸，但现在是一个计算机文件。引文条包含了使用该词的句子以及该词来源的书目条目等信息。词典编纂者很大程度上依赖于引文条，因为他们根据单词出现的上下文来确定单词的含义。《牛津英语词典》的产生很好地说明了这个过程是如何进行的。

《牛津英语词典》是一个非常雄心勃勃的项目。正如其在1859年的声明——"英国语文学会关于出版新英语词典的提议"——中所述,该词典将包括1250年至1858年间英语中的每个单词。词典包含的词汇将以这些年来印刷品中的词汇为基础。这些目标造就了"唯一一部完全基于引文而编纂的英语词典"(Landau 2001:191)。《牛津英语词典》的经验性很强,这给它的创作者完成找到愿意阅读书籍和制作引文条的人这一任务带来了很大的负担。为了找到志愿者,1859年的"提议"和1879年的文件——"呼吁说英语和读英语的公众阅读书籍,为英国语文学会的新英语词典做摘录",在Jame A. H. Murray成为编辑后,都在积极恳请读者为编纂词典做贡献。

因为《牛津英语词典》打算做成一部历史性的词典,它决定包括1250-1526年、1526-1674年和1674-1858年三个时期内所有书面文本中的词汇。这三个时间框架之所以被选择,是因为它们描绘了"为了语言的目的,我们的语言可以最方便地被划分"的时期(源于文件"呼吁说英语和读英语的公众阅读书籍,为英国语文学会的新英语词典做摘录",1859,p. 5)。例如,1526年标志着英文版的《新约》第一版出版,1674年,弥尔顿之死。虽然这些都是重要的历史事件,但很难与英语发展的主要时期相对应,特别是因为《牛津英语词典》只以书面文本为基础,完全忽略了口语。此外,正如Landau(2001:207)所指出的,"引文文件的核心对象倾向于受过教育和上层阶级的人",这很难使引文文件成为语言整体的代表。但是,由于在这段时间内确实没有可行的方法(或对此没有愿望)来收集口语数据,因此数据偏向于书面语是不可避免的。

《牛津英语词典》第一版出版于1928年,以大约2000名读者提供的400万份引文条为基础(Francis 1992:21)。如Gilliver(2000:232)所指出的,这些人要么提供具体的单词实例,要么收集的引文来自他们被要求阅读的资料。Gilliver(2000)简要描述了其中一些人的贡献。例如,《牛津英语词典》的早期编辑之一 Frederick James Furnival 提供了来自 30,000 份报纸和杂志的引文(p. 238)。维也纳语言学家 Harwig Richard Helwich 提供了 50,000 条引文,其中许多引文来自中世纪一首题为 Cursor Mundi 的诗,"这首诗是字典中最常被引用的作品"(p. 239)。医生 Charles Gray 提供了 29,000 份引文,其中许多引文提供了取自 18 世纪文本的功能词实例。

应该如何收集单词并将其列入引文条中的指导也被告知给读者:

> Make a quotation for every word that strikes you as rare, obsolete, old-fashioned, new, peculiar, or used in a peculiar way.
>
> Take special note of passages which show or imply that a word is either new and tentative, or needing explanation as obsolete or archaic, and which thus help to fix the date of its introduction or disuse.
>
> Make as many quotations as you can for ordinary words, especially when they are used significantly, and tend by the context to explain or suggest their own meaning.
>
> (from the *Historical Introduction of the Original OED*, reprinted in Murray 1971: vi)

一个词被选择之后,它还需要被包含在引文条中,引文条有特定的格式,如图 6.1 所示。这个词出现在这张纸条的左上角,该词正下方是该词来源的完整书目信息。引言本身放在引文条的底部。然后,这些纸条被送到牛津,被放置在 1029 个鸽子洞的一个中。这些鸽子洞由《牛津英语词典》主编 James A. H. Murray 建造在一个缮写室(他命名为"藏经阁")内。Murray 和他的助手把这些引文条作为《牛津英语词典》中条目和说明性引文的基础。

> Britisher
> 1883 Freeman Impressions U.S. iv. 29
> I always told my American friends that I had rather be called a Britisher than an Englishman, if by calling me an Englishman they meant to imply that they were not Englishmen themselves.

图 6.1　来自《牛津英语词典》的引文条

因为词典编纂者非常依赖上下文来确定单词的意思,所以他们的词典必须以取自大量文本来源的引文条为基础。这是因为给定文本中词汇的频率是由 Zipf 定律确定的,该定律是由 George Kingsley Zipf 开发的一个计算单词频率的公式(详见 Zipf 1932)。Zipf 定律预测,从本质上讲,在任何文本中,少量的单词非常频繁地出现,而大量的单词很少出现。为了说明这一点,请看本节前面的一段话中单词的分布,这段话共包含 119 个单词。

表 6.2　样段中最频繁出现的单词

单词	出现次数
the	10
a	7
of	6
word(s)	6
as	5
from	3

(续表)

单词	出现次数
on	3
which	3
合计	43

表 6.2 列出了段落中出现三次或三次以上的单词。这 8 个词(包括词的单数形式和复数形式的组合频率)占本段中所有单词数量的 36%(119 个中的 43 个)。在本段剩余的单词中,12 个单词(占总词数 20%)出现两次(119 中的 24 个),52 个单词(占总词数 44%)出现一次(119 中的 52 个)。如表 6.2 所示,出现频率最高的词是:冠词(a 和 the)和介词(of)。段落中出现频率最低的词是实词——如 methodology 和 monolingual,而且这些词只出现了一次。对于词典编纂者来说,这些分布意味着他们必须从非常大的数据库中收集示例,否则他们将无法捕获语言中出现的所有单词和它们所具有的意义。毕竟,词典编纂者最关心的词是实词,也是出现频率最低的词。

出于这个原因,现代词典编纂者放弃了由数千个人撰写的手写引文条,转而从大型语料库中自动收集例子。例如,出版商 Harper Collins 创建了柯林斯语言资料库作为引用文件的来源(www.collins.co.uk/books.aspx? group=180,2007 年 9 月 10 日检索)。基于这个资料库,他们创造了许多已经出版发行的词典,这其中就包括《柯林斯词典》(*The Collins English Dictionary*)。柯林斯语言资料库目前有 25 亿个单词,包含各种各样的英语口语和英语书面语表达。它不断更新,以便进入语言的新单词可以被检测到,在即将出版的词典中也能收入这些新词。

第六章　英语词汇：结构和意义

```
1993                              ₽.9* f         cushion, table       rug, bed, bath
1994 age " in his gown, sitting in a 1994 val in  • ■ (4.3.27.3.d.).
the final moments " in a 1994 limactic            • ■ (5.2.282.3.d.) then serves as a vi and
link between the royal 1993 ainless, and          potential diseases to come.
to Gordon Stewart, 1993 could climb onto it):     of the Department of History, who tol.
Open that
1993 ascinating Miss Fleming, " and a             upon which she props up the muddy ski
1994    " Enter the Friar sitting in a 1993       • and notes (p. 57) : " q s in his , on which
The back of the                                   Gennaio is sitting is carved
1995 in an elaborately carved wooden
1993 n "the man standing behind chat 1995  chair* chair' chair chair chair chair chair chair
ohn B. Watson left his academic 1993 ich   chair.
some Peeress might take the 1995 heney,    chair" or "the man with the white beard" ca chair
for instance, the former 1993 A 1993 d     at The Johns Hopkins University for a chair at
"the roan standing behind the              a drawing-room meeting," Philip, e chair of the
1993 elief, the "floor¹* on which the      National Endowment for the Hum chair consists of
1992 ifted her obesity on the Viking       four legs, a seat, and a chair" are referenrially
1994    property would more resemble a     interchangeable in chair and the feet of the
1993 ptor wished to be sure chat rhe       female figure res chair and pressed her massive
1994                                Th     gut to the ta chair of state than a stretcher,
e 1993 ich are the four corners of the     chair was correctly placed in the mass of 3 chair
1993 buried alive in the back of his 2004  here recalls the various chairs of 2. chair.
e toddler stares rocking in his chair,     chair" (CM4F 2) , cultivates a nonentity b chair
                                           and repeatedly couching his forehead.
```

图 6.2　单词 chair 的搭配图

　　软件开发的进步也有助于创建引文条。一个搭配程序可以用于任何计算机化文本,并非常快地创建一个 KWIK(上下文中的关键词)搭配。图 6.2 包含了一个基于剑桥国际语料库中单词 chair 出现情况抽样的 KWIK 搭配窗口,该单词的含义在本章前面讨论过。如图所示,chair 出现的所有情况都是垂直对齐的,因此可以很容易地检查它们在上下文中的使用。虽然只能看到单词 chair 出现的句子片段,但只需要有限的上下文就能确定单词的含义。如果需要更多的上下文,大多数搭配程序也允许查看整个句子或句子周围的内容。

　　虽然词典编纂者需要检查一个词的许多用法以确定其含义,但图 6.2 中的 chair 的 24 个实例开始显示其含义。其中三个例子都指出 chair 是一个坐的地方。

　　　　　…in his gown, sitting in a chair…
　　　　　Enter the friar, sitting in a chair…
　　　　　The back of the chair on which Gennaio is sitting…

　　其中一个例子确实提供了 chair 的定义。

A chair consists of four legs, a seat...

另一个包含了几个词,"雕刻的木椅",指出了椅子是由什么做成的。

其他例子表明单词 chair 椅子是多义的;也就是说,它有不止一个含义。椅子不仅仅是可以用来坐的具体物体,也可以是用来指定某人是领导或在大学里拥有某种受人尊敬的地位的一个抽象名词。

... Gordon Stewart, **chair** of the Department of History...

... B. Watson left his academic **chair** at The Johns Hopkins University...

当然,除了图 6.2 中的例子之外,还需要更多的例子来验证 chair 的这个含义。但是,当词典编纂者开始分离单词的多种含义时,他们可以寻找其他例子来确定这些含义的广泛程度。

要确定一个给定的词是否有一个或多个含义通常很难。例如,图 6.2 中的最后一个示例将运动的概念与 chair 关联起来。在本例中,不清楚所指的儿童是在普通椅子上 rocking(摇),还是坐在 rocking chair(摇椅)上。"摇椅"不同于其他椅子,因为它没有四条腿,而是两条弯曲的腿,其形状允许椅子前后移动。computer chair "电脑椅"也可以移动,但通常有四条带有轮子的腿。"豆袋椅"没有腿或扶手,只有一个灵活的坐立区域。

所有这些类型的椅子都只是传统的"椅子"概念的变体。因此,没有一个词典编纂者会将它们在词典中单列。然而,其他情况则不那么简单。Labov(1973)在他对 cup 一词的意义的现代经典研究中发现,人们认为是"cup"而不是其他一些饮用容器(如"mug")的物品种类有很大差异。

图 6.3　cup 概念的宽度（Labov 1973:355）

　　Labov(1973:355)要求受试者在四种不同的语境中命名物体。例如,一个语境被标记为"中性",只要求受试者提供物体的名称;另一个语境被标记为"食物",因为受试者被问到如果物体包含土豆泥并被放在餐桌上,他们会如何称呼该物体。Labov(1973:356)发现,尺寸在"食物"语境中受的影响要大于在"中性"语境中。例如,在"中性"语境中,所有的受试者都把物体 1 命名为杯子。然而,在"食物"语境中,大约 75％的受试者把物体命名为杯子,25％称之为碗。在"中性"语境中,25％的受试者把物体 4 命名为杯子,75％称之为碗。在"食物"语境中,所有受试者都把物体 4 命名为碗。Labov(1973:357)在他测试的其他语境中发现了类似的影响,这使他得出结论:"任何给定术语的一致性都会随着受试者对不同功能设置中的物体的设想而发生根本性的变化。"

　　Labov(1973:350)指出,词典编纂者处理意义上的这种变异,在他们的定义中包含"像 *chiefly, commonly, the like* 的修饰语等"(斜体表示原文中的下画线)。例如,《韦氏大学词典》(第 11 版)(*Merriam Webster's Collegiate Dictionary（11th edn.*))通常使用修饰语来定义一个 cup:"一个开放的,通常是碗状的饮用容器。"尽管这种主观的语言可能让语义学家反感,但 Labov(1973:351)认为,这种语言相当有效地抓住了意义的"梯状"本质,即单词之间的意义差异不是绝对的,而是一个意义在一个尺度上被分级为另一个意义。这样的语言对词典编纂者来说也是非常满意的,因为它使他们能够更简洁地向读者呈现词的定义——正如下一节将要说明的,这是指导词典编纂者在对其定义用词时的诸多考虑之一。

创建单词定义。字典包含了大量关于单词的信息:它们的含义、拼写、发音和词源。然而,对人们实际使用字典的原因的调查问卷显示,查阅字典"主要是为了找出单词的含义,特别是不常见单词"(Bejoint 2000:152)。正如前面提到的,因为词典是面向用户的,所以词典编纂者开发了定义单词的方法,这种方法简洁而清晰地向读者呈现单词意义。

词典编纂者对词语的定义有各种各样的想法。Landau(2001:153)指出传统的亚里士多德定义概念"要求被定义的词(拉丁语中称为 definiendum)应该由类和差异来识别"。因此,在韦氏词典的上述定义中,cup 杯子是饮用容器(类)的一个成员,但由于其大小和形状(差异),它不同于其他饮用容器。但韦氏词典也采用了百科全书式的定义:"定义(即)长段落的定义似乎旨在对所指进行'完整'的描述,而不是提取对概念理解至关重要的内容。"(Bejoint 2000:51)例如,《韦氏第三部新国际词典》用单词 window 的基本定义来定义该单词。

> 1 a (1): an opening in a wall of a building or a side of a vehicle to admit light usually through a transparent or translucent material (as glass), usually to permit vision through the wall or side, and often to admit air.

然而,这个基本定义后面是对不同类型 window"窗口"的讨论,在银行进行交易或出售票据的窗口,或使人们能够查看商店中陈列的出售物品的窗口。

词典的定义是以词目为基础的。词目通常由具体词的词根组成。因此,字典定义的是单词 cup,而不是其复数形式 cups。

同样,单词 run 可以被定义,但 ran 和 running 则不行。然而,字典通常包含带有词缀的词条,这些词条含有与词根不同的含义。例如,《牛津英语词典》包含有名词 help 的定义,也包含了与词根 help 相关但含义略有不同的两个形式:helpful 和 unhelpful。最近的词典对定义应该只基于词目这样一种观点提出了挑战。在 John Sinclair 的指导下,《柯林斯 Cobuild 英语词典》(*Collins Cobuild Dictionary*)的第一版开始了对搭配的定义实践:经常共同出现并具有系统意义的多词组合。Moon(2007:168)指出,对《柯林斯 Cobuild 英语词典》所做的基于语料库的工作显示,"像 remove、move、steal、escort 等单词一样,take 的语义独立意义比它在 take a step、take part、take a long time 等结构中的意义使用得少"。因此,《柯林斯 Cobuild 英语词典》在其定义和包含的说明性示例中关注这样的搭配。

因为词典使用单词来定义单词,所以词典编纂者必须确保其读者完全理解定义中使用的单词。在学习者词典中,这在一定程度上是由定义所依据的字数所控制的。《柯林斯 Cobuild 英语词典》是一本学习者词典,其定义基于 2500—3000 个单词(Moon 2007:171),很大程度上是因为这本词典的读者(英语非母语人士)比英语是母语的人士需要更有限的词汇。一般来说,清晰的定义对词典同样重要。Landau(2001:160)认为,"(单语词典的)读者有权期望,如果他们不知道定义中使用的词的含义,他们可以查找该词并找到其定义"。但要实现这一标准可能很困难,尤其是对于技术词汇而言。技术词汇不仅出现在专门词典中,而且也出现在通用词典中。《韦氏第三部新国际词典》将计算机术语 byte(字节)定义为:

> A unit of computer information or data-storage capacity that consists of a group of eight bits and that is used especially

to represent an alphanumeric character.

对于技术新手来说,这个定义包含一些不熟悉的单词——位、字母数字字符。当然,这些单词本身也可以在字典的其他地方查找,但是否愿意这样做因人而异。

词典编纂者在定义中也遵循其他习惯。不同词性的词的定义形式各不相同,名词用名词短语来定义,形容词用固定短语来定义(例如,able to, exhibiting, of, denoting),动词用不定式分句来定义。(Landau 2001:171—177)因此,根据《牛津英语词典》,名词 cup 是一个"饮用容器";形容词 small 指的是"周长或围长相对较小"的东西或人;动词 talk 指的是"口头表达",其目的是"通过言语传达或交换思想、信息等"。有些学习者词典通过定义完整句子中的所有单词来区别于之前提及的做法。《柯林斯 Cobuild 英语词典》对形容词 fair 的定义是"when it is fair, the weather is pleasant, dry and fine(当天气晴朗时,天气宜人、干燥、晴朗)"(引自 Moon 2007:170)。

因为现在大多数现代词典都是以语料库为基础,所以许多词典都是按频率排列单词的定义,首先是最频繁的定义,然后是不那么频繁的定义。这种做法导致了早期词典重定义顺序的变化。例如,Moon(2007:163—165)表明,早期的词典倾向于在更抽象的意义(某物对某物的影响)之前包含更具体的具有冲击力的定义("某物撞击其他物体的力")。然而,就频率而言,抽象意义比具体意义更为常见。因此,通过按频率排列词义,词典给用户提供了占主导地位定义的更准确的描述语料库,还使词典编纂者能够在编纂词典时包含具有说明性的引语,这些引语不是杜撰出来的,而是从真实来源中提取的。

词典编纂者在定义词语时也遵循其他原则。他们试图保持定义的简短。他们避免了定义的循环。例如,如果 lynx 被定义为

"bobcat",bobcat 则不会被定义为"lynx"(Landau 2001:158)。一些词典编纂者在他们的定义中力求可替代性,即一个给定单词的定义应该能够替代单词本身。如果 dog 被定义为四条腿的犬科动物,那么一个人就可以说 I have a new dog 或者 I have a new four-legged canine。当然,正如大多数词典编纂者所承认的那样,并非所有单词(特别是像 a 或 by 这样的功能词)都能以满足这一原则的方式定义。但是,不管词典编纂者遵循哪种定义原则,其目标都是向词典使用者提供对之前不认识的词的清晰定义。

成分分析

虽然词典使用词组来定义单个单词(或搭配),但使用成分分析(有时称为词汇分解)的语义学家试图根据一组抽象语义基元来定义单词,这些抽象语义基元将单词分解为其基本成分。例如,Leech(1981:90)提出了下面的特征来定义"man,woman,boy 和 girl"这几个词。

> man:+human,+adult,+male
> woman:+human,+adult,−male
> boy:+human,−adult,+male
> girl:+human,−adult,−male

需要注意的是,在解释语义特征时,+human 或 −adult 等特征与"人 human"或"成人 adult"等词没有关系。这些特征指明了"人"和"成人"的抽象概念。因此,例如,"boy 男孩"这个词有一个基于"人"的概念,但缺乏"成人"概念的固有含义。此外,通常很难精确地确定在定义一个给定的词时需要哪些特征。在上面的列表中,Leech(1981)选择特征"+/−male"来标记单词之间的性别不同。他也可以很容易地选择以下这些特征,+/−

female，或 +male 和 +female。后两个术语达不到在定义单词所需的特征清单中添加一个附加特征(+female)的效果。但是特征+male 和+female 确实更准确地定义了词语，因为特征-male用"男性"的缺失来定义"女性"，至少这样说是不太容易接受的。正如本节后面将要讨论的，在考虑给抽象词汇(例如 freedom)定义时，特征的选择会变得更加困难。

  Leech(1981:90)认为，上面列表中的单词是二元对立的，它们通过某些语义特征的存在或不存在区别词义(例如+adult vs. -adult)。然而，Leech 认为，对于其他词组来说，不同类型的特征是必要的。例如，单词 mother 和 daughter，这两个词具有相同的特征+female。然而，特征+/-adult 与 daughter 无关，因为某个人在任何年龄都可以是某人的女儿。可以说，这一特征也与 mother 无关，因为有些人可能在成年前就已经是母亲了。但这两个词之间有着不同的关系，Leech(1981:102-103)将这个关系描述为一种对立关系，"涉及相反的方向"。如果我是你的母亲，那你就是我的女儿；如果你是我的女儿，那我就是你的母亲。为了表达这种关系，Leech(1981:103)使用了带有"parent"特征的左箭头或右箭头。

  mother：+female →parent
  daughter：+female ←parent

右箭头表示"父母"；左箭头表示"孩子"。

  其他关系包括 Leech(1981:101)所说的极性对立，单词"最好用两极之间的尺度来设想"。单词 hot/warm/cool/cold 描述了尺度上不同点的温度，Leech 提出，像这样的单词有可以用不同高度的上下箭头标记的特征。下面示例中的箭头说明了上述四个词所表达的温度的不同程度。

hot：temperature↑

warm：temperature↑

cool：temperature↓

cold：temperature↓

当然，词与词之间还存在着其他类型的关系，但是一旦一个人把目光从基本词汇（比如亲属称谓）转向整个英语词汇，就越来越难以确定哪些语义特征在定义不易辨认的词时是必要的。虽然 freedom 和 slavery 这两个词彼此对立，但究竟要哪些特征来区分这两个词还不完全清楚。尤其是抽象词不适于成分分析。例如，是什么特征定义了 livelihood，或者 fear，anger 和 happiness 呢？

由于成分分析无法描述这些词的意义，许多语言学家放弃了这种方法，将其作为一种可行的词义理论化方法。但是，有一些方法可以简化用来描述和区分单词所需的语义特征的数量。例如，Cruse(2004:244)描述了一种方法，在这种方法中，语义特征通过一系列"词汇对比"与一个词相联系。在下面的一组单词中，他通过将与 chair 的意思逐渐接近的单词与其进行对比来确定其语义特征：

椅子对思想[具体]

对猫[无生命的]

对喇叭[家具]

对桌子[坐着用]

对沙发[单个的]

对凳子[带靠背]

"椅子"和"思想"这两个词几乎没有什么共同之处，因为尽管椅子具有[具体的]特征，但思想却没有。"猫"这个词与"椅子"的意思稍微接近一点,"猫"确实具有[具体的]特征,但没有[无生命的]特征。"沙发"和"凳子"都离"椅子"很近,只是"沙发"缺少[单个的]特征,"凳子"没有[带靠背]的特征。这种方法的明显优点是,它不会试图为每个单词确定一系列定义该单词的特征。相反,单词是根据与其他单词的比较来确定普遍特征的。

成分分析的另一个变化在于不再聚焦于确定语言中的单个单词的语义特征,而在于聚焦开发能够适用于所有语言的语义特征。Wierzbicka(1996 和 2006)开发了一系列她所谓的语义基元,抽象语义特征至少在理论上出现在所有语言中。最新版本的理论包含"大约 60 个普通概念基元"(Wierzbicka 2006:17),这 60 个普通概念基元又分为 16 个一般类别。例如,在"描述符"的范畴内,基元是大和小。像用来进行成分分析的特征一样,这些基元不是指 big 和 small 两个词,而是指连续体两端存在的尺寸概念。这些基元是如何在给定的语言中实现因语言而异。例如,"限定符"范畴包括的基元有 THIS, THE SAME, 和 OTHER/ELSE。英语用限定词(或本书中所称的指示词)来实现限定的概念,如 the, this 或 that 等。缺乏限定词的语言(如俄语和日语)将使用其他语言手段来表达限定的概念。

Wierzbicka 开发的其他范畴和基元包括:

评价符:好,坏

动作、事件、移动:做,发生,移动

存在和拥有:有/存在,有

时间:什么时候/时间,现在,之前,之后,长时间,短时间,一段时间,一瞬间

空间:在哪里/地点,在哪里(某处),在这里,在上面,在下面,在远处,在附近,在侧面,在里面,接触

(Wierzbicka 2006:18)

在后面一节中可以看到,这些范畴中的两个范畴——时间和空间——都是指示语。他们在确定说话者/作者所处的时间和空间上发挥了重要的作用。

语义关系

尽管成分分析的目的是开发定义单词的语义特征,但这些特征也有助于区分单词。正如我们上面所看到的,Cruse(2004)提出了一个系统,该系统将单词,如 chair,与一系列单词通过一个语义特征加以区别。更传统的是,语义学家根据一组更普遍的语义关系来比较单词,这些语义关系描述了单词所表现出的不同程度的相似性和差异。Sparck Jones(1986:42—47)在她对语义关系文献的调查中发现了 12 种不同的关系,其中包括以下三种。

同义关系:具有相同含义的词(例如 help/assist,common/ubiquitous,hard/difficult)

反义关系:具有相反含义的词(例如,light/dark,heavy/light,open/closed)

上下义关系:具有某些语义的词被包含在一个更一般的词的意思中(例如 daisy, rose, tulip → flowers; desk, table, sofa → furniture; sparrow, robin, crow → birds)

尽管上述关系并不穷尽存在的关系的数量,但它们都是非常常见的,而且在人类认知中起着重要作用。我们从相似性、差异性、对立性和类包括等角度来看待这个世界,这些一般的感性范畴也适用于我们去看待语言中词与词之间的关系。

同义关系。同义关系是一种被广泛研究的语义关系。检验单词之间是不是同义关系的方法是可替换性——两个词可以相互替换而不改变意义。例如，下面的示例中的动词 assist。

The research assistant was available to **assist** patients completing the survey.

(CIC)

如果 help 是 assist 的同义词，那么在上述示例中，它就应该能够代替"assist"而不改变其语义。

The research assistant was available to **help** patients completing the survey.

因为这两个句子在意义上是相同的，help 和 assist 就可以被认为是绝对同义词，至少在上述语境中是如此。

然而，绝对同义词是一个有争议的概念。Bolinger(1977：ix—x)提出了非同义原则，因为他认为绝对同义关系是不存在的。对他来说，每个语言形式都有一个（而且只有一个）语义。因此，即使两个词的意思相近，但它们的意思也永远不会相同。Edmonds 和 Hirst(2002：107)认为"绝对同义词，如果存在的话，是非常罕见的"，因为如果单词真的是同义词，那么它们就需要"能够在它们的任何语境中替换另一个"。在这些语境中，它们的共同意思不改变真值、交际效果或"意义"（然而"意义"是被定义的）。很容易就能找到例子来说明绝对同义关系这一概念难点。

大多数词典都会把 hard 列为 difficult 的同义词。在下面的两个例子中，hard 和 difficult 都可以互换，而且意义上几乎没有区别：

He finds it **difficult** [**hard**] to describe his feelings.

(BNC A06 838)

I do not deal with the equally **hard** [**difficult**] problem of the patient who is admitted unconscious to hospital after a suicide attempt.

(BNC ASK 1523)

在接下来的两个例子中,用 hard 替换 difficult 会产生非完全惯用的结构。

Charles also found himself in a **difficult** [? **hard**] position.

(BNC AOF 140)

Thus Frits Staal distinguishes between "the **difficult** [? **hard**] ways of contemplation" and "the easy way of drugs" by means of…

(CIC)

虽然 stupid 和 unintelligent 都意味着"缺乏智慧",但用一个替代另一个会产生非常不同的结果。下面的例子选取自一本学术书籍,作者希望在其中反驳一个普遍的假设,即文盲缺乏智力。因为 stupid 这个词有负面的内涵,在这种情况下使用它就会否定作者的意图。

Freire believed that peasant adults, though often illiterate, are not **unintelligent** [**stupid**] and can reflect on their own experience, make connections, and cooperate to achieve agreed objectives.

(CIC)

相比之下,下面的简短摘录摘自一次非正式的谈话,在谈话中,说话者希望直接传达被讨论的人确实不是很聪明。使用 unintelligent 会降低说话者希望达到的强调。

He's just so **stupid** [unintelligent].

(CIC)

《牛津英语词典》指出，单词 stupid 的某一部分已经变成了"一个贬低或辱骂的术语"。因此，"stupid"一词最近的语义可能会模糊其他语义。就像某人描述某人 gay（快乐）一样，gay 的某一部分更可能导致人们认为这个人是同性恋而不是认为这个人是快乐的。

有可能差异会更为微妙，比如在 buy 和 purchase 之间。当然这两个词也有可以互换的情况。

The family **bought** [**purchased**] a house in Park Street, London, and another converted Tudor farmhouse near Esher.

(ICE-GB W2F-017 082)

Sangster recently **purchased** [**bought**] a 10-acre property in the South of France, apparently to concentrate on his golf.

(BNC A4B 342)

然而，这两个动词的形式出现在非常不同的语境中。在英国国家语料库中，bought 和 purchased 在语域之间具有非常不同的分布。在自发性对话中，bought 的频率为 348 次/百万字；相比之下，purchased 则根本没有出现。在英国国家语料库中的所有语域中，商务语域出现了 purchased 的实例（67 次/百万字），这比任何其他语域都多。形成这种分布的原因是，与 bought 不同，purchased 与某种正式的商业交易有关。因此，在下面的第一个例子中，bought 听起来有些尴尬，因为出售的是出现在正式商业语境中产品。

The serving machines are available in a selection of sizes and can be leased or **purchased** [? **bought**].

(BNC A0C 1147)

在下面的例子中，purchased 听起来很尴尬，因为交易听起来无足轻重，而且语境非常不正式。

I had a long layover in Memphis and I went and **bought** [? **purchased**] this magazine just cuz it sounded like it was going to be fun and it was.

(MICASE LES565SU137)

Can I buy [? **purchase**] you a cognac?

(BNC CEC 829)

由于像 difficult/hard, unintelligent/stupid 和 buy/purchase 等词对不能总是被互相替代，因此它们被视为相对同义词。许多语言学家认为，在自然语言中，相对近义词比绝对同义词更常见。

反义关系。同义词有相似的含义，反义词有相反的含义。对于 Lyons(1977:279) 和 Murphy(2003:170) 来说，反义关系是一种对比；对于 Cruse(2004:162) 来说，反义关系是一种对立。但是，尽管他们和其他理论家都承认反义词对之间存在某种差异，但在哪些词对被认为是反义词的问题上却存在一些分歧。

更加狭隘聚焦的反义词定义把反义词的类别限制为可分级的形容词。根据这种观点，诸如 old 和 new 这样的形容词就属于这一类，因为它们描述了年龄尺度上两个极端。

old   new
⟵—————————⟶

有各种语言手段可以用来标记这两个极端之间的点。首先,这两个形容词都有比较级和最高级的形式:older/oldest 和 newer/newest。因此,可以说 x 比 y 新或老,或者 x 是最老的,y 是最新的。其次,两个形容词前面都可以有程度副词,如"非常"和"稍微",用以表示新旧程度的不同之处。

very old   old   somewhat old   somewhat new   new   very new
⬅————————————————————————————➡

old 和 new 是两个完全不同的词构成的反义词。但在英语中,也可以通过在形容词前添加否定前缀(如 un-)来创建反义词。表 6.3 包含了两种可分级反义词的示例。

表 6.3　可分级反义词示例

单独的词	通过添加前缀 un-/in-/im-
young/old	intelligent/unintelligent
hot/cold	decent/indecent
beautiful/ugly	attractive/unattractive
tall/short	likable/unlikable
fat/thin	comfortable/uncomfortable
heavy/light	probable/improbable
high/low	forgettable/unforgettable
wide/narrow	civilized/uncivilized
happy/sad	happy/unhappy

但是,尽管许多相反的词是可分级形容词,但有许多则不是。例如,dead 与 alive 是意义明显相反的词。然而,它们并不存在于一个尺度上,某物或某人要么死了,要么活着,而且在这两个极端之间没有一个在尺度上的点。这一事实证明,不可能

将一个人描述为"非常死了的"。这些形容词有可能可以有强度修饰语，比如 Fidel Castro 在 2006 年被描述为在进行"very alive and very alert"的手术。但是这样表达的是修辞语义多过字面意义。由于 dead 与 alive 是二元对立的，因此 Lyons(1977)并没有将它们之间的关系描述为反义关系，而是对立关系。然而，其他人则对反义关系持更为宽泛的观点。例如，Jones(2002:1)认为，由于诸如"dead"和"alive"这样的词对是"直觉地被认为是'对立物'，因此它们应该包括在反义词类中"。而且，事实上，对反义词对的实证研究提供了许多令人信服的具有多种不同形式的反义词例子。

在对《柯林斯 COBUILD 高阶英汉双解学习词典》(第 4 版)(*Collins Cobuild Advanced Learner's English Dictionary*, 〈4th edition〉)中标记为反义词的单词对进行的分析中，Paradis 和 Willners(2006)发现，虽然大多数反义词是形容词(59%)，但其他类型的词也有，包括名词(19%)、动词(13%)和其他(9%)。在一项对来自《独立报》(*The Independent*)的 2.8 亿字文字语料库中反义词进行的实证研究中，Jones (2002：31)选择了四个不同词类的 112 对反义词。

形容词：active/passive, bad/good, illegal/legal, long/short, feminine/ masculine, rural/urban, gay/straight

名词：advantage/disadvantage, boom/recession, guilt/innocence, optimism/ pessimism

动词：agree/disagree, confirm/deny, disprove/prove, fail/succeed, lose/win

副词：directly/indirectly, explicitly/implicitly, officially/unofficially, quickly/slowly

例如,Jones 把名词"optimism/pessimism"包括在反义词内的决定是非常合理的,因为这些名词与可分级形容词"optimistic/pessimistic"的含义非常接近。因此,只是因为它们是名词就将它们排除在反义词类之外,这太随意了。

但是,尽管名词、动词和副词可以是反义词,但是正如 Paradis 和 Willners(2006)研究得出的频率所证明那样,反义关系仍然主要是形容词之间的关系。此外,Jones(2002:33)在研究的语料库中发现了出现频率最高的五对反义词,占他发现的反义词对的 25%。这五个反义词对有四个都是形容词:new/old, private/public, bad/good, hate/love 和 poor/rich。

上下义关系。上下义关系指的是一个词的含义包含在一个更普遍的词的含义中。例如,因为 poodle 的含义包含在 dog 这个更宽泛的含义中,所以 poodle 是 dog 的下义词。在上下义关系中,较具体的词称为下义词,较宽泛的词称为上义词。诸如 poodle, basset hound 和 golden retriever 等词被认为是同下义词,因为它们的含义都包含在狗的含义中,而且它们每一个词都具有相同的特异性:它们都是狗的"类型"。因为 dog 的含义比 poodle 或 basset hound 的含义更普遍,所以它被认为是这些词的上义词。

虽然 poodle 是 dog 的下义词,但如果考虑到它与一个更具体的词之间的关系,如 toy poodle, toy poodle 则是 poodle 的下义词。因此,一个词是下义词还是上义词取决于它相对于与其相关的其他词所处的位置。从这个意义上讲,上下义关系在很大程度上是一种等级关系,它"给词汇和词汇内部的领域都强加了一个等级结构"(Lyons 1977:295)。为了说明这一点,请看图 6.4 中的单词。

toy poodle
miniature poodle
standard poodle
large poodle
   poodle
    dog
     domestic animal
      animal
       organism
        living thing
         whole, unit (an assemblage of parts that is regarded as a single entity)
          object, physical object (a tangible and visible entity; an entity that can cast a shadow)
           physical entity (an entity that has physical existence)
            entity (that which is perceived or known or inferred to have its own distinct existence (living or nonliving))

图 6.4　poodle 的上下义关系链

(改编自 http://wordnet.princeton.edu, 2008 年 6 月 6 日检索)

此图中的信息来自 WordNet(WordNet.Princeton.edu),一个大型在线词汇数据库(Fellbaum,1998)。WordNet 包含实词的词条——名词、动词、形容词和副词,这些实词又通过同义词集进行分组。同义词集指的是一系列同义词的集合。每个单独的同义词集都可以用来检索位于同一链条上的下义词和上义词。在图 6.4 中,上义词以垂直向下进行的方式展示出来。因此，animal 是 domestic animal 的上义词，是 organism 的下义词。在链条的任何一点上，都可以添加各种同下义词。例如，对 organism 的单独搜索可以发现，除了 animal 外，还产生了许多同下义词，包括 person, plant, plankton, parasite, clone 和 fungus。对单词 person 的同下义词搜索会出现太多的匹配项，以至于超过了 WordNet 的搜索限制。下面只是列出了部分 person"人"的同下义词：

> self, adult, capitalist, captor, contestant, coward, creator, entertainer, individualist, intellectual, nonworker, traveler, unskilled person, worker, acquaintance, actor, adoptee, amateur, bullfighter

因为 WordNet 是"手工构建的"(Fellbaum 1998:4)，它显然不包含给定单词的所有下义词列表，特别是对于像 person 这样一个有普遍含义的单词。

尽管上下义关系是一种"在名词中更常见"的关系，但也有可能找到动词和形容词的例子(Croft & Cruse 2004:142)。动词 whisper, mumble 和 yell 是 speak 的同下义词；动词 jog, trot 和 sprint 是 run 的同下义词。Cruse(1986:89)把形容词 scarlet 作为 red 的下义词。其他颜色的例子也是可能的，例如 navy blue 作为 blue 的下义词。但是，在形容词中的上下义关系概念的问题更加突出。事实证明，WordNet 中的下义词仅限于名词和动词类。

在任何一组同下义词中，某些词比其他词更具原型。原型概念在基于认知的语言理论中是非常重要的，它建立在以下概念的基础上：

> 并非所有类别成员在该类别中都具有相同的状态。人们的直觉是，某些类别成员比其他类别成员更适合作为类

别的示例。被认为是该类别最佳示例的成员可以被认为是该类别中最核心的成员。(Croft and Cruse 2004:77)

在同下义词中,这一概念尤为突出。在下面的每一个词组中,上义词在前,紧随其后的是一组同下义词。最不典型的下义词用黑体字标示。

drinking vessel:glass,cup,mug,**goblet**,**stein**

furniture:desk,chair,couch,table,**waterbed**,**ottoman**

book:textbook,workbook,novel,cookbook,**catechism**,**popup book**

food:leftovers,produce,turkey,**polenta**,**partridge**

尽管对于大多数讲英语的人来说,goblet 并不是典型的,但其他词是否被认为是典型会因说话者和文化背景不同而有所差异。如果一个人有年幼的孩子,那么一本 popup book 可能是非常典型的,因为这样的书很受儿童欢迎。

创造新词

到目前为止,我们只对英语中现存单词的含义进行了讨论。然而,有时会出现一种不同的情况。人类经验中会出现一些新的现象,为此需要创造一些新的词汇。虽然可以确定新词形成的一系列普遍过程,但很难准确地确定一个新词的首次使用时间,以及一种语言的所有使用者最终同意使用该新词的原因。例如,计算机术语"memory",它是通过意义扩展的过程产生的,应用于人类思维的"记忆"的意义被扩展到涵盖计算机的内部运作。在《牛津英语词典》(*OED*)中,最早包含了使用"记忆"的这种意义的引文(取自 CIC)可追溯到 1945 年。

The memory elements of the machine may be divided into

two groups—the "internal memory" and the "external memory."

(OED Online)

虽然在本例中"内存"无疑是一种新的用法,但这种用法并不是源于本例。因此,词典只能提供有关单词起源的一般信息,当然他们也不能解释为什么一个给定的单词最终会获得普遍接受。然而,英语中有一个新词"9/11",它可以提供一个有趣的角度来看待单词的创造过程,也可以用来描述各种构词过程,为英语中新单词的引入提供普遍的模板。

9/11:单词构成的案例研究。"9/11"这个词不仅是2001年9月11日纽约世贸中心和华盛顿特区五角大楼遭受袭击的时间,而且已经成为一个标志性事件,它带来了一个全新的威胁:全球恐怖主义。这个词是美国特有的,因为在美国,日期的数字表示形式是月/日/年(9/11/2001)。在美国以外,日期的数字表示形式为日/月/年(11/9/2001)。因为这个词是所描述的事件发生的日期,所以很容易就能找到包含该词早期用法的引文,并查看产生该词的过程。Meyer(2003)列出了早在2001年9月12日在报纸上出现的"9/11"的例子。

You want a defining national moment for your lifetime? No? You don't have a choice in the matter. If Dec. 7, 1941, lives in infamy, then Tuesday is going to endure as the day that evil ambushed America. Sept. 11, 2001. The ninth month and 11th day. **9—11**. 9—1—1. Apocalypse. Now.

(*The Times Union*, September 12, 2001)

Headline: "America's Emergency Line: **9/11**"

(*NY Times*, September 12, 2001)

America opens at 9, which is to say 9-ish, which has become our saddest hour. 9:02, for example. Or 8:45, or 9:04. Or 9:11, six minutes after the second jet hit the second tower, and the mind started connecting dots in a panic. At some point we may have stopped to consider the date, **9/11**, which reads as 9－1－1, which is keypad-speak for: Oh God no, help, please.

(Washington Post, September 13, 2001)

Shoreline resident Michael Rush carries a personal memorial to the victims of Tuesday's terrorist attacks on his walk yesterday from Shoreline to Seattle Center along Highway 99. On his flag, the twin towers of the World Trade Center stand in for the "11" in "**9－11**," the date of the tragedy and the call for emergency help.

(Seattle Times, September 15, 2001)

在每个例子中,单词 9/11 都具有一定程度的象似性。日期 9/11 与电话号码 911 相同,电话号码 911 是美国所有地区的紧急电话号码。此外,这两个数字 1 象征着世贸中心的两座塔楼。

在这个层次上,9/11 与 memory"内存"相似,因为它是通过扩展发生攻击的日期含义来描述事件本身的。在英语中,意义扩展是一个非常常见的过程。新词通常是它产生基于的词的隐喻。

例如,几乎人体的每一个部位都成了一个隐喻。

the **head** of an organization

the **heart** of the problem

at **arm's** length

the **foot** of the mountain

won by a **nose**

I'm all **ears**

但是意义的扩展并不局限于根据一个已有的词来创建一个隐喻。任何词,只要它足够"长寿",在它的"生命"中的某个时候,它的意义就会延伸。例如,《牛津英语词典》列出了单词 family 的许多含义,其中一个较常见的含义集中在一群有亲戚关系并住在一起的人的概念上。说明这一含义的引文可以追溯到 1667 年。然而,"family"的这一含义被扩展到表示一群从事有组织犯罪的人。因此,Gambino family 的 family 不是指以 Gambino 为姓的父母、子女和其他亲属,而是指以 Gambino 这个姓为首的参与有组织犯罪的一群人。《牛津英语词典》最早引用这一含义是在 1954 年。

但是,尽管"9/11"的标志性吸引力可能是其存在的原因之一,但也有其他原因。美国的国家灾难通常是以它们发生的地点命名的:Pearl Harbor,Oklahoma City,Three Mile Island。用专有名词创造新词在英语中已有先例:Marxism(Karl Marx),quixotic(Don Quixote),sadism(Marquis de Sade),sandwich(Earl of Sandwich),boycott(Charles Boycott)。这些词语的不同之处在于使用者识别出它们起源于专有名词的程度。因为 Marxism 是大写的,它就比 boycott 更容易被认为是专有名词。单词 boycott 基于 Charles Boycott 的姓氏而产生。19 世纪,出生于英国的 Charles Boycott 在爱尔兰担任土地代理人期间,其租户对他的不公平对待不满而产生抵抗。但是用 9 月 11 日发生袭击的地点来命名是不可能的。"因为那天的事件发生在几个不同的地方——用日期来表达比说'恐怖主义分子袭击了世贸中心、五角大楼和宾夕法尼亚上空的一架飞机'紧凑得多。"(Nunberg 2004:156)

最初,"9/11"与表示袭击的官方词汇 September 11 竞争,但在目前的用法中,"9/11"是首选词。"9/11"在英语中作为一个可行的词是否会比目前的时代存在得更久远?或者它会遭受"Bushlips"的命运?Bushlips 在 1990 年被美国方言协会选为年度词汇(www. americandialect. org/index. php/amerdial/1990_words_of_the_year,2008 年 4 月 5 日访问),现在已经没有了任何的相关性。鉴于"9/11"所描述的事件的重要性,它很有可能成为英语词汇中永久的一员。

其他构词过程。 除了已经讨论过的那些,还有许多其他的构词过程。其中一些过程非常常见,而有些过程则非常罕见。这些较为罕见的构词过程随着时间的推移,并没有为英语贡献太多新词。

Plag(2003:132)认为,复合法是"英语中最多产的构词过程"。从历史上看,复合法具有悠久的英语传统。例如,古英语诗"Beowulf"中三分之二的词是复合词。复合法涉及两个基本语素结合在一起以创建具有新含义的单词,但该新单词意义不一定就是被组合语素的意义总和。例如,hot 和 house 有各自的含义,hothouse 当然是指一个保持高温的建筑物。但 hothouse 并不简单的就是一种"过热"的建筑,而是指一种高温促进生长的植物所需要的建筑。

从正字法上讲,复合词可以拼写为单个词(如 policeman),可以通过连字符连接(如 word-formation),或被写成两个独立的词(如 police officer)。但在具体实践中会有所不同。在本节中,word formation 构词法被拼写为两个单词,而在上面的示例中,却是用连字符连接了两个单词。一方面,这些差异可能仅仅反映出英国英语比美国英语更倾向于使用连字符来书写复合词(Quirk *et al*. 1985:1569)。另一方面,这些差异表明了构成复合词的两个单位在语义上是如何整合的：policeman 在语言中的使用比 police officer 的使用时间要长得多，后者要新得多。随着时间的推移，police officer 也很可能会被拼成一个词。

在言语中，复合词有特定的重音模式。复合词第一个元素中的一个音节接受主重音，第二个元素中的一个音节将接受次重音。请看下面的例子：

white hóuse（"a house colored white"白色的房子）
Whítehòuse（"the house in Washington, DC where the president of the United States lives"美国总统居住的在华盛顿特区的房子）

在第一对词中，形容词 white 只是修饰 house。因此，两个单词所受的重音相对均等。然而，在第二对词中，第一个元素，white"白色"，会比 house"房子"接受更强的重音。这是在复合词中发现的典型的重音模式。复合词是通过组合不同词性的词形成的。

名词＋名词：letter carrier, birthmark, life raft, clergyman, talk radio, fire fighter, streetlight, salesperson, deathwatch, human shield, spacewalk, sandcastle, senior moment, podcast

形容词＋名词：close call, small talk, blacklist, blackberry, heavyweight, bigwig

介词＋介词：upon, within, unto, into, onto

动词＋名词：chokehold, playroom, treadmill, call box, punch card, hitman

动词＋介词：breakdown, walkup, teach-in, playoff, takeout, startup, walkthrough, drawdown

这些类别并没有穷尽英语中可能存在的复合词类型，但确实证明了复合词是一种多产的构词过程。

词缀构词法和词汇借用也是构词法中常见的方式。由于英语包含了许多不同的前缀和后缀，如前一节所述，词缀在新词汇的形成中一直扮演着重要的角色。最近出现在美国方言协会"年度词汇榜"上的一些单词就是通过词缀所形成的，包括 texter 短信者（发送短信的人）、subprime 次贷（向寻求住房抵押贷款的人发放的风险贷款）、boomeritis 婴儿潮一代的骨损伤病（随着婴儿潮一代年龄的增长而产生的疾病）和 flexitarian 弹性素食者（声称自己是素食者，但有时吃肉）。

借用是一种语言直接从另一种语言接收词汇的过程，这通常是与该语言接触的结果。尽管英语大量地从拉丁语、希腊语和法语借用单词，但其他语言也为英语提供了大量词汇。

老挪威语（许多单词以语音/sk/开头）：skirt, sky, skin, scrape

德语：blitz, kindergarten, hamburger, strudel, dachshund

阿拉伯语：coffee, alcohol, jar, jihad, albatross, giraffe, hashish

意第绪语：bagel, schlep, schmooze, schmaltz, chutzpah

汉语：chow mein, chopstick, ginseng, tycoon, tai chi, kung fu

西班牙语：avocado, barrio, taco, mosquito, mesa, adobe

许多语言拒绝从其他语言中借用词汇。然而，从历史角度来讲，英语一直都非常乐于借用其他语言的词汇。

其余的构词过程对英语词汇的贡献相对较少。词性转换涉及改变一个词的词性，而不是其形式。因此，在句子 The woman bottles her own beer 中，bottle 这个词有名词词性转换成了动词。下面句子中的 man 和 impact 也是名词转化为了动词。

The sessions are being manned by a team.

(CIC)

The article was a review of process developments over the years and the way changing technology has impacted on fuel design.

(BNC HPB 207)

搜索引擎 Google 已经见证了自己的名字被转换成动词，这样人们就可以看到像 I googled myself on the Internet 这样的例子。搜索引擎名称 Google 基于 googol 这个词，这个词有着非常有趣的历史。在《韦氏第三部新国际词典（未删减版）》中该单词的条目中可以发现，googol 是"由 Dr. Edward Kasner 9 岁的侄子 Milton Sirotta 创造的"，并用它来表示 10^{100}（unabridged.merriam-webster.com，2008 年 4 月 13 日访问）。因为 googol 是一个被发明的词——一个之前的语言历史中没有的词——它被称为词根造词。正如 McArthur（1992：876）所指出的，词根造词是"有回声的"，即会重复产生类似的效果，包括 cuckoo，zap 和 splash 等词都是词根造词的结果。词根造词也可以是通用的商品名。虽然 Kleenex 可以用来描述任何一种软纸巾，但这个词本身其实是一种特定品牌纸巾的名称。其他具有通用含义的商品名包括 Dacron 和 nylon（涤纶和尼龙，两种织物类型）、Tylenol 泰诺（止痛药扑热息痛的商标名）、coke，Xerox 和 band-aid（可乐、施乐和创可贴）等。仍与公司关联的商品名大写首字母。如果公司想要防止其产品名称被普遍使用，则该公司有时会诉诸法律来保护其产品名称的独特性。

还有两种构词法，要么是缩短单个单词，要么是将两个单词融合成一个单词。截短法是指把单个的单词变短。flu 截自于 influenza；phone 截自于 telephone。其他例子还有：医生 doc(tor)，秒 sec(ond)，出租车 taxi(meter) cab(riole)，公共汽车 (omni)bus，汽车 auto(mobile)，汽油 gas(oline)和互联网 (inter)net。混合法是指把两个词的一部分组合在一起构成一个新词。brunch 早午餐这个词是 breakfast 早餐＋lunch 午餐的组合。其他例子：

  stagflation (stagnation ＋ inflation)
  chortle (chuckle ＋ snort)
  smog (smoke ＋ fog)
  infomercial (information ＋ commercial)
  snizzle (snow ＋ drizzle)
  blog (web ＋ log)
  Docudrama (documentary ＋ drama)
  Podcast (ipod ＋ broadcast)

  首字母缩略词和缩写词是用两个或多个单词的第一个字母组合在一起构成一个新词。这两个构词法的区别在于，首字母缩略词可以作为一个单词读出来，但缩写词必须把每个字母读出来。因此，AIDS 是一个首字母缩略词，因为它可以作为一个单词发音，而 CIA 是一个缩写词，因为每个字母都必须读出来。首字母缩略词和缩写词在英语中很常见，例子比比皆是。

  首字母缩略词
  LSD (lysergic acid diethylamide)
  DVD (digital video disc)
  CPA (certified public accountant)
  IED (improvised explosive device)

ID (identification)
lol (laughing out loud)
WMD (weapons of mass destruction)
MP (member of parliament, or military police)
缩写词
yuppie (young urban professional)
MADD (mothers against drunk drivers)
NATO (North Atlantic Treaty Organization)
RAM (random access memory)
NIMBY (not in my backyard)
radar (radio detection and ranging)
sonar (sound navigation and ranging)
laser (light amplification by the stimulated emission of radiation)

通常,首字母缩略词或缩写词都完全用大写字母来拼写。然而,单词 lol 却完全是小写的,因为它来自媒体——即时消息。在即时消息中,小写字母通常是首选。诸如 radar 或 sonar 之类的词也是小写的,是因为这些词不被认为是首字母缩略词。它们被视为单词,而不被视为一系列词的首字母组合。

逆向构词法是通过去掉词缀而产生新词的构词方法。例如,名词 television 电视不是从动词 televise 派生出来的抽象化名词,而是一个相反的过程,televise 是通过去掉 television 中后缀 -ion 而产生的单词。下面的单词都是通过去掉词缀而产生的:

enthuse (from enthusiastic)
attrit (attrition)

liaise（liaison）
burgle（burglar）
edit（editor）
euthanize（euthanasia）
advert（advertising）
laze（lazy）
pea（pease）

列表中的最后一个词 pea 有另外一种分析方法。这个词来源于中世纪英文单词 pease，它是一个集体名词（像 family 家庭或 team 团队），而不是一个复数形式。但是，-se 结尾（发音为 /z/）被重新分析为复数标记。这种重新分析导致 pea 豌豆成了复数形式 peas 的单数形式。这个过程被称为文字的通俗变化。它通常发生在英语借用其他语言词汇的过程中，在这个过程中被借来的词的形式根据英语词汇或语法进行了重新解释。chaise lounge 这个表达法就是一个很好的例子。这个词从法语中借来，字面意思是"长椅子"。但由于英语中的定语形容词出现在名词中心词的前面而不是之后，因此法语词 lounge 被重新分析成了英语中的 lounge 休息室（在放松的地方）。据《牛津英语词典》，humble pie 这个表达法是基于一种特殊的馅饼，即 umble pie，这是一种由 umble（内脏，如鹿等动物的肠）制成。因为 umble 与 humble 有关，所以才有了 Eat your humble pie 这个表达（意为"接受因你所做的一些行为而应得的谦逊"）。

指示语

除了有意义之外，单词还有一个通常被称为指示语的指向功能。下面的两个话语阐释了语言的指向功能。

Ray Magliozzi: Don't drive like my brother
Tom Magliozzi: Don't drive like my brother

　　这些话出现在美国国家公共广播电台一个关于汽车维修的热线节目的末尾。它们是节目的两位主持人说的,这两位主持人也是亲兄弟。尽管这两个话语包含完全相同的词语,但它们并不显得多余。因为尽管"my brother"这个短语在两个话语中的含义相同,但它有两个不同的指称,这个短语指向外部世界中两个不同的个体。具有指称能力的词语称为指称指示语。另外两种类型的指示语——空间指示语和时间指示语——规定了词语如何在空间和时间中定位语言。

指称指示语

　　根据 Halliday 和 Hasan(1976:33),指称指示语有两种类型:文外照应和文内照应。上面关于 my brother 的两个例子都是文外照应,因为他们所说的具体情境是在文本之外。换言之,要充分理解 my brother 的所指,就必须听实际的广播节目,了解两个进行交流的人是兄弟关系,他们实际上是在指彼此。下面的摘录是两人讨论房地产报价的一段谈话,其中包含了一些文外照应实例,全部用黑体字突出显示。

　　Speaker A: **I**'m hungry. Ooh look at **that**. Six bedrooms. Jesus. It's quite cheap for six bedrooms isn't it seventy thou. Not that **we** could afford it anyway. Is that the one **you** were on about?
　　Speaker B: Don't know.

(CIC)

　　人称代词 I,we 和 you 都是文外照应的,因为它们所指的是

第六章　英语词汇：结构和意义

参与谈话的人——只有那些直接参与谈话的人才知道是谁。代词 I 指的是说话人，we 包括了说话人和被提及的人，而 you 指的是受话人。代词 that 同样是文外照应指示语，因为这个代词所指的是说话者双方共同阅读的书面文本中的一个特定描述。代词 that 的这种使用也可用于对空间的指示，在下一节中将会更详细地讨论这一点。

因为文外照应所指如此依赖上下文，所以它在口语语篇中占主导地位。口语语篇是在语境中被创建出来的。在这个语境中，说话者和受话人都在场并且能够接触到他们交流时所处的环境。第一人称代词和第二人称代词当然可以出现在写作中，它们分别指的是作者和读者，但这种用法通常仅限于非正式写作而不是正式写作。因此，写作主要包括文内照应，或文本照应。也就是说，单词所指的是文本内部的其他词。第四章讨论了这种所指类型的引用，因为它有助于在文本中创建衔接关系。在下面的示例中，专有名词 Sophie Green 是作为新信息被引入的，后来用单词 she 来所指。在节选的最后，them 所指的是 men and women。

Later, and in recognition of her own achievements, **Sophie Green** was awarded a scholarship to attend a summer course at Bryn Mawr College, Pennsylvania in 1928 and in the following year **she** became a co-opted member of the Kettering Education Committee. Because **she** lacked academic qualifications, Miss Green never conducted a Tutorial Class, but **she** revelled in her Terminal and, less frequently, One-Year courses. Nevertheless, she was unequivocally ambitious for **her** students, **both men and women**, and unfailingly encouraged **them** to proceed.

(BNC AL8 119)

对先行名词短语的指称称为回指。比较不常见的是后指，指向文章下文的所指。在上面的摘录中，人称代词 she 在句子 Because she lacked academic qualifications, Miss Green... 中不仅回指前面第一次提及的 Sophie Green，而且也期待在名词短语 Miss Green 中重复提及。后指主要出现在以从句开始的一个句子中，从句后紧跟主句。

Although **he** was tired, **the man** tried to stay awake.
When **they** were young, **the students** were best friends.

在某些句法环境中，名词前的代词不会被解释为与名词成为一种同指关系。但是，在下面的例子中，代词 he 和名词短语 the man 是同指关系，因为这个所指是回指。

The man said that **he** was leaving soon.

然而，如果把这两个名词短语的位置互换一下（如下例），代词 he 和名词短语 the man 就不是同指关系，因为名词短语 the man 有一个完全不同的所指。

He said **the man** was leaving soon.

在迄今为止讨论的所有文内照应的例子中，第三人称代词都所指一个特定的名词短语。然而，第三人称代词也可能所指更大的结构，即具有宽泛的指称。在下例中，that 不是所指一个名词短语而是所指"社区作为一个群体参加高中的比赛"这一想法。

so everyone in the community goes to the high school play **that's** very interesting

(MICASE OFC115SU060)

在下面的交流中，说话者 B 话轮中的指示词 this 回指了说话者 A 在第一话轮中说的全部内容。

Speaker A: And then it just went into a scab and then sort of crumbled and went into another scab. And then I mean like when I wash my hair it softens. And when I put the it softens. And it's it's not a very stable scab. But er and I've got these lumps as well on my neck.

Speaker B: Yes. Oh dear **this** sounds awful.

(CIC)

因为 that 和 this 所指的内容在前面的例子中是如此的宽泛,广泛的所指倾向于在非正式的话语中占主导地位。

在文外照应和文内照应的实例中,所指的内容可以是普遍的也可以是特定的。如果名词短语的所指是普遍性的,则它所指的是类的所有成员,而不是类的特定成员。在下面的例子中,名词短语 students 指的是进入大学的所有学生这一类,而不是特定大学的特定学生群体。

Even when **students** arrive at university and grab gratefully at the nearest approximation which they can find to a state-of-the-pre-Reformation Church essay question, their responses tend to reflect the same general ethos.

(CIC)

同样,在下面的例子中,名词短语 dinosaurs 和 mammals 指的是这些动物的类别,而不是动物的具体实例。

The idea that **dinosaurs** simply radiated into the ecological niches that had already been vacated, and that **mammals** 130 million or so years later did the same thing after the dinosaurs had departed, has profound philosophical implications.

(BNC B7K 494)

相反，具体的所指涉及指称真实的实体。在下面的示例中，students 和 the students 都有特定的所指，因为他们指的是实际的学生群体。

SUSPECTED Sikh terrorists yesterday shot dead 19 **students** and seriously wounded several others in Patiala, Punjab, raising fears of a fresh extremist offensive in the north Indian state before this month's parliamentary polls. **The students**, all Hindus from colleges of the neighbouring states of Uttar Pradesh and Haryana, had come to Patiala for a students' festival and were sleeping in a dormitory when they were attacked yesterday. The assailants, armed with automatic rifles, burst into the dormitory.

(BNC A87 438)

具有特定所指的名词短语可以是非限定的，也可以是限定的。非限定名词短语可以是复数（无冠词），也可以是单数（有不定冠词）。上面的第一个名词短语 students 是非限定的，因为它缺少冠词。如果这个名词短语是单数，它前面会有一个不定冠词（例如，Sikh terrorists yesterday shot a student dead）。第二个名词短语，the students，是限定的，因为它前面有定冠词 the。一般来说，在文本中，新信息具有非限定所指，旧信息具有限定所指。

在下面的例子中，所指是非限定的，不仅因为名词短语是新信息，而且因为说话者和听者并没有共享所指的实际学生的信息。

I have **a student**… who is very talented in programming.

(CIC)

如果演讲者和听者分享了学生的知识,说话者可能会说:"还记得我告诉过你的那个优秀程序员的学生吗?"

空间指示语

this 和 that 连同它们对应的复数 these 和 those,除了具有指称能力之外,还可以用来确定说话者/作者相对于这些表达所指内容的空间位置。这一类的空间指示语,经常与副词 here 或 there,以及介词 in 或 on 有关联(如 in the room,on the roof),可以指向近端或远端。其中,近端是指距离说话者近的地方。在下面的例子中,this 的使用说明电脑距离说话者较近。

> Spent a lot of time on **this** computer this weekend. Watch what happens. Boo. "Non system disk or disk error." Oh. "Replace and press any key…"
>
> (CIC)

在下一个示例中,两个 these 定位了扬声器附近的 chairs 和 tables。

> You know you can, you can take few of **these** chairs, and, **these** chairs and tables here, in the evening, whenever you want to read there, you can do that.
>
> (BNC KCV 941)

指示词的远端使用定位了所指的内容离说话者较远。在下面的示例中,that 的使用就比 this 更能定位离说话者较远的个体。

> **that** guy's talking pretty loud
>
> (MICASE OFC115SU060)
>
> **this** guy's talking pretty loud

在下面的交流中,说话者 A 用 these 指离她近的 plants,而说话者 B 用 those 指较远的 begonias(秋海棠)。

A: Well, **these** damn plants have shot up in price so much of the last year or two.
B: Yes, **those** few begonias were a pound.

(ICE-GB S1A-007-21-22)

到目前为止的所有例子中,指示词都被用来指向要么离说话者近或者离说话者远的特定项目。然而,正如 Huddleston 和 Pullum(2002:1505)所指出的,在选择指示词时,与说话者的物理距离并不总是一个需要考虑的因素。此外,他们还认为,指示词可以指"物品的属性或发生的动作或话语情境的其他抽象特征"。因此,在下面的摘录中,两次 that 都指向了说话者先前所做的一些陈述,把 that 换成 this 不一定会使陈述更接近说话者。

Oh I don't remember what it was. Right forget **that**. Scrap **that** point.

(CIC)

其他类型的空间状语将项目定位在相对于说话人的不同位置。在下面的例子中,说话者正在寻找一些丢失的东西,并且无法确定是否离他近——here,还是远——there,还是在其他地方——upstairs(在楼上)。

Is it here, or is it **there**? I think it's I've got it **upstairs**.

(BNC KC4 1844)

下面两个例子中的各种空间状语同样指明了相对于发言者的位置。

Well I stayed **there in the room**.

(CIC)

And I live **on the same floor** as his bloody girlfriend **a few doors away.**

(ICE-GB S1A-090-234)

时间指示语

历史上,在英语和其他语言中,空间介词(如前面两个例子中的 in 和 on)随着时间的推移而发展出时间意义,这反映了空间概念发展为时间概念的一般趋势。因此,介词如 in,on,at 和 by 等在短语 in the morning, on time, at noon 和 by the evening 中现在可以作为时间指示的标记,即使用语言来固定说话者或作者的时间。

英语中的时间指示语在语言上是通过时间状语(如 yesterday, tomorrow, in the morning)和动词上的时态标记(present and past)来表示的。

当考虑到时间指示词标记的特定时间框架时,非常重要的一点是要认识到"时间指示的主要参考点是现在,即话语发生的语境时间"(Frawley 1992:282)。因此,如果有人说 I walked to school yesterday,他或她是在现在谈论一件发生在过去的事。

正如本章前面提到的,英语有两个时态——现在和过去,并且在动词上有形态的标记。然而,英语没有将来时态。也就是说,不能在动词上加上一个屈折符号以标记将来发生的事件。在英语中,使用情态动词 shall 或 will 来表示将来。

I **shall** speak to him on his return.

(ICE-GB W16-01B-098)

The woman **will** be employed by a charity or public body and will be resident with the people being cared for.

(BNC G2N 373)

也可以用短语情态动词 be going to 表示将来。

People **are going to** start getting anxious now aren't they.

(CIC)

I **am going to** leave this job.

(BNC A6V 1397)

还可以用现在时态的动词和时间状语连用来表示将来。

Meanwhile I **go** to pick up my results tomorrow.

(ICE-GB W1B-007-069)

I return to town **next week**—for the 18th.

(CIC)

情态动词 shall 主要用于英国英语中,并用于第一人称;美国英语更倾向于使用 will。除了现在时态动词,对于有将来时间意义的句子来说,标记将来时间的时间状语也是必要的。然而,时态状语也可以与 will,shall 或 be going to 一起使用作为将来时间的多余标记。

Good well I'**ll** see you **tomorrow morning** then alright.

(MICASE ADV700JU023)

上述几句话中未来时间的标记,如图 6.5 所示,在(a)—(c)点,即正在发生事件的当前时间点以外的时间点。

过去时指向过去某一特定时间发生的事件。在下面的示例中,动词 finished,spoke 和 was 指向在过去的时间里发生的被描述的事件和已经结束的事件。

We **finished** our breakfast.

(BNC A0F 2871)

第六章 英语词汇：结构和意义

The fourth issue which we **spoke** in detail about during our last presentation **was** how can generations determine the needs and assets of the children.

(MICASE STP560JG118)

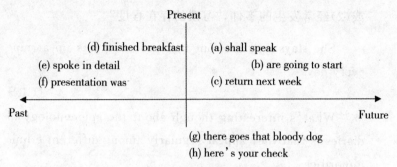

图 6.5 英语时态

这些动词描述的事件位于图 6.5 中的(d)—(f)点。

现在时要更加复杂。如 Quirk 等人(1985:180)认为，现在时的一种用法是标记一段时间，该时间在一句话被说出后立即结束。他们把这种状态称之为"瞬时现在"。在下面的两个例子中，当每一句话被说出后，事件就结束了。

There **goes** that bloody dog.

(BNC KE6 8942)

And here**'s** [here is] your check.

(CIC)

这些动词标记的事件位于图 6.5 中的(g)和(h)点。

然而，Quirk 等人(1985:179)还认为，现在时可以标记(1)实际上是永恒的陈述，"状态的存在程度"，

Well she also **speaks** English.

(ICE-GB S1A-069-116)

Although she **lives** in Brazil, Ms Bueno **remains** active in tennis through regular personal appearances in several countries.

(BNC AOV 939)

或(2)经常发生的事件,"习惯的存在程度"。

She **stays** up till about half past five gets up at nine every day.

(CIC)

What's interesting though about the epidemiology of diaries is that they **appear** regularly among different ethnic minorities.

(MICASE COL605MX039)

　　英语中的现在时标记可以标记时间框架,而不是标记现在,这导致了许多语法学家(包括 Quirk *et al.*, 1985)认为,从语义的角度来说,英语本身没有现在时,而是只有过去时和非过去时。此外,在诸如 The man works every day 这样的句子中,现在时动词标记与其说是时的标记,不如说是体的标记。也就是说,它不是标记时间点,而是标记一个习惯动作。正如上一章所指出的,体的概念与事件的"时间流"有关。因为这个原因,体不是指示语。与时不同,体并不指向特定的时间点,而是将时间视为连续的或习惯的。然而,英语中时和体的区别在很多情况下已经变得模糊。过去时有时可以代替过去完成体,在某些情况下,过去时和现在完成体之间的时间差异很小。

　　从形态上讲,英语有两个体:完成体和进行体。这两个体与时一起产生不同的时间序列。完成体是由助词 have 的现在时或过去时形式与-ed 分词连用而形成的。现在完成体是用来表示一个在过去的某个时间开始的事件继续到现在(并可能到未来)。在下面的例子中,动词短语 have made 表示句子中定义的进步始于 20 世纪 50 年代初,一直持续到现在。

In many ways, then, we **have made** progress since the early fifties.

(BNC C9S 63)

在下一个例子中,动词短语 has produced 表明,从一开始到现在,疫苗研究并没有产生许多有用的疫苗。

Vaccine research **has produced** few hopeful candidates, and although millions of dollars are poured into research, an effective vaccine is years away.

(CIC)

这两个句子中的事件从图 6.6 中的(a)和(b)点开始,并一直持续到现在。

过去完成体还可以用于描述过去发生的事件,但事件在其他事件开始之前结束。下面的例子在第一分句中包含一个过去时动词(were),后接三个过去完成体的例子。在第一个分句中,这些女性被描述为在过去的某个特定时期并不出名。第二个分句中的三个过去完成体描述了在一段时期内没有发生的活动(例如制作色情电影),结束时断言这些女性并不出名。

The women were not particularly famous, and none **had been** arrested for subversive activities, or [**had**] been shot for spying, or **had made** pornographic movies, or anything.

(ICE-GB W2F-009-139)

这句话中的事件如图 6.6 所示,可以定位在(c)点,当时这些女性很有名,并且发生在(d)点开始的一段期间内,妇女没有被枪杀、逮捕或制作色情电影。

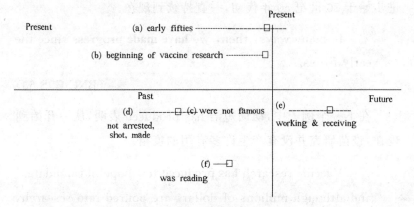

图 6.6　英语的体

在当代英语中,过去完成体被一般过去时所取代。例如,在下面的示例中,"到达"这个行为在对话开始之前就结束了。然而,在第一个分句中使用的不是过去完成体形式 had arrived,而是一般过去时形式 arrived。

　　Shortly after I arrived, there arose a new topic for conversation.

(BNC A0F 774)

过去完成体不必要的原因是时间序列由状语 Shortly after 表达了。

在其他情况里,现在完成体和过去时之间根本没有真正的区别。在下面的例子中,一般过去时动词形式 left 和现在完成体动词形式 has left 在意义上几乎没有区别。

　　Uh, ya know everybody just **left** the room.

(CIC)

　　...everybody **has** just **left** the room

第六章　英语词汇：结构和意义

同样地，状语 just 表达了时间序列，使动词形式显得多余。

进行体是由动词 be 的现在时或过去时形式加上一个 -ing 分词构成的。它描述了一个在过去或现在开始的一个正在进行的事件。下面的例子包含两个现在进行体动词形式，表示这两个句子中描述的动作 working 和 receiving 是目前正在进行的活动。

Doug **is working** on a graphic display of housing sales.
He is receiving a considerable amount of help from Terry.

(CIC)

这些活动位于图 6.6 中的(e)点。在下一个例子中，阅读的行为基本上是一项持续的活动。然而，虽然这项活动在发生时仍在进行，但现在已经结束了。

That's funny cos I **was reading** somewhere that historically if you said someone has left his coat you could mean male or female.

(ICE-GB S1A-006-217)

该活动始于图 6.6 中的点(f)。完成体和进行体不是相互排斥的。它们可以组合在一起产生不同的时间框架。在下面的例子中，听的行为开始于过去，持续了三天，结束了。然而，"听"用进行体的形式强调了听的持续性本质。

I **have been listening** to "Shepherd Moons" for three days straight.

(BNC ED7 1769)

如果像下面的例子那样只使用完成体，听的持续性本质就不会那么明显了。

I **have listened** to "Shepherd Moons" for three days straight.

然而,句子的完成进行体和完成体之间的含义差异是很微妙的。

本章小结

英语单词具有特定的结构,所有单词都有一个基础形式,都可以给其添加各种前缀和后缀。英语有许多派生前缀和后缀。这些词缀可以改变单词的意义(例如,happy/unhappy)或其词性(例如,happy [adjective]/happiness [noun])。英语也有少量的屈折词缀。例如,用于标记规则动词过去时的-ed,或者用来创建形容词最高级形式的-est。与派生词缀不同,屈折词缀不会改变单词的意义或词性,而是标记各种语法关系。

研究单词语义的方法多种多样。词典编纂者和语义学家在词汇语义领域都做了大量的工作。词典编纂者已经开发出一种方法来确定单词的语义,以便创建词典。语义学家发展了各种各样的理论来研究单词的语义。

自学活动

1. 屈折词缀和派生词缀最重要的两点不同是什么?
2. 请指出下列单词中所有的自由语素、粘着语素、屈折语素和派生语素。
   nonconformist, decontextualized, repeating, upon, scariest, untested, carelessly
3. fight 是属于开放类词还是封闭类词?
4. 什么是词义分解?为什么像 love 和 hatred 这样的词难以进行词义分析?

5. bull 和 man 这两个单词有哪些语义特征是相同的，哪些是不同的？
6. 是否存在绝对近义词？请举例说明。
7. 请将左栏的词对与右栏中对应的语义关系连起来。
   - （1）bee/mosquito
   - （2）hot/cold
   - （3）help/assist
   - （4）anthropology/sociology
   - （5）guilty/innocent
   - （6）warm/tepid

   a. synonyms
   b. co-hyponyms
   c. antonyms

8. 请将左栏中的单词与右栏中对应的构词法连起来。
   - （1）caveman
   - （2）unhelpful
   - （3）Xerox
   - （4）attrit
   - （5）RAM
   - （6）Fahrenheit
   - （7）hand (e.g. "give me a hand")
   - （8）DOA
   - （9）bottle (used as verb)
   - （10）toilet
   - （11）pea
   - （12）smog
   - （13）gas

   a. affixation
   b. compounding
   c. root creations
   d. clippings
   e. back formations
   f. abbreviations
   g. acronyms
   h. proper nouns
   i. folk etymologies
   j. borrowings
   k. functional shift
   l. meaning extension
   m. blends

拓展阅读

对语义学的概述：J. Lyons, *Semantics*, Vols. I and II

(Cambridge: Cambridge University Press, 1977) 和 W. Frawley, *Linguistic Semantics* (Hillsdale, NJ: Lawrence Erlbaum, 1992);

对英语形态学的描述:P. Matthews, *Morphology*, 2nd edn. (Cambridge: Cambridge University Press, 1991);

对如何在语言学语料库中研究搭配的讨论:J. M. Sinclair, *Corpus, Concordance, Collocation* (Oxford: Oxford University Press, 1991);

从词典学的角度对词汇语义学的介绍:S. Landau, *Dictionaries: The Art and Craft of Lexicography*, 2nd edn. (Cambridge: Cambridge University Press, 2001);

对语义学主题的语言学处理:D. A. Cruse, *Lexical Semantics* (Cambridge: Cambridge University Press, 1986) 和 M. L. Murphy, *Semantic Relations and the Lexicon* (Cambridge: Cambridge University Press, 2003);

对 WordNet 数据库的讨论:C. Fellbaum (ed.), *WordNet: An Electronic Lexical Database* (Cambridge, MA: MIT Press, 1998);

对语义原语的跨语言描述:A. Wierzbicka, *Semantics: Primes and Universals* (Oxford: Oxford University Press, 1996);

对英语单词形成过程的描述:L. Bauer, *English Word-Formation* (Cambridge: Cambridge University Press, 1983) 和 I. Plag, *Word-Formation in English* (Cambridge: Cambridge University Press, 2003).

第七章　英语语音

本章预览

　　本章主要对英语的语音系统进行概述。首先介绍音素,即最小语音单位;然后讨论音标及其与英语字母的异同。音标符号可分为元音和辅音;而辅音又可通过发音部位、发音方式及清浊特征加以区分。

关键术语

　　词素变体(Allomorph)
　　音位变体(Allophone)
　　发音器官(Articulator)
　　辅音字母(Consonant)

语调,声调(Intonation)

发音方式(Manner of articulation)

音位,音素(Phoneme)

语音(Phonetic)

字母(Alphabet)

发音部位(Place of articulation)

语句重音(Sentence stress)

声调单元(Tone unit)

浊化音(Voicing)

元音(Vowel)

词重音(Word stress)

引 言

英语语音研究涵盖了音段和超音段语音学。音段关切的重点在具体语音本质、语音发音的方法以及对语音的记录和描述。例如,分析单词"hat"由三个部分构成,首尾各一个辅音,中间是一个单元音。为了便于描述这些声音,语言学家使用音标字母对其进行记录,每一个音标字母对应一个发音。因此,单词"hat"就被记录为/hæt/。相对于音标字母发音的唯一性,英语字母发音就显得更加多元。例如:字母 a 在 hat 和 talk 两个单词中的发音截然不同。

超音段语音学就超越了单个语音分析,对给定单词、短语或者句子进行音节分析,例如在单词 recording 中,其重音为第二个音节 re′cording,但是句子 When we arrived at the party, everyone was having fun 则可以被认为有两个声调单元。在每一个声调单元中,音高会上升,当音高到达峰值后再降低;而音高峰值的音节也就是这一音调单位的主重音。

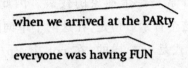

当然,为了强调某个特别的音节,重音也可以发生在这些音节上。例如,在第二个声调单元中,第一个音节 everyone 也可以作为主重音,如果我们想特别强调晚会上所有的人都很开心。

EVeryone was having fun

换言之,超音段层面的语音研究超越了单个语音的研究。

本章将详细讨论语音音段和超音段语音学。本章一开始就会论及语音音段——语音如何被区分、记录及分类;最后会概述英语单词的重音以及音高和重音如何在音调单位中得以标注。

语音语段

音素是最小的语音单位,音素学习中必不可少的一个概念就是最小对立体。最小对立体指除了出现在同一位置上的一个音之外,其余语音都相同的两个音节;即在音位分析中,只涉及一个音素差别的对立体叫做最小音位对立体。例如 bat 和 cat 只有第一个辅音不同,分别是/b/,/k/,在英语单词中 cat 和 bat 是不同的单词,因此/b/和/k/是不同的音素。当然,我们也可以通过其他最小对立体进一步论证/b/和/k/属于不同的音素。

  tack/tab
  cake/bake

kind/bind

在音段中,音素是一个抽象的代表。因此,在单词 pot 和 spot 中均有/p/这个音素。但是,在这两个单词的实际发音过程中,/p/的发音方式是不一样的,在 pot 中,/p/需要送气;而当/p/在一个单词的中间,如 spot,或者在单词词尾,如 top,则不需要送气。尽管/p/有送气和不送气的不同发音,但是他们并不是两个不同的音素,因为他们不具有区别单词的功能,即不能形成意义对立体。这样的语音被称之为音位变体,即处在互补关系中的相似音素,如果被归并为一个音位,则处于互补关系中的音素就被看为同一个音位在不同位置的代表,是同一个音素的不同变异形式。在后面的章节中,我们会再次详细介绍英语中的音位变体。

音素也并非绝对的概念,会因语言的不同而有差异,如在英语中送气与不送气的/p/属于不具有区别单词功能的音位变体,而在印度语中送气与不送气的/p/则属于两个不同的音素。在英语中,音位/ð/可以放在单词的词首,如 the,然而在德语中就没有/ð/这个音素,德语用/d/这个音位置于定冠词之首,如 die, der 和 das。英语中/r/和/l/属两个不同的音素,如 right 和 light,在日语中这两个音位则不具有区别意义的功能。不同语言,音位的数量差异较大,有的语言只有 10 个音素,而有的语言则有上百个音素(*Handbook of the International Phonetics Association*, p. 27)。

音 标

音标是记录音素的符号,也是音素的标写符号。音标的制定原则是"一个音素只用一个音标表示,而一个音标并不一定只表示一个音素"。英语的字母与英语音标有相似之处,但区别很大。字母是拼音文字最小的书写单位,英语音标是记录音素(语音最小单位)的符号;字母与音标在发音方面区别很大,貌似相同的字母和音标,其读音却大相径庭,比如字母 n 和音标/n/,看起来差不多,但字母 n 读作/en/,而音标/n/就读它本身的音/n/。而它们之间又有一定的联系,除几个特殊的(如 q, i)之外,一般地,其字母与音标都是同形,如 b 读/b/、f 读/f/、w 读/w/、tr 读/tr/;字母书写可采用印刷体、斜体、圆体、自由体等,还有大小写之分;元音音标都应写在三格本的第二格中,如/e/、/i/、/u/。在英语中,音标和单词的字母可能有一一对应关系,如 cat 就对应三个音位/k/、/æ/和/t/;但通常情况下不是一一对应的。英语的同一个字母也可能对应不同的语音,如 cat 中的字母 a 就可以有不同的发音,如 Broadway 中发音为/ei/,ask 中为/a:/以及 addition 中的/ə/。

英语的字母拼写与音标并非一一对应的原因很多,但主要有两个方面的原因。其一,英语沿用了罗马字母,也就是源起于拉丁语的书写形式。拉丁语的发音与英语的发音是有区别的,因此为了适应英语发音,拼写自然需要做出调整。例如拉丁语中没有 the 和 thin 词首的发音/θ/和/ð/,故而英语拼写系统就发明了两字母组合 th。其二,语言书写的改变与发展始终无法跟上语音的变化与发展,因此可能导致发音已经发生变化了,而拼写形式依然保留了下来。例如,knight 由六个字母拼写而成,但是其发音只对应了三个音素/n/、/ai/、/t/。然而,在乔叟时代,该单词的发音与拼写形式是一致的,即为/kənixt/。随着英语语音的发展,单词中 gh 两字母连音为/x/的现象在英语中已不复存在了,其他多余的字母也不再发音了。

为了更好地研究语音,国际语音学会于 1886 年成立并致力于国际音标的开发。国际音标经历了多次修改,直到 2005 年最近一次改版，增加了一个在非洲语言中很常见的唇齿闪音。除了符号的增减之外，国际音标在其他的符号、分类和字体上大多保持一致。国际音标提供了两套记录语音的方式：严式音标和宽式音标。宽式音标只按音素来标记语音，也就是只记音素，不记音位变体及其他非本质的伴随现象，如单词 pat 和 spat 就会被记录为/pæt/和/spæt/。严式音标则要求最忠实、最细致地记录语音的原貌，即对一种语言或方言中实际存在的每一个音素（不论它们是否属于同一个音位），都用特定的音标加以标记，如 pat 的首音/p/有送气发生，因此需要在/p/之后用 h 标记出来，即[pʰæt]。一般而言，宽式音标用双斜线"/ /"记录，严式音标用方括号"[ ]"记录。

接下来的两节，本书将分别介绍英语中的辅音和元音音标符号；在介绍每个音标符号时，我们都将引用简单单词的发音加以印证。

英语辅音

英语辅音的分类主要是基于发音是否送气、发音部位和发音方式三个参数。本章将从爆破音开始着手介绍英语的辅音。

爆破音。表 7.1 列出了英语语音的所有爆破音，列表纵列的分类标准为辅音发音部位，即辅音发音时口腔或者咽腔中受到阻碍的位置；横行的分类标准是发音方式，即发音时，喉头、口腔、鼻腔节制气流的方式和状态，包括发音时构成阻碍和克服阻碍的方式，气流强弱的情况及声带是否振动等。

表 7.1 英语辅音

	双唇音	唇齿音	齿音	齿龈音	后齿龈音	颚音	软颚音	声门音
爆破音	p b			t d			k g	
鼻音	m			n			ŋ	
摩擦音		f v	θ ð	s z	ʃ ʒ			h
破擦音					ttʃ dʒ			
通音	(w)			ɹ		j	w	
边音				l				

英语共有 6 个爆破音,分别为以下三组单词的首音。

/p/ pat　　　/t/ tack　　　/k/ kite

/b/ bat　　　/d/ dark　　　/g/ get

爆破音中有三个为清音:/p/,/t/和/k/;三个浊化音:/b/,/d/和/g/。英语的清浊主要区别在于声带是否振动,通常将发音时声带振动的音称为浊音,声带不振动的音称为清音。例如,在双唇爆破音中,发/p/音时声带无振动,被称为清音;而发/b/音时,声带就有振动,被称为浊音。当我们在念 pa 和 ba 时,我们把手放在喉结上就能感知声带的振动,进而轻松识别出清浊音。

/p/和/b/两个辅音的清浊不同,但是他们发音部位却是相同的。两个辅音均是双唇音,即由上唇和下唇接触,使语流受阻而构成的一种辅音。其他四个爆破音的发音部位就不相同了。/t/和/d/为齿龈音,即发音时,舌尖顶住上齿龈。/k/和/g/为软颚音,发音时,舌面后部接近软颚。这六个辅音被称为爆破音是因为它们的发音方式:发音器官在口腔中形成阻碍,然后气流冲破阻碍而发出的音。/p/和/b/是双唇爆破辅音,发音时双唇紧闭,憋住气,然后突然分开,气流冲出口腔,发出爆破音。/t/和/d/是齿龈爆破音,发音时口微微张开,舌尖先紧贴上齿龈,憋住气,舌尖迅速下降,使气流冲出口腔,形成爆破音。/k/ 和/g/是软腭爆破音,发音时先舌后部隆起,紧贴上颚软腭,憋住气,使气流通道完全阻塞,嘴巴张开,舌后部迅速降低,抵住软腭的舌离开软腭,气流突然冲出口腔,发出爆破音。

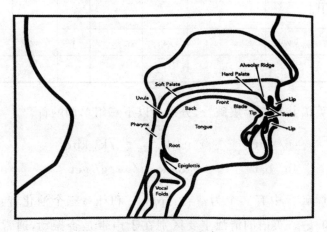

图 7.1　发音部位

鼻　　音。 英语共有三个鼻音,均为浊化音。

/m/ make
/n/ nice
/ŋ/ long

正如爆破音一样,这三个音的发音部位均在鼻腔。鼻音的发音方式比较特别,其气流是从鼻腔而不是口腔送出。发音时,口腔中的气流通路被阻塞,软腭下垂,气流通过鼻腔。控制气流通过鼻腔还是口腔的功能叫做颚裂闭合功能,即需要上颚与咽壁的接触,当上颚的软颚与咽壁接触阻碍了气流从鼻腔的通道时,气流就会从口腔流出,我们就无法发出鼻音;而当颚咽打开时,我们就可以让气流从鼻腔通过,发出的音就带有鼻音。

摩擦音。英语辅音中有 9 个摩擦音。除了清音/h/以外,其他的分别为四组清浊对应的音,他们是:

/f/ five　　/θ/ thin　　/s/ sip　　/ʃ/ ship　　/h/ hip
/v/ vice　　/ð/ this　　/z/ zip　　/ʒ/ measure

音位/f/ 和/v/是唇齿音。当他们发音时,上齿与下唇相接,软颚上升,让气流从唇齿间的窄缝中泄出,摩擦成声。音位/θ/和/ð/是齿音,舌尖微微伸出,置于上下门齿之间,气流由舌齿间泻出,摩擦成音,舌尖和下齿之间的气流通道非常窄小,气流从舌齿间的窄缝中泄出。/s/和/z/是齿龈音,发音时,上下牙齿自然合拢,将舌前端抬起,靠近齿龈,将气流所通过的气流通道收窄,将口腔的空气形成气流由舌端与齿龈之间的窄缝中泄出,摩擦成音。/ʃ/和/ʒ/是后齿龈音,舌前端接近上齿龈,舌身向上抬向硬颚,气流从舌和硬颚及上齿龈间的细缝流出,舌前端和硬颚摩擦发出的语音。/h/是声门音,嘴张大,让气流自由逸出口腔,不受阻碍,只在通过声门时形成轻微的摩擦发出声音。

破擦音。英语辅音有两个破擦音,清浊各一个。

　　/tʃ/ church
　　/dʒ/ judge

两个破擦音均为舌端齿龈破擦辅音,发音时舌身抬高,舌端抵上齿龈后部,形成完全阻碍,然后让气流冲破阻碍,破擦成音。

无擦通音。英语辅音中有两类无擦通音,中央辅音和边音;通音,顾名思义就是发音时气流比较通畅。

/ɹ/ ripe

/j/ yet

/w/ wet

以及一个边音

/l/ like

这四个音均为浊音。音位/ɹ/是齿龈音，而/j/是颚音。/w/与其他通音不一样，它是舌后软颚半元音。发音时舌后部向软颚抬起，舌位高，双唇收小并向前突出，声带振动。在部分地区的方言中，还有清音的/w/，常常被标记为/ʍ/。清浊音的/w/在以前本无区别，只是最近一段时间，少数方言的发音出现了浊音/w/和清音/ʍ/的区别。发无擦通音时，两个发音部位彼此靠拢，组成声腔并且收窄，但仍然有足够空间予气流流动，产生的湍流较弱。由于无擦通音和元音相似，故此清音的无擦通音比较少见。

英语中的元音

英语辅音，尽管偶尔有方言存在差异，但差别不太大，而"元音"在不同方言中差别就大了，存在大量的元音变体。因此，本部分讨论的元音尽量以标准的美国英语和英国英语为参照。这些元音变体的描述分为三部分，分别是：**公认发音**（Received Pronunciation）、**通用美国英语**（General American）和**伦敦英语**（BBC English）。这里必须澄清一下，这些变体分别在美国和英国的地位是不相同的，且不是所有的美国人或英国人均发标准音。所以，所谓的标准变体音并非一定有对应的不标准变体音。例如，美国乡村音乐的发源地纳什维尔（Nashville）人的发音与伊利诺伊州的芝加哥人的发音差别就非常大。因此美国部分州有自己的区域性标准音。这些区域标准音也不同于美国公认的通用英语。这种情形在英国也一样，只有少数的英国人使用标准的公认发音。

表 7.2 列出了通用美国英语和公认发音的元音。如表 7.2 标识的一样，元音的分类是基于舌头在发音时的位置而定的。元音是在发音过程中由气流通过口腔而不受阻碍发出的音，按元音发音时的舌位的高中低、前中后分类。高元音/i/是闭前元音，因为发音时舌尖抵下齿，前舌尽量抬高，口形接近闭合状态。高元音/u/是后闭合音，发音时舌身后缩，舌尖离开下齿，双唇收圆而且小，并向前突出，牙齿接近闭合。/i/和/u/发音时，舌面的位置均要求被抬高，因此均为高元音。低元音/a/也是后元音，但是发音时的口形要求尽量张开，舌身后缩，舌尖离开下齿，舌后部稍抬高。在所有音标中，/ə/是所有元音中使用频率最高的音标之一，它是如此重要，甚至有了自己的名字：schwa（央元音）。发音的时候，双颌微微打开，双唇放松，舌尖放在中间位置，声带振动自然发声。元音/ɛ/发音时舌中部比发/ə/音时略低，双唇扁平。其他的元音发音时的舌面高低前后居于这些发音之间。

表 7.2　英语的元音（摘自 Ladefoged 2005:28—30）

	Front	near-front	central	near-back	back
Close	i				u
Near-close		ɪ		ʊ	
Close-mid	eɪ				oʊ (GA) əʊ (RP)
Mid			ə		
Open-mid		ɛ		ʌ	ɔ
Near-open		æ			
Open					ɑ (GA) ɒ (RP)

值得注意的是：表 7.2 的元音分类在一定程度上是一种理想状态。Ladefoged（2001:71）根据舌位的高低、前后来标记元

音之间的区别,而不是对舌头位置的绝对描述。与辅音不同的是,一种类型的元音与另外一种元音是没有绝对的界限的。然而表 7.2 的所谓分类,仅仅是为了语言学家的描述和开展元音比较需要而给定的"标签"。

公认发音与美国通用语音的区别。为了说明表 7.2 中的公认发音与美国通用语音元音的不同,本章以实际例子来加以说明。

/i/feet /ɪ/fit
/ei/fate /ɛ/pet
/u/suit /æ/sack
/oʊ/soak(GA) /ʊ/book
/əu/soak(PR)
/ɔ/fought /ə/arrive[vowel in first syllable]
/a/cot（GA） /ʌ/fun
　　park（RP）
/ɒ/cot(RP)

尽管列表中的许多元音发音相似,但也还是有不同之处的。在单词 boat 和 cot 两个单词中的元音,在公认发音和美国通用语音的发音时不相同。在美国,许多人不是将 cot 的元音念做 /a/ 音,而是发为 /ɔ/ 音,因为这两个音在美式发音中已经合并,所以很多单词的发音都用 /ɔ/ 代替 /a/。其实,公认发音与美国通用语音在 park 一词的发音上区别更明显,美国通用语音发音为 /paɹk/,但是公认发音为 /pak/。美国通用语言有儿化音,儿化音 /ɹ/ 发生在音节内元音之后;公认语音没有非儿化音,所以儿化音 /ɹ/ 不会发生在同一上下文中的元音之后。

由于公认发音没有儿化音,因此它的双元音就多于美国通用英语发音。这里论及的所有的单元音发音均具有"相对稳定性"(Ashby and Maidment 2005:75)。然而,如一个音节内的元音发音质量在发音过程中发生变化,这个元音就变成双元音了。美国通用英语和公认发音共有的三个双元音:

/ai/ fight
/aʊ/ house
/ɔi/ boy

上面的双元音中,在每个音的发音时,舌头的位置都会发生变化。例如发/ɔi/音时,舌头最初被放置在口腔的下后方,然后"滑行"到了口腔的前上方。这一特征就可以解释为什么传统美国语音记录中,上面的三个双元音分别被记录为/ay/、/aw/和/ɔy/。/y/和/w/被称为滑音(或半元音),用来实现双元音之间的语音过渡。

除了共有的三个双元音,公认发音还有四个其他的双元音,美国通用英语则用元音＋儿化音/ɹ/的方式出现(Ladefoged 2005:30)。因此,这四个双元音在公认发音和美国通用英语的发音方式就完全不同。

	GA	RP
fear	/fɪɹ/	/fɪə/
fair	/fɛɹ/	/feə/
tire	/taiɚ/	/taə/
four	/foʊɹ/	/fʊə/

在美国通用英语音节中,任何一个位于/ɹ/前的元音从某种意义上就创设了一个单独的儿化音。然而,公认发音没有儿化音,因此就产生了双元音。

元音的其他分类。 除了上述的分类,元音还可以有其他的分类。在表 7.2 中,矩形框外的所有元音都被认为是紧元音,那些在方框里的为松元音。在英语中,紧元音往往是长元音,而松元音是短元音。例如,紧元音/i/在单词 feet 中就比松元音/ɪ/在 fit 中发音的时间保持得更长。但紧元音和松元音也有其他区别。紧元音可同时发生在开音节和闭音节中,而松元音只能在闭音节中出现。所谓的闭音节就是以辅音结尾的音节。闭音节可以是紧元音,也可以是松元音,例如:

紧元音:read /rid/, suit /sut/, hate /heɪt/, talk /tɔk/
松元音:fit /fɪt/, sat /sæt/, help /hɛlp/, took /tʊk/

相反,开音节中只能是紧元音,例如:

bee /bi/, sue /su/, pay /peɪ/, law /lɔ/

从表 7.2 中,我们还能看出紧元音和松元音的分布区域也不一样,紧元音分布在表的边缘,而松元音分布在表的中心区域。(Hammond 1999:6)

元音也可以根据口形的圆与扁平程度分类。英语中的大多数元音是扁唇元音,也就是说当发一个元音,如发/i/音时,嘴唇扁平张开。相反,当/u/发音时,嘴唇就变成圆形。英语的圆唇元音都是后元音,包括/u/,/ʊ/,/oʊ/,/əʊ/和/ɔ/。其他所有的元音都是扁唇元音。

音素变体与词素变体

到目前为止,讨论的重点是音素:英语中具有区别意义的声音(辅音和元音)。如前所述,同一音素在特定的语境中有不同的发音。例如,音素/p/位于单词的词首时是一个送气的音节,但当它位于词中或词尾时,则变为不送气的音节了。因此,音素/p/有两个音素变体分布在互补位置:在特定的位置是送气的

[pʰ]，在其他位置则为不送气的[p⁻]。类似的情况在词素上也会发生。复数标记-s有三种不同的发音，即为互补分布：[s]，[z]和[əz]。特定的发音环境将在本节后面介绍。但是，由于发音的这些变化也涉及词素，他们被认为是英语中复数的词素变体。

本节将以具体的例子对英语中的音素变体和词素变体进行阐述，其中主要强调一个重要的过程——同化。旨在区分音素变体和词素变体，而不在于论及词素，所以本节将以窄式音标[ ]加以标记。

同化。同化是语音发音中的普遍现象，即两个相邻的不同的音，其中一个受到另一个的影响，在发音部位和发音方式及清浊等特征上变得跟它相同或相近。

鼻音爆破音。在单词 flatten[flætⁿn̩]中，齿龈爆破音/t/接鼻音爆破音。首先，/t/是位于齿龈鼻音/n/之前的尾音，此时这两个辅音共同使用了同一个发音部位。其次，/n/作为一个单独的音节，却没有元音构成，因此用窄式音标标记为[n̩]。在这种情形下，当前一个爆破音发出以后，气流直接从鼻腔滑出鼻音/n/，这时用窄式音标将 n 标记为[tⁿ]。除此之外，还有 hidden [hɪdⁿn̩]和 written [ɹɪtⁿn̩]。Yavas(2005:59)指出，这一过程同样发生在/n/作为另一个音节的头音，如 madness[mædⁿnɛs]；或者后续的另一个单词，如 sad news [sædⁿnuz]。

其他涉及鼻音的同化过程。当双唇鼻音/m/和齿龈鼻音/n/出现在唇齿摩擦音/f/和/v/之前，鼻音就会同化为唇齿音[ɱ]。因此，comfort 就会发音为 [kʌɱfɚt] 或 [kʌɱfət] 和 convince [kʌɱvɪns]。当/n/出现在齿龈/θ/之前时，它的发音就会同化为[n̪]，如单词 tenth 就会发音为[tɛn̪θ]。元音出现在鼻音辅音之前，也会被同化为鼻音，如 ran [ɹæ̃n], room [ɹũm]和 ring [ɹĩŋ]。

辅音清化。当爆破音、摩擦音和破擦音出现在清音的辅音前,他们也将被清化。比如,单独的 his 的尾音为摩擦音/z/:[hɪz];但是当 his 后面一个单词的首音为清音的辅音,/z/就会被同化为[z̥]。因此,his first 就会发音为[hɪz̥fist]。其他的例子还包括:

had to [hæd̥ tu]
with sympathy [wɪð̥ sɪmpəθi]
yours truly [jɚz̥ tɹuli]

英语-s 的同化。英语中-s 出现在三种情形:一般现在时第三人称单数动词(takes),名词复数(dishes)以及所有格(man's)。每一种屈折情况都可以拼写为-s 或者-es,每一种屈折词形却具有三种发音。

其中的两种发音分别/s/和/z/,这两个音的同化取决于他们屈折依附的辅音,如果依附的是浊辅音或者元音(英语所有的元音均是浊音),此时-s 也会被浊化为/z/:

hose [houz]或者[həuz]
feels [fiəlz]
child's [tʃaɪldz]
doors [douɹz]或[dʊəz]
gangs [gæŋz]

如果这个屈折词形依附的词尾音为清音,它也发为清音/s/:

walks [wɔks]
fights [faɪts]
fifths [fifθs]

lips [lɪps]

huffs [hʌfs]

如果附加的词根尾音是/s/，/z/，/ʃ/，/ʒ/，/tʃ/或/dʒ/，这个屈折音既不能发/s/，也不能发/z/音。因为，英语中不可能出现[ss]或者[tʒz]这样的辅音群。因此，在这两个音之间就有必要插入/ɪ/或者/ə/音，同时-s 浊化为/z/：

hisses [hɪsɪz] 或者[hɪsəz]

fizzes [fɪzɪz]

washes [wɔʃɪz]

George's [dʒoʊdʒɪz]

churches [tʃɚtʃɪz]

否定前缀的发音部位同化。词缀，如 im-, in-, in-, il- 和 ir- 具有否定的意义，例如 impertinent 或 illegal。究竟使用哪一个前缀，取决于词基第一个辅音的发音。如果词基以双唇音位为首音，那么就得用[ɪm]：

immodest [ɪmmadɪst]

imperfect [ɪmmpɚfɛkt]

immobile [ɪmmoʊbəl]

implausible [ɪmplɔzəbəl]

相反，如果词基第一个音为齿龈音或者软腭音，那么就选用[ɪn]或者[ɪŋ]：

intangible [ɪŋtændʒəbəl]

incomplete [ɪnkʌmplit]

inauspicious [ɪnɔspɪʃəs]

indefensible [ɪndifɛsəbəl]

如果词基第一个音位为[l]或者[ɹ]，否定前缀就分别用[ɪl]或[ɪɹ]：

illegal [ɪligəl]
illicit [ɪllɪsɪt]
irrelevant [ɪɹɹɛləvənt]
irredeemable [ɪɹɹɪdiməbəl]

其他语音变化过程。 英语语音中还有其他语音变化过程：

齿龈音闪音。 在美国英语中，单词 writer 和 rider 有时被当做同音词，音位齿龈爆破音/t/和/d/可能被同化为闪音，最终发音为[ɹaɪɾɚ]。这种情形只能在以下条件下才可能发生，即/t/和/d/在两个元音之间，且重音在/t/和/d/所在的音节上。这两个前提条件在 writer 和 rider 同时出现了。其他的齿龈音同化为闪音的单词有 butter [bʌɾɚ]，literature [lɪɾɚətʃɚ]和 fatter [fæɾɚ]。

元音延长。 元音的延时长短与随后的辅音清浊相关。如果元音在浊音（右栏）前，其延时相对较长，而元音在清音（左栏）前，其延时较短。如：

bit [bɪt]   bid [bɪːd]
feet [fit]   feed [fiːd]
hiss [hɪs]   his [hɪːz]
leaf [lif]   leave [liːv]

插音/ɹ/。 很多讲英语的人都习惯性地添加/ɹ/这个音。1960年，时任美国总统的肯尼迪使得这一插音一举成名，他在把 Cuba 发音为[kjubɚ]，而不是读为[kjubə]。这一同化过程发生在单词以 schwa（央元音）/ə/结尾且停顿，或者后接以元音开头的单词。肯尼迪总统如是说：Cuba [kjubɚ] is a treat, 但是

Cuba [kjubə] threatens us。其他出现插音/ɹ/的还包括：idea，Toyota 和 Rebecca。

超音段音位

超音段音位的研究将音位学的重点扩展到大于单个片段的语音单元——音节、单词、短语和子句——以及描述这些单位的声音特征，特别是重音和语调。对音节而言，重音和语调至关重要。

音节。音节由三个部分组成：节首、核心和韵尾。核心通常情况下是由一个元音来承担，位于核心之前的为节首，位于核心之后的为韵尾。在英语单词 hat 中，核心为/æ/，而节首为/h/，韵尾为/t/。核心通常为元音，当然也可能是我们之前提到的鼻音辅音/m̩/或者/n̩/，例如 bottom 和 button，或者边音/l̩/，如 bottle[bat̩l]或 little[lɪtl]。

绝大多数人都能潜意识地识别出音节。例如，给出英语单词 happiness，即使是一个没有受过语言学训练的人都能意识到该单词由三个音节组成，其中第一个音节为重音（标识为）：/ˈhæ.pi.nɛs/。Ashby 和 Maindment(2005:7)将音节定义为：音节即为一个语音脉冲。它总是包含一个发音响亮或突出的部分（几乎总是元音），并可能在这个元音之前或之后有一个辅音的声音。

因为英语单词有几种发音，不同的发音可能导致音节的数量不同。例如，单词 smile 可能被看作单音节词，读作/smaɪl/，但同时也可以当作双音节词，读作/smaɪ.jəl/。音节的具体分节停顿的地方也可能有差异。例如，单词 ketchup 音节之间的分节可能会出现两种情况：/kɛtʃ.ʌp/或者/kɛ.tʃʌp/。

究竟哪些辅音可以出现在节首和韵尾,是由一系列的音位配列规则决定的。在英语中,一个单词音节的重音分配是由一组相当复杂的英语重音分配规则决定的。

音位配列规则。英语的发音具有一系列的音位限制,我们称之为音位配列规则,即规定哪些辅音可以作为节首,哪些可以作为韵尾。例如,/p/在单独使用时既可以位于节首/pæt/,也可以位于韵尾/tæp/;组合使用时,/p/可以在/s/之后组合为节首/spæt/,但是却不能位于/s/前组合为节首 */psæt/。英语中,其他的辅音也有类似的发音配列规则。总之,英语的节首和韵尾最多只能允许三个不同辅音的组合。

除了辅音/ŋ/以外,英语中所有的辅音均能置于节首。软腭鼻音/ŋ/只能出现在音节的韵尾,例如 ring /rɪŋ/和 sing /sɪŋ/。在单音节单词中,/ŋ/可以出现在/θ/之前,例如 strength /stɹɛŋθ/。但是,在同样的情形的单词中,有的人却习惯以/n/代替/ŋ/这个音,如 length /lɛnθ/,这部分人仅把/ŋ/当作单独韵尾使用。

辅音作为节首,其组合置放的位置就有更多的限制。例如,节首包含两个辅音,即所有爆破、摩擦清音均可以发生在通音/ɹ/之前。例如,pray /pɹ/,trip/tɹ/,crime/kɹ/,bring/bɹ/,drink /dɹ/,greed/gɹ/,free/fɹ/,through/θɹ/以及 shrill/ʃɹ/。这些辅音通常也能置于边音/l/之前,例如 play/pl/,clasp/cl/,blank/bl/,glad/gl/以及 slap/sl/。半元音/j/和/w/可以与多数辅音组合。例如,puny/pj/,furious/fj/以及 humid/hj/。有些音节中的/j/可以发音,也可以不发音,例如单词 coupon 第一个音节既可以读作/kju/,也可以读作/ku/。/w/的例子:twice /tw/,quike/kw/以及 dwindle 的第一个音节/dw/。节首有三个辅音的选项就非常有限,主要包括 spring/spɹ/,splash/spl/, strike/stɹ/以及 scratch/skɹ/。

除了声门摩擦音/h/以及半元音/j/和/w/以外,所有的辅音均可以作为韵尾。当然,/ɹ/是否可以作为韵尾,取决于不同的方言区对儿化音的发音。例如,harm/hɑɹm/和 never/nɛvɚ/的第二个音节。两个辅音组合为韵尾的音节中,边音/l/和儿化音/ɹ/之后可以出现许多辅音,例如 help/lp/,bold/ld/,self/lf/,elm/lm/,harsh/ɹʃ/以及 church/ɹtʃ/。三个鼻音也可以置于很多辅音之前,例如 lamp/mp/,hand/nd/以及 link/ŋk/。除此之外,/p/和/k/在少数单词中也可以组合为韵尾,如 sixth /ksθ/,ax/ks/以及 taps/ps/。三个辅音组合为韵尾就更为少见,并且有时韵尾到底是两个还是三个辅音还取决于发言者的发音清晰度。例如 unkempt 发声者可以清晰发出/mpt/三个辅音,twelfth 本身的韵尾应该是/lfθ/,但是说话者可能只发/lθ/两个辅音。

重音。所有英语单词都有一个重音音节,这个音节的发音比其他音节更突出。例如,happy 第一个音节为重音,因为第一个音节的发音比第二个音节的发音更响亮:ˈha.ppy。有些单词包含不同程度的重音,正如在上一章指出的,英语中的复合词有一个特定的重音模式:第一个单词为主重音和第二个单词次重音如ˈhead.ˌlight。然而,英语单词次重音程度却是一个有争议的概念。因此,英语中关于单词重音的讨论大多集中在主重音上。

英语的重音是变化的,而不是固定不变的,确定单词中哪个音节为主重音是一个非常复杂的过程。法语等语言的重音位置是相对固定的,主重音基本都是单词的最后一个音节,基本不会在倒数第二个音节出现重音。而基于英语单词的调查,发现主重音可以出现在不同的音节上。在下面的示例中,主重音出现在三个不同的音节:

ˈcon.cert（倒数第二个音节）
re.ˈplace.a.ble（倒数第三个音节）
re.ˈceive（倒数第一个音节）

在一定程度上，英语单词重音位置的可变性是历史产物。事实上，英语单词是日耳曼语和非日耳曼语的混合体。英语词汇主要借用了两种语言——拉丁语和法语——与英语单词重音的分配具有截然不同的规则。

英语中起源于日耳曼语的单词受到日耳曼语的重音规则影响，主要的重音出现在单词的第一个音节。例如：

ˈba.by   ˈbel.ly
ˈhun.gry   ˈfa.ther
ˈmo.ther   ˈpre.tty
ˈfriend.ly   ˈha.ppy

即使在日耳曼起源的单词中添加了派生词缀，主要的重音仍然停留在词基的第一个音节：

ˈbel.ly.ful   ˈfa.ther.less
ˈmo.ther.less   ˈpre.tti.ness
un.ˈfriend.ly   un.ˈha.ppi.ness

中世纪英语时期，英语吸收了大量外来词，主要是法语和拉丁语。作为意大利语族（罗曼语族），如 Fournier（2007）指出的一样，它们的重音系统完全不同于日耳曼语。日耳曼语的重音出现在单词的第一个音节，如果有前缀，单词的重音也会顺移至词基的第一个音节，如 un.ˈfriend.ly。意大利语族，如法语和拉丁语，"重音位于单词的最后一个音节，而不是第一个音节"（Fournier 2007:228）。英语单词 de.ˈvout 是中世纪时期从法语借过来的词,因此重音保留在最后一个音节,这是罗马语族双音节词中最常见的一种重音模式。如果需增加后缀,重音就会向左移动至倒数第二个音节,如 de.ˈvo.tion。

因此,在中世纪时期,两种截然不同的重音模式在英语中同时使用,从而产生了英语重音的"双重标准"(Dresher 和 Lahiri 2005:78)。许多英语单词具有两个重音,一个是德语式重音,一个为法语或拉丁语式重音。Dresher 和 Lahiri(2005)注意到 Chaucer 已经习惯于法语式重音,但是同时德语式的重音依然在英语中广为流传:

French Stress	Germanic Stress	Modern English Gloss
ci.ˈtee	ˈci.tee	'city'
com.ˈfort	ˈcom.fort	'comfort'
di.ˈvers	ˈdi.vers	'diverse'
ge.ˈaunt	ˈge.aunt	'giant'
Pla.ˈto	ˈPla.to	'Plato'
Pre.ˈsent	ˈpre.sent	'present'

早期(1500 年前)双音节借词几乎都被日耳曼语式重音模式同化。基于对 Wells(2000)的《朗文语音词典》(*Longman Pronunciation Dictionary*)200 个法语双音节借词的调查中,Svensson 和 Hering(2005:123—124)发现只有 6 个双音节词的重音位于第二个音节(如 di.ˈverse)。然而,他们发现后来(1700 年)的借词就混杂了大量法语式的重音单词;当然也发现了不少英式和美式英语的差异。例如,在英式英语中ˈbro.chure 和ˈca.fe 的重音出现在第一个音节,而在美式英语中这两个单词的重音就出现在最后一个音节(bro.ˈchure 和 ca.ˈfe)。

晚期的借词对英语的重音的位置产生了额外的影响。它们被引入单词或者词缀中,从而导致了 3 个或更长的多音节单词。这些组合词使得重音分配规则发生了显著变化,因此,现代英语重音节取决于(1)词缀的类型,(2)一个单词包含的音节数量及(3)音节是轻读音节(light,不可能成为重音)或重读音节(heavy,极有可能成为重音)的声音。

Stochwell 和 Minkowa(2001:169—171)区分了重音中性词缀(stress-neutral suffixes)和重音支配词缀(stress demanding suffixes),以下两组例子就见证了词缀如何影响单词重音的位置。

'hope. ful　　　'hope. ful. ness
'pro. fit　　　　pro. fi. 'teer

单词 hopeful 和 hopefulness 包含的后缀,-ful 和-ness。这两个词缀为重音中性词缀,它们加在词基 hope 上,不会改变 hope 的重音位置。单词 profit 和 profiteer 包含的后缀,-eer 就是重音支配词缀。当-eer 加上之后,profit 的重音就转移到最后一个音节了。Stochwell 和 Minkowa(2001)把-ess('host. ,'hos. tess)、-man(po.'lice, po.'lice. man)和-ist('fet. ish,'fet. ish. isf)分类为重音中性词缀;把-naire('ques. tion, ques. tion.'naire)、-esce(in. can.'des. cent, in. cand.'esce)和-tee('am. pu. tate, am. pu.'tee)等分类为重音支配词缀。

英语单词的音节数量也将对单词的重音位置和音节的轻重产生影响,例如:

'mul. ti. ply　　　mul. ti. pli. 'ca. tion
'mys. ti. fy　　　　mys. ti. fi. 'ca. tion

以上两组单词,第二个单词均为第一个单词添加后缀产生的派生词,每个派生词的音节增加了,所以主重音的位置就发生了变化。在单词'mult. i. ply 中，主重音位于单词的倒数第三个音节，然而 mul. ti. pli. 'ca. tion 的主重音却转移到倒数第二个音节了。这些词的重音位置的差异直接归因于出现在倒数第二个位置的音节类型。

在 mul. ti. pli. 'ca. tion 中，倒数第二个音节（拼写为 ca，但是读音确实/keɪ/）是一个重读音节，它的元音是一个紧元音。如果单词的倒数第二个音节是重读音节，这时它就是主重音。（重读音节可以是紧元音，也可以是松元音，但需要跟一个辅音，所以单词 con. 'tent. ment 的主重音依然在倒数第二个音节，尽管这个音节 tent 的元音/ɛ/是一个松元音，而不是紧元音。）相反，单词'mul. ti. ply 的倒数第二个音节是一个轻读音节，它的元音是一个松元音（拼写为 i 发音为/ə/）。如果一个单词倒数第二个音节为轻读音节，它的主重音就会移位至倒数第三个音节。

以下的例子中，第一列的倒数第二个音节为重读音节，第二列的倒数第二个音节为轻读音节。

倒数第二个音节为主重音	倒数第三个音节为主重音
res. ti. 'tu. tion	mul. ti. 'fac. e. ted
dis. con. 'tent. ment	rep. re. 'hens. i. ble
ad. jec. 'ti. val	de. 'riv. a. tive
fun. da. 'men. tal	pre. 'var. i. cate

英语派生词缀会影响单词重音的位置，而屈折词缀却不影响。从以下例子中可以看出，屈折词缀增加以后，单词的音节增多了，但单词的重音位置没有任何的变化。

pre. 'var. i. cate	pre. 'var. i. ca. ted
es. 'tab. lish	es. 'tab. lish. ing
fa. 'mil. iar. ize	fa. 'mil. iar. iz. es

当然，以上讨论的音节重音模式都是有例外的。例如，单词 ex.'pa.tri.ate 和'con.cen.trate 的主重音在倒数第三个音节，尽管倒数第二个音节是一个重读音节，单词的主重音本应该在倒数第二个音节，但事实却不是这样的。与以上情况相反的例外也是存在的，例如 re.'vi.sion, fru.'i.tion 和 con.'fe.ssion，这几个单词倒数第二个音节为轻读音节，但是依然是主重音。英语中也有一些单词的动词和名词是同形的，只有通过单词重音的位置变化加以区别。例如当'cont.ract 的重音在第一个音节时，它就是一个名词，而当重音在第二个音节时，con.'tract 就是动词。其他的例子还包括're.cord/re.'cord,'con.vict/con.'vict 以及'im.port/im.'port。如前所述，英语单词中也有一些双音节词的重音在最后一个音节，例如 ga.'rage，而不是所有的双音节单词的重音都在第一个音节。这些例外就可以看出，英语的重音也只能是部分可以预测，并非绝对符合规律。

语 调

语调的研究涉及特定声调单元内的一组单词之间的音高和重音。在一个典型的（即无标记的）音调单元中，音调将在音调单元开始时上升，在一个特定音节上达到峰值，峰值即为该音调的末尾，然后在下一个音调单元开始上升之前下降。以下的例子就包括了两个声调单元。

　　　　　I couldn't **REA**lly ‖ let my company **DO** this ‖
　　　　　　　　　　(London-Lund S. 12.6.758-759)

在这个节选中，两个声调单元被两根竖线‖分开。音高的峰值和最重音也用大写黑体标示出来(为了便于读者阅读，本部分的注释就直接引用 London-Lund 语料库中的注释)。在上面例子的第一个声调单元中,音高逐渐上升,峰值在 REAlly 的第一个音节,这个音节就是这个声调单元最重的一个音节,然后开始下降。在第二个声调单元中,同样音高峰值在 DO,但是声调单元直到 this 才结束。为了更好地理解这种语音模式存在的原因,我们首先要理解英语单词的重音与句子的重读是有区别的;在讨论处理信息结构时,第四章已经讨论了音调在突显新信息过程中的作用。

在一个无标记的音调单元中,音高的峰值位于重读音节上。如上所示,单个的单词有一个音节为主重音:介词是 be.'tween 的第二个音节为主重音,副词'rea.lly 的主重音在第一个音节上。然而,当单词以无标记音调单元出现时,有个单词其中一个音节会比其他单词发音更重(称为句子重音)。这个重音称为重读音节,一般情况,重读音节为该音调单元的最后一个实词的主重音。在无标记的音调单元中,只有实词才能作为重读音节,而不能是虚词。这就是为什么在上面示例中的第二个音调单元中,动词 do(实词)是重读音节,而不是音调单元中的最后一个词 this(虚词)。

句子中是实词,而不是虚词作为重读音节,其原因是句子重读的目的是言者希望突显此信息。因为实词往往都比虚词包含的内容更丰富,所以在声调单元中实词重读也显得更加自然。事实上,在快速讲话中,虚词的音调是如此的轻,以至于部分元音都会被弱化,虚词词尾的辅音甚至会被省略。当一个单词中的重音弱化为中性元音/ə/时,就会发生元音弱化现象。例如,正常情况下,单词 a 和 the 发音分别为/ei/和/ði/。然而,如果冠词 a 和 the 在轻读音节中就念做/ə/和/ðə/。连词 and(/ænd/)也有弱化现象,此次词尾的一个或者两个辅音被省略,弱化为/ə/或者/ən/。

通常情况下,功能词不能作为音调单元的重读音节,但是在特定语境下,功能词甚至所有的单词均可以作为重读音节。例如,下面的例句中,最重音发生在 tomorrow 的第二个音节:

I will call you to**MOR**row ‖

在不同的语境下,上面例句的每一个音节都可以作为声调单元的重读音节,从而成为一个具有特殊标记的声调单位。试想,有几个人在交谈,一个人问另外两个言谈者到底谁将给她打电话,其中一个将"I"作为重读音节,强调是"我"给她打电话,而不是其他人:

I will call you tomorrow ‖

如果其中一个言谈者担心明天"I"不会给她打电话,"我"就会重读 will,让她放心,明天一定会给她打电话:

I **WILL** call you tomorrow ‖

当然,我们可以设想每个音节作为重读音节的不同语境。因此,当言者希望强调或突显某一个信息,声调单元的任何一个单词都可能作为重读音节。

除了突显新的或者重要的信息以外,声调单元还可以用作区分话语的语法单元。声调单元可以区分口语语法单元的程度取决于言者的话语是经过周密准备的还是即兴演讲。Altenberg(1990)在对个人独白的分析中发现,经过周密准备后的发言,其语言结构与声调单元的分界与声调具有高度的一致性;而即兴发言的话语则不然。Altenberg(1990)发现 98% 的主句(150/153)被声调单元隔开,而 59% 的由 that 引导的从句(19/32)不会被声调单元边界分割。从下面的独白节选中,就能发现这样的现象。

your Provost has **SAID** ‖ that I was going to talk about the **ARTS** ‖ and indeed I had in**TEN**ded ‖ to **TALK** about that ‖ but hearing President **NIX**on ‖ **MOU**thing about the **DEATH** penalty ‖ and about the permissive so**CI**ety ‖ I decided that I would talk in**STEAD** ‖ about something which con**CERNS** me ‖ in the **THE**atre ‖

(London-Lund S. 12. 7. 2－10)

以上例子中有两个从句的主句都是被声调单元边界隔开的,在 and indeed I had 的开头,连词 and 前面有一个声调单元分界,与连词 but 在 but hearing President NIXon 的情形一样。相反,节选中唯一的一个 that 引导的从句却没有被声调语言单元分开(I decided that I would talk)。

如果对即兴演讲进行分析的话,语言结构与声调单元的分界相关性就没有如此显著;其主要的原因在于即兴演讲的语言结构并不符合标准的语法规范。除此之外,即兴演讲时,演讲者还会在演讲过程中组织语言,因此会有更多的犹豫或者重复等中断流利的演讲。在以下的即兴演讲中,在两个 so 引导的从句前均有声调单元分界(… so I said **FINE** … so I got a per**EMP**tory),但是有两个不应该中断的语法单元中,依然出现了声调单元分界;其一是在重复 I'm(I'm ‖ I'm just hanging **ON**),其二是在一个名词短语的形容词与名词之间(a per**EMP**tory ‖ command)

oh well you **KNOW** I ‖ might get **TERR**ibly ‖ you **KNOW** I'm ‖ I'm just hanging **ON** now ‖ and could take you on **PER**manently ‖ we may need **YOU** ‖ to do some work in the **EVE**ning ‖ so I said FINE ‖ being o**BLI**ging

‖ so I got a perEMPtory ‖ coMMAND ‖ over the PHONE ‖ RIGHT ‖

(London-Lund S. 1. 5. 223—234)

语调还有许多其他特点可以描述。话语有停顿,这与音调单位边界不同。说话的语气和节奏也很重要:说话者可以改变他们说话的响度和他们说话的节奏(快或者慢)。

在陈述性句子中,语音达到峰值后,音高就会下降:

We are LEAVing now

在一般疑问句中,音高在最后一个单词上继续上升:

Are we LEAVing now

上升的语调也可以用来结束一个陈述性的句子,但其效果会截然不同:

We are LEAVing now

这样的声调模式表达的效果不仅是询问我们是否真的要离开了,而是表达其对离开的关注,甚至透露出了内心些许的失望。

本章小结

对语音的研究涵盖音段和超音段两方面内容。和其他语言一样,英语也含有自己独特的语音音段,即音素。音标是记录音素的符号,包括辅音和元音。音素的确定需要使用最小对立对，即只涉及一个音位差别的对立对。英语音素的分类主要依据发音部位（发音时舌头和舌尖的位置）和发音方式（气流是从口腔还是鼻腔发出，对气流阻碍的强弱等）。清、浊音的区分依据声带是否振动。

超音段音位的研究拓展到大于单个片段（如音节、单词、短语和句子）的语音单元。英文单词都包括一个或多个音节，每个单词都有一个重读音节。声调可以区分话语的语法单元，但在有准备的发言中，语言结构分界与声调的一致性比即兴发言更高。

自学活动

1. 我们使用音标符号，而不是英文字母，来标记语音。如果直接用英文字母是不是更简单？
2. 为什么 fast 和 feast 这对词能证明[æ]和[iː]是音素？
3. 数一下下面的单词分别有几个音素？注意，很多单词的字母数大于音素数，如 though 有 6 个字母，但只有 2 个音素。

   (1) toss

   (2) heat

   (3) mystic

   (4) fastest

   (5) five

   (6) heavenly

   (7) frosty

   (8) convention

   (9) plasticity

   (10) capstone

4. 左栏中的音素对只在以下三项中的一项存在不同：清浊音、发音部位和发音方式。例如，[p]和[b]发音部位（双唇音）和发音方式（爆破音）都相同，但前者是清音，后者是浊音。请将左边每对音标与右边的不同点连起来。

   (1) [d]和[n]　　　　　a. voicing
   (2) [θ]和[ð]　　　　　b. place of articulation
   (3) [b]和[g]　　　　　c. manner of articulation
   (4) [s]和[z]
   (5) [d]和[ɹ]
   (6) [f]和[ʃ]

5. 英语中有很多音位变体。例如，清辅爆破音[p]、[t]和[k]在音节起始处是送气音，在音节中间和末尾则不是。元音在浊辅音前比在清辅音前发音时间更长。请指出下面单词中哪些是送气音，哪些元音延长？请注意，有些词这两种情况都包含，有的都不包含。

   (1) pad
   (2) tram
   (3) grip
   (4) sting
   (5) stink
   (6) play
   (7) crab

6. 请指出下面每个单词中的主重音在哪个音节上。

   (1) recitation
   (2) predominate
   (3) cigarette
   (4) contest

(5) bureau

(6) contentment

(7) dislike

(8) unconvincing

7. 下面每个例子中都包含一个或多个语调单位,用两条竖线表示其边界。假设每个例子都是未标记的,请指出其重读音节;再假设每个例子都是标记的,请指出其可能的重读音节并解释其发生情境和原因。

(1) The turtle walked slowly ‖ into the room ‖

(2) Our teacher helped us ‖ with our homework ‖

(3) With little or no resistance ‖ the child put his shirt on ‖

拓展阅读

对语音学的概述:M. Ashby and J. Maidment, *Introducing Phonetic Science* (Cambridge: Cambridge University Press, 2005); P. Ladefoged, *A Course in Phonetics*, 4th edn. (New York: Wadsworth Publishers, 2005); H. J. Giegerich, *English Phonology* (Cambridge: Cambridge University Press, 1992)概述了英语发音系统的系统性,并讨论了异体语和单词重音;R. Stockwell and D. Minkova, *English Words: History and Structure* (Cambridge: Cambridge University Press, 2001)用一系列简洁的规则描述重音(pp. 168-176);R. Quirk *et al.*, *A Comprehensive Grammar of the English Language* (London: Longman, 1985)介绍了语气单位及其与语法的关系(pp. 1355-1375);P. Tench, *The Intonation Systems of English* (London: Cassell, 1996)是对英语语调的概述。

参考文献

Aarts, B. (1992). *Small Clauses in English: The Nonverbal Types*. Berlin and New York: Mouton de Gruyter.

Aarts, B. and L. Haegeman (2006). English word classes and phrases. In B. Aarts and A. McMahon (eds.), *The Handbook of English Linguistics* (pp. 117–45). Malden, MA: Blackwell Publishers.

Aitchison, J. (1991). *Language Change: Progress or Decay?* 2nd edn. New York: Cambridge University Press.

Altenberg, B. (1990). Predicting text segmentation into tone units. In J. Svartvik (ed.), *The London-Lund Corpus of Spoken English: Description and Research* (pp. 275–86). Lund: Lund University Press.

Andersen, G. (2001). *Pragmatic Markers and Sociolinguistic Variation*. Amsterdam: John Benjamins.

Ashby, M. and J. Maidment (2005). *Introducing Phonetic Science*. Cambridge: Cambridge University Press.

Austin, J. L. (1962). *How to do Things with Words*. Oxford: Clarendon.

Bailyn, J. F. (2003). Does Russian scrambling exist? In S. Karimi (ed.), *Word Order and Scrambling* (pp. 156–76). Malden, MA: Blackwell.

Baldi, P. (1990). Indo-European languages. In B. Comrie (ed.), *The World's Major Languages* (pp. 31–67). New York: Oxford.

Béjoint, H. (2000). *Modern Lexicography: An Introduction*. Oxford: Oxford University Press.

Bell, A. (1984). Language style as audience design. *Language in Society*, 13: 145–204.

Biber, D. (1988). *Variation Across Speech and Writing*. New York: Cambridge University Press.

Biber, D., S. Johansson, G. Leech, S. Conrad, and E. Finegan (1999). *Longman Grammar of Spoken and Written English*. Harlow, England: Pearson Education Limited.

Blake, N. (1992). The literary language. In N. Blake (ed.), *The English Language*, Vol. II: 1066-1476 (pp. 500–41). Cambridge: Cambridge University Press.

Bolinger, D. (1977). *Meaning and Form*. London: Longman.

Brown, P. and S. C. Levinson (1987). *Politeness: Some Universals in Language Usage*. Cambridge: Cambridge University Press.

Cameron, D. (1995). *Verbal Hygiene*. London: Routledge.

Carter, R. and S. Cornbleet (2001). *The Language of Speech and Writing*. London: Routledge.

Chambers, J. K. (2003). *Sociolinguistic Theory*, 2nd edn. Oxford and Malden, MA: Blackwell Publishers.

Chomsky, N. (1957). *Syntactic Structures*. The Hague: Mouton. (Reprinted in 2002 by Walter de Gruyter, Inc.)

——— (1959). A review of B. F. Skinner's verbal behavior. *Language*, 35: 26-58.

Clemetson, L. (2007). The racial politics of speaking well. *New York Times*. February 4. Section 4, pp. 1 and 4.

Comrie, B. (1989). *Language Typology and Language Universals*, 2nd edn. Chicago: University of Chicago Press.

——— (1990). Russian. In B. Comrie (ed.), *The World's Major Languages* (pp. 329–47). New York: Oxford.

Croft, W. (2000). *Explaining Language Change: An Evolutionary Approach*. Harlow, England: Longman.

Croft, W. and D. Cruse (2004). *Cognitive Linguistics*. Cambridge: Cambridge University Press.

Cruse, D. (1986). *Lexical Semantics*. Cambridge: Cambridge University Press.

——— (2004). *Meaning in Language: An Introduction to Semantics and Pragmatics*, 2nd edn. Oxford: Oxford University Press.

Crystal, D. (2000). *Language Death*. Cambridge: Cambridge University Press.

——— (2003). *English as a Global Language*, 2nd edn. Cambridge: Cambridge University Press.

Daneš, F. (ed.) (1974). *Papers on Functional Sentence Perspective*. Prague: Academia.

D'Arcy, A. (2007). *Like* and language ideology: Disentangling fact from fiction. *American Speech*, 28(4): 386–419.

A Dictionary of Prefixes, Suffixes, and Combining Forms (2002). Taken from *Webster's Third New International Dictionary*, Unabridged. Springfield, MA: Merriam Webster's. www.spellingbee.com/pre_suf_comb.pdf (accessed March 17, 2008).

Dijk, T. A. van (1988). *News as Discourse*. Hillsdale, NJ: Lawrence Erlbaum.

Dijk, T. A. van and W. Kintsch. (1983). *Strategies of Discourse Comprehension*. New York: Academic Press.

Dixon, R. M. W. (1997). *The Rise and Fall of Languages*. Cambridge: Cambridge University Press.

Dresher, B. E. and A. Lahiri (2005). Main stress left in Early Middle English. In M. Fortescue et al. (eds.), *Historical Linguistics: Selected Papers from the 16th International Conference on Historical Linguistics* (pp. 75–85). Amsterdam and Philadelphia: Benjamins.

Dyson, E. D. (2005). *Is Bill Cosby Right?: Or Has the Black Middle Class Lost Its Mind?* New York: Basic Civitas Books.

Edmonds, P. and G. Hirst (2002). Near-synonymy and lexical choice. *Computational Linguistics*, 28(2): 105–44.

Fellbaum, C. (1998). Introduction. In C. Fellbaum (ed.), *Wordnet: An Electronic Lexical Database*. Cambridge, MA: MIT Press.

Fillmore, C. (1996). The pragmatics of constructions. In D. Slobin et al. (eds.), *Social Interaction, Social Context, and Language: Essays in Honor of Susan Ervin-Tripp* (pp. 53–70). Mahwah, NJ: Lawrence Erlbaum.

Firbas, J. (1992). *Functional Sentence Perspective in Written and Spoken Communication*. Cambridge: Cambridge University Press.

Fish, Stanley (2005). Interview. *On the Media*. 22 July 2005. Transcript available at: onthemedia.org/transcripts/transcripts_072205_open.html (accessed June 22, 2008).

Fournier, J.-M. (2007). From a Latin syllable-driven stress system to a Romance versus Germanic morphology-driven system: in honour of Lionel Guierre. *Language Sciences*, 29: 218–36.

Francis, N. (1992). Language corpora B. C. In J. Svartvik (ed.), *Directions in Corpus Linguistics* (pp. 17–32). Berlin: Mouton de Gruyter.

Frawley, W. (1992). *Linguistic Semantics*. Hillsdale, NJ: Lawrence Erlbaum Associates.

Gilliver, P. (2000). Appendix II: OED personalia. In L. Mugglestone (ed.), *Lexicography and the OED: Pioneers in the Untrodden Forest* (pp. 232–52). Oxford: Oxford University Press.

Gimbutas, M. (1956). *The Prehistory of Europe. Part I: Mesolithic, Neolithic, and Copper Age Cultures in Russia and the Baltic Area*. American School of Prehistoric Research, Harvard University Bulletin No. 20. Cambridge, MA: Peabody Museum.

Gordon, R. G., Jr. (ed.) (2005). *Ethnologue: Languages of the World*, 15th edn. Dallas, TX: SIL International. (Electronic version: www.ethnologue.com, accessed June 22, 2008)

Greenberg, J. H. (2000). *Indo-European and its Closest Relatives: The Eurasiatic Language Family*. Vol. I: *Grammar*; Vol. II: *Lexicon*. Stanford: Stanford University Press.

Grice, H. P. (1989). *Studies in the Way of Words*. Cambridge, MA: Harvard University Press.

Hake, R. and J. Williams (1981). Style and its consequences: Do as I do, not as I say. *College English*, 43.5: 33–451.

Hall, J. H. (2004). The dictionary of American regional English. In E. Finegan and J. R. Rickford (eds.), *Language in the USA* (pp. 92–112). Cambridge: Cambridge University Press.

Halliday, M. A. K. (1994). *An Introduction to Functional Grammar*, 2nd edn. London: Edward Arnold.

Halliday, M. A. K. and R. Hasan (1976). *Cohesion in English*. London: Longman.

—— (1985). *Language, Context, and Text: Aspects of Language in a Social-Semiotic Perspective*. Victoria, Australia: Deakin University Press.

Halliday, M. A. K. and C. Matthiessen (2004). *An Introduction to Functional Grammar*, 3rd edn. London: Hodder Education.

Hammond, M. (1999). *The Phonology of English*. Oxford: Oxford University Press.

Handbook of the International Phonetic Association (1999). Cambridge: Cambridge University Press.

Hewlett, N. and J. M. Beck (2006). *An Introduction to the Science of Phonetics*. Oxford and New York: Routledge.

Hogg, R. (2003). *An Introduction to Old English*. Oxford: Oxford University Press.

Huddleston, R. and G. Pullum (2002). *The Cambridge Grammar of the English Language.* Cambridge: Cambridge University Press.

Hull, D. L. (1988). *Science as a Process: An Evolutionary Account of the Social and Conceptual Development of Science.* Chicago: University of Chicago Press.

Hymes, D. (1971). *On Communicative Competence.* Philadelphia: University of Pennsylvania Press.

Jones, S. (2002). *Antonymy: A Corpus-Based Perspective.* London: Routledge.

Kay, C. J. (2000). Historical semantics and historical lexicography: will the twain ever meet? In J. Coleman and C. Kay (eds.), *Lexicology, Semantics and Lexicography in English Historical Linguistics: Selected Papers from the Fourth G.L. Brook Symposium* (pp. 53-68). Amsterdam: Benjamins.

Kintsch, W. (1998). *Comprehension: A Paradigm for Cognition.* Cambridge: Cambridge University Press.

Kirkman, A. J. (1992). *Good Style: Writing for Science and Technology.* Oxford: Taylor and Francis.

Kornfilt, J. (1990). Turkish and the Turkic languages. In B. Comrie (ed.), *The World's Major Languages* (pp. 619-44). New York: Oxford.

Labov, W. (1972). The stratification of (r) in New York City department stores. In W. Labov (ed.), *Sociolinguistic Patterns* (pp. 43-70). Philadelphia: University of Pennsylvania Press.

—— (1973). The boundaries of words and their meanings. In C. J. Bailey and R. Shuy (eds.), *New Ways of Analyzing Variation in English* (pp. 340-73). Washington, DC: Georgetown University Press.

—— (1994). *Principles of Linguistic Change: Internal Factors.* Malden, MA: Blackwell.

Ladefoged, P. (2001). *A Course in Phonetics*, 4th edn. Fort Worth, TX: Harcourt.

—— (2005). *Vowels and Consonants*, 2nd edn. Oxford and Malden, MA: Blackwell.

Landau, S. (2001). *Dictionaries: The Art and Craft of Lexicography*, 2nd edn. Cambridge: Cambridge University Press.

Lee, D. (2001). Genres, registers, text types, domains, and styles: Clarifying the concepts and navigating a path through the BNC jungle. *Language Learning & Technology*, 5.3: 37-72.

Leech, G. (1981). *Semantics*, 2nd edn. Harmondsworth, England: Penguin.

—— (1983). *Principles of Pragmatics.* London: Longman.

Lyons, J. (1977). *Semantics*, Vol. I. Cambridge: Cambridge University Press.

Malmkjær, K. (2005). *Linguistics and the Language of Translation.* Edinburgh: Edinburgh University Press.

Matthews, P. H. (1981). *Syntax.* Cambridge: Cambridge University Press.

—— (1991). *Morphology.* Cambridge: Cambridge University Press.

McArthur, T. (ed.) (1992). *The Oxford Companion to the English Language.* Oxford and New York: Oxford University Press.

Meyer, C. F. (2003). The Lexis/Nexis database as historical corpus. Paper presented at the 24th annual conference of the International Computer Archive of Modern English, Guernsey, British Isles.

Milligan, S. (2007). Democratic contenders unite against Bush. *Boston Globe.* 27 April: A1.

Milroy, J. and M. Gordon (2003). *Sociolinguistics: Method and Interpretation.* Malden, MA: Blackwell Publishers.

Milroy, J. and L. Milroy (1997). Varieties and variation. In F. Coulmas (ed.), *The Handbook of Sociolinguistics* (pp. 47-64). Oxford and Malden, MA: Blackwell Publishers.

Moon, R. (2007). Sinclair, lexicography, and the Cobuild project: The application of theory. *International Journal of Corpus Linguistics*, 12: 159-81.

Murphy, M. (2003). *Semantic Relations and the Lexicon: Antonymy, Synonymy and Other Paradigms.* Cambridge: Cambridge University Press.

Murray, J. A. H. (ed.) (1971). *The Compact Edition of the Oxford English Dictionary.* London: Oxford University Press.

Nelson, G. (1996). The design of the corpus. In S. Greenbaum (ed.), *Comparing English Worldwide: the International Corpus of English* (pp. 27-35). Oxford: Oxford University Press.

—— (2002). International Corpus of English: Markup manual for spoken texts. www.ucl.ac.uk/english-usage/ice/spoken.pdf (accessed March 26, 2007)

Nunberg, G. (2004). *Going Nucular: Language, Politics, and Culture in Confrontational Times*. New York: Public Affairs Books.

Olson, S. (2003). *Mapping Human History: Genes, Race, and Our Common Origins*. Boston: Houghton Mifflin.

Paradis, C. and C. Willners (2006). Selecting antonyms for dictionary entries: Methodological aspects. In F. Heinat, E. Klingvall, and S. Manninen (eds.), *The Department of English: Working Papers in English Linguistics*, Vol. VI. www.englund.lu.se/images/stories/pdf-files/workingpapers/vol06/Paradis_Willners_06.pdf (accessed June 22, 2008).

Pelsmaekers, K. (1999). Directness and (im)politeness: the use of imperatives in business letters. In G. A. J. Tops, B. Devriendt, and S. Geukens (eds.), *Thinking English Grammar* (pp. 263–79). Leuven/Louvain, Belgium: Peeters Publishers.

Plag, I. (2003). *Word-Formation in English*. Cambridge: Cambridge University Press.

Quirk, R., S. Greenbaum, G. Leech, and J. Svartvik (1985). *A Comprehensive Grammar of the English Language*. London: Longman.

Renfrew, C. (1987). *Archaeology and Language*. London: Jonathan Cape.

(2000). At the edge of knowability: Towards a prehistory of languages. *Cambridge Archaeological Journal*, 10.1: 7–34.

Rickford, J. (2004). Spoken soul: The beloved, belittled language of Black America. In C. Fought (ed.), *Sociolinguistic Variation: Critical Reflections* (pp. 198–208). Oxford: Oxford University Press.

Sacks, H., E. A. Schegloff, and G. Jefferson. (1974). A simplest systematics for the organization of turn-taking for conversation. *Language*, 50: 696–735.

Saussure, F. de. *Course in General Linguistics*. [1916] Repr. 1983 ed. C. Bally and A. Sechehaye, trans. R. Harris. La Salle, IL: Open Court.

Schegloff, E. A. (2002). Opening sequencing. In J. E. Katz and M. Aakhus (eds.), *Perpetual Contact: Mobile Communication, Private Talk, Public Performance* (pp. 326–85). Cambridge: Cambridge University Press.

Schiffrin D., D. Tannen, and H. E. Hamilton (2003). *The Handbook of Discourse Analysis*. Oxford and Malden, MA: Blackwell.

Schneider, E. (2003). The dynamics of New Englishes: From identity construction to dialect birth. *Language*, 12: 233–81.

Searle, J. (1969). *Speech Acts: An Essay in the Philosophy of Language*. Cambridge: Cambridge University Press.

(1979). *Expression and Meaning*. Cambridge: Cambridge University Press.

Simon, J. (1981). *Paradigm's Lost*. New York: Viking.

Sinclair, J. (1991). *Corpus, Concordance, Collocation*. Oxford: Oxford University Press.

Sparck Jones, K. (1986). *Synonymy and Semantic Classification*. Edinburgh: Edinburgh University Press.

Sperber, D. and D. Wilson (1995). *Relevance: Communication and Cognition*, 2nd edn. Oxford: Blackwell.

Stockwell, R. P. and D. Minkova (2001). *English Words: History and Structure*. Cambridge: Cambridge University Press.

Svensson, A. M. and J. Hering (2005). Germanic prosody and French loanwords. *Moderna Språk*, 99: 122–8.

Tannen, D. (2001). *You Just Don't Understand: Women and Men in Conversation*. New York: Quill.

Tao, H. (2003). Turn initiators in spoken English. In P. Leistyna and C. F. Meyer (eds.), *Corpus Analysis: Language Structure and Language Use* (pp. 187–207). Amsterdam: Rodopi.

Thomas, J. (1995). *Meaning in Interaction*. Harlow, Essex: Longman.

Thomason, S. G. and T. Kaufman (1988). *Language Contact, Creolization, and Genetic Linguistics*. Berkeley: University of California Press.

Titscher, S., M. Meyer, R. Wodak, and E. Vetter (2000). *Methods of Text and Discourse Analysis*. Thousand Oaks, CA: Sage.

Tomlin, R. (1986). *Basic Word Order: Functional Principles*. London: Croom Helm.

Trask, R. L. (1996). *Historical Linguistics*. Oxford: Oxford University Press.

Watkins, C. (2000). Indo-European and the Indo-Europeans. In *American Heritage Dictionary of the English Language*, 4th edn. Boston: Houghton Mifflin. (Electronic version: www.bartleby.com/61/8.html, accessed June 21, 2008).

Watts, R. J. (2003). *Politeness*. Cambridge: Cambridge University Press.

Whaley, L. (1997). *Introduction to Typology: The Unity and Diversity of Language*. Thousand Oaks, CA: Sage.

Wierzbicka, A. (1996). *Semantics: Primes and Universals*. Oxford: Oxford University Press.

—— (2006). *English: Meaning and Culture*. Oxford: Oxford University Press.

Wilson, D. and D. Sperber (2006). Relevance theory. In G. L. Ward and L. A. Horn (eds.), *The Handbook of Pragmatics*, 2nd edn. (pp. 607–32). Oxford: Blackwell.

Wright, L. (2000). Introduction. In L. Wright (ed.), *The Development of Standard English: 1300–1800* (pp. 1–8). Cambridge: Cambridge University Press.

Yavas, M. S. (2005). *Applied English Phonology*. Oxford and Medford, MA: Blackwell.

Zipf, G. K. (1932). *Selected Studies of the Principle of Relative Frequency in Language*. Cambridge, MA: Harvard.

请扫描二维码查阅原版书附录信息。

附录一：语料库

附录二：英语术语表

附录三：答案